高等学校公共事业管理专业创新规划教材编审委员会

委 员（按姓氏笔画排序）

车丽萍　上海理工大学管理学院教授

刘圣中　南昌大学公共管理学系教授

刘汉一　江西农业大学人文与公共管理学院教授、院长

刘小干　井冈山大学政法学院教授、院长

陈谨祥　江西师范大学法政学院教授

朱春奎　复旦大学国际关系与公共事务学院教授

李晓红　华东交通大学人文学院教授、副院长

李秀忠　山东师范大学政法学院教授、院长

李　敏　湛江师范学院公共管理系教授

李程伟　中国政法大学政治与公共管理学院教授、副院长

林修果　福建师范大学公共管理学院教授、副院长

张　光　南开大学周恩来政府管理学院教授

肖华锋　南昌航空大学文法学院教授、院长

聂平平　江西师范大学法政学院教授

唐兴霖　上海交通大学国际与公共事务学院教授

徐双敏　中南财经政法大学公共管理学院教授

黄德林　中国地质大学政法学院教授、副院长

黄建伟　江西农业大学人文与公共管理学院副教授

梁　莹　南京大学公共管理学院副教授

章海鸥　浙江工业大学教授

傅广宛　华中师范大学管理学院教授

舒　放　中国人民大学公共管理学院教授

谢　媛　上海理工大学管理学院副教授

熊时升　江西师范大学法政学院教授、副院长

廖晓明　南昌大学公共管理学系教授

高等学校公共事业管理专业创新规划教材

公共部门人力资源管理

HUMAN RESOURCE MANAGEMENT IN PUBLIC SECTOR

主　　编　　章海鸥　谢　媛

副 主 编　　宋晓梅　阮晓鹰

参编人员（以姓氏笔画为序）

卢致天　李　涛　宋惠芳　官爱兰

殷永萍　葛敬光

WUHAN UNIVERSITY PRESS
武汉大学出版社

图书在版编目(CIP)数据

公共部门人力资源管理/章海鸥,谢媛主编.—武汉:武汉大学出版社,2009.9
普通高等教育精品规划教材
高等学校公共事业管理专业创新规划教材
 ISBN 978-7-307-07225-1

 Ⅰ.公…   Ⅱ.①章…   ②谢…   Ⅲ.人事管理学—高等学校—教材
Ⅳ.D035.2

中国版本图书馆 CIP 数据核字(2009)第 134821 号

责任编辑:陈 红   责任校对:王 建   版式设计:马 佳

出版发行:**武汉大学出版社**   (430072 武昌 珞珈山)
       (电子邮件:cbs22@whu.edu.cn 网址:www.wdp.com.cn)
印刷:湖北民政印刷厂
开本:720×1000 1/16   印张:21.25 字数:367 千字   插页:2
版次:2009 年 9 月第 1 版   2009 年 9 月第 1 次印刷
ISBN 978-7-307-07225-1/D·923   定价:30.00 元

目　　录

第 **1** 章 导　　论

引导案例

玛丽亚·赫尔南德兹的一天

　　玛丽亚·赫尔南德兹是美国东南部某个大城市的人力资源部门的主管。20多年前，玛丽亚主修人事管理并获得公共管理硕士学位。毕业后，她一直在为这个城市工作，直到晋升为人事部门主管。她主管的部门有测评、培训与开发、分类、雇员关系和薪酬/福利等5个处。像大多数大城市的人力资源部门主管一样，玛丽亚也面临着一大堆棘手的问题，这些问题既给她和她所在的市政府带来挑战和威胁，也带来机会，使她的工作变得十分复杂。导致产生这些问题的因素包括：快速变化的劳动力、日益完善的法律环境、不断减少的财政预算、不断增加的公民投诉、提高行政效率的压力、日渐增加的外包项目、难以驾驭的工会、悬而未决的裁员；此外还包括：政治领导人的频繁变动、技术的日新月异、政府决策的公开透明等所带来的压力。

　　玛丽亚在早晨6点钟起床，梳洗打扮之后，开始喝咖啡，这时候她听到当地新闻正在报道失业率在不断增加。失业率增加导致当地寻找工作的人数

1

急剧上升，而悬而未决的市政裁员问题又使就业问题变得更加严峻。这类问题很多是由私有化引起的。目前，政府已经和运输业、绿化服务业等私营部门签订了合同，委托这些私营部门来提供某些公共服务，由此带来的裁员问题就迫在眉睫。现在不少政府部门的领导已经就此咨询过她，他们关注可能由裁员而引起的诉讼问题，并希望找到解决裁员问题的最佳办法。

稍后，她在报纸上看到了市长已经拒绝了城市环卫工人增加工资和改变工作规定的要求。工会组织也不愿意接受城市管理者提高工作效率和进一步推进私有化的建议。环卫工人的不安情绪有可能传染和影响到正在进行下一年度协议谈判的其他雇员。这一天的晚些时候，玛丽亚要与城市谈判团队见面，与他们一道制定最新的策略，希望能够避免罢工。

此外报纸还详细报道了一则发生在当地的诉讼案件，控诉一名城市管理人员对其一名员工进行性骚扰。她关心的是这个案例所带来的严重后果。在过去的一年里，她的部门一直在对其他部门进行预防性骚扰的培训。尽管这项活动有助于减少类似丑闻的发生和曝光率，她还是必须高度关注潜在的诉讼危机，她为此制定了一项政策：立即着手调查每一宗有可能变成性骚扰案件的传闻。

玛丽亚在办公室的工作安排表如下：

玛丽亚的工作安排表

时间	内　　　容
8：30	召开人力资源专家全员会议
9：00	进行新雇员的入职培训
10：00	各部门领导制订新的绩效考评计划
11：30	与副市长、预算局长、各部门代表讨论招聘计划
12：00	与法律顾问共进午餐，讨论悬而未决的诉讼及性骚扰案件的进展情况
13：45	劳工谈判组——最新的谈判事项及其变化趋势
14：30	新闻媒体——宣传城市雇员家庭友好政策的内容
16：00	与大学合作方讨论关于计算机网络培训项目方案
17：30	行政助理——审查更新所有职位说明书的计划

玛丽亚一天的工作向我们展现了一名人力资源管理者可能遇到的广泛事务：直接处理员工纠纷、劳动力短缺、生产力/绩效考评以及规范员工行为，还包括起草岗位职责政策、处理经常面临失业的雇员的社会保障问题。人力资源管理者要做的工作就是雇佣、提升、培训和解雇员工。此外，还包括排解纠纷、评估绩效、鉴定工资等级、批准工作重新分类及激励雇员的工作积极性。①

案例讨论

1. 案例中作为市政府人力资源部门主管的玛丽亚的一天的活动涉及哪些公共部门人力资源管理职能？

2. 案例中涉及的公共部门人力资源管理的职责是如何分担的？

3. 要成为一个公共部门人力资源管理者需要具备哪些知识与技能？

1.1　公共部门人力资源管理基本概念界定

公共部门、人力资源、公共部门人力资源管理等概念是本学科的基本概念，明确给出这些基本概念的定义，是学习公共部门人力资源管理课程的基础。

1.1.1　公共部门（public sector）

何谓公共部门？对此问题的回答涉及公共部门人力资源管理的研究对象以及人力资源管理与公共部门人力资源管理之间的关系这两个问题。因此，我们必须先界定公共部门。当代一些社会科学家将社会部门分为三大部门：第一部门为政府组织，是纯粹的公共部门；第二部门为工商企业，这是非公共部门或称私人部门；第三部门是除政府组织与工商企业之外的一些部门，称为非政府

---

① 根据埃文·M. 伯曼，詹姆斯·S. 鲍曼，乔纳森·P. 韦斯特，蒙哥马利·范·沃特著，肖鸣政等译：《公共部门人力资源管理：悖论、流程和问题》，中国人民大学出版社，2008 年的案例改编。

组织或非营利组织。①

公共部门是与私人部门（private sector）相对应的一个概念。公共部门是指提供公共产品（public goods）或进行公共管理，致力于增进公共利益的各种组织和机构。私人部门则是指提供私人产品（private goods），谋求自身利益最大化的个人和组织。与公共部门相关的概念包括政府部门、第三部门、非营利组织（Non-Profit Organization，NPO）、非政府组织（Non-Governmental Organization，NGO）、事业单位、公共企业等系列概念。

政府部门是指拥有公共权力，依法管理社会公共事务，以增进社会公共利益为目的的国家政权机构，在本书中，政府部门除了行政部门外，还包括立法和司法机构。政府部门是最典型的公共部门。

第三部门是介于公共部门和私人部门之间，兼具公共部门和私人部门某些特征的组织群体。或者说，第三部门是除政府部门和工商企业之外的一些部门，称为非营利组织或非政府组织。第三部门包括公共企业或公益企业、事业单位和非政府公共机构。

事业单位是中国特有的公共组织。事业单位是指国家为了社会公益目的，由国家机关举办或其他组织利用国有资产举办的从事教育、科技、文化、卫生等活动的社会服务组织。在我国，事业单位包括以下种类：

教育、卫生、科学研究事业单位；

文化、艺术、体育、新闻、出版、广播电影电视事业单位；

农业、林业、水利、水产、畜牧、兽医事业单位；

交通、海洋、地质勘察、测绘、气象、地震事业单位；

社会保障、社会福利、检验检疫、环境保护、环境卫生、园林绿化、房地产管理、物资储备事业单位；

机关、团体附属独立核算的事业单位；

列入事业编制的各类学会、协会、基金会、监管机构；

其他事业单位。

公共企业是指部分或全部由国家投资，由国家委派代表参与和监督经营管理，以提供公共产品为主要经营内容，不以营利为主要经营目标的经济组织。公共企业的类型有：公用事业—公用事业提供的服务包括供水、排水、电力、天然气供应、电信等。陆上运输与邮政服务—陆上运输包括市内和城市间的各

---

① 魏成龙：《公共部门人力资源管理》，北京师范大学出版社，2008年第8页。

种公共运输系统，遍布于各地的邮政服务仍然由政府来提供。竞争环境中的企业—这些企业是指政府所有的商贸企业，它们与私营企业在同一市场上进行直接的竞争。这类企业包括银行、保险公司、航空公司、石油公司等。管制机构—这些机构属于政府所有并受政府控制，它们通过销售商品获得资金以维持自己的运转。它们存在于那些运用政府法律权力的国家，如强制收购商品的权力（尤其是强制收购农产品以进一步销售的权力）或者强制要求购买汽车保险的权力。①

非政府公共机构的职能与政府机构类似，承担着很多有关社会公共事务的管理工作或公共服务工作。这类组织如中国妇女联合会、青年联合会、学生联合会、中国青少年基金会等。

综合上述国内外学者的观点，并结合我国的实际，笔者认为公共部门的内涵是指运用公共权力管理公共事务，或运用公共资源为社会提供公共物品或公共服务的组织，其外延包括政府机构、事业单位、公共企业和非政府机构。

需要指出的是：第一，随着经济社会的发展，公私部门之间的界限出现了相互渗透的趋势，因此，公共部门的概念也不是一成不变的，尤其是它的外延会随着时代的变迁而扩大或缩小。第二，在不同的国家，公共部门概念的内涵与外延也是不同的，因此要考虑到国情因素。第三，政府部门是最典型的公共部门，因此在公共部门人力资源管理教科书的编写过程中，论述或案例分析可能重点倾向于政府机关雇员管理方面，本教材也是如此。

1.1.2　人力资源

对人力资源的概念可以从广义和狭义两方面理解。在日常语境中，人力资源是指在一定的范围内能够作为生产性要素投入社会经济活动的劳动人口总和，包括现实的和潜在的人力资源两个部分，这是人力资源的广义的解释。现实的人力资源指一个国家或地区在一定的时间内拥有的实际从事社会经济活动的全部人口，包括正在从事劳动和投入经济运行的人口以及由于非个人原因暂时未能从事劳动的人口。潜在的人力资源指处于储备状态的劳动人口，包括在

---

① 欧文·E. 休斯：《公共管理导论》，张成福，王学栋译，中国人民大学出版社，2007 年第 114～116 页。

校青年学生、现役军人、从事家务劳动的家庭妇女。① 而在人力资源管理和公共部门人力资源管理的语境下，人力资源概念指特定组织（公共部门或私人部门）的雇员，这也就是我们所说的微观的人力资源的含义。

公共部门人力资源就是公共部门雇佣的各类人员，也就是政府机构、事业单位、公共企业和非政府机构雇佣的各类人员。

与私营部门人力资源比较，公共部门人力资源具有以下两个显著的特征：

一是公共部门雇员承担着比私营部门雇员更大的责任。公共部门雇员掌握着公共权力和公共资源的配置权，执行国家的法律和政策，其行为直接关系到政府工作的效率、政府的形象和合法性。因此，公共部门雇员肩负着政府、社会的更大责任和公众的更高期望。②

二是相对于私营部门而言，公共部门雇员具有较高的文化素质和专业技能。公共部门组织的特殊性，决定了其对公共部门雇员任职资格具有更高的要求。对于求职人群来说，要成为政府部门雇员、事业单位工作人员或公共企业的经营管理人员，必须至少具有大学以上学历，并通过竞争激烈的招聘考试。就现有的公共部门雇员而言，明显具有高学历、高专业技术职称的特点。

1.1.3 公共部门人力资源管理

什么是公共部门人力资源管理？或者说如何定义公共部门人力资源管理？可以不夸张地说，有多少版本的公共部门人力资源管理教科书或著作，就有多少相应种类的大同小异的定义。

我们可以从以下几个视角探讨公共部门人力资源管理：第一，公共部门人力资源管理是用于管理公共机构雇员的一组职能。第二，公共部门人力资源管理是稀缺资源（公共工作职位）得以分配的过程。第三，公共部门人力资源管理是一套法律、规则和规章，并形成特定的人事管理制度。③

在分析、综合经典教科书有关定义的基础上，我们给出的定义是：公共部门人力资源管理就是公共部门依照法律对雇员行使管理职能与活动过程的总

---

① 孙柏瑛，祁光华：《公共部门人力资源管理》，中国人民大学出版社，2004年第1～2页。

② 陈天祥：《公共部门人力资源管理及案例教程》，中国人民大学出版社，2001年第6页。

③ 罗纳德·克林格勒，约翰·纳尔班迪：《公共部门人力资源管理：系统与战略》，孙柏瑛等译，中国人民大学出版社，2001年第45～46页。

6

称。公共部门人力资源管理是对公共部门的人员与职位的管理和政策制定。公共部门人力资源管理包括以下几层含义：

（1）公共人力资源管理的主体是公共部门，即政府机构、事业单位、公共企业及非政府机构。

（2）公共部门人力资源管理的客体是公共部门的雇员。

（3）公共人力资源管理包括若干职能、活动或过程。比如说罗纳德·克林格勒和约翰·纳尔班迪认为有四个基本的职能—PADS：即人力资源规划（Planning）、人力资源获取（Acquisition）、人力资源开发（Development）、纪律与惩戒（Sanction）。四个基本职能又细分为：人力资源规划、工作分析、职位分类、工资与福利、招聘、录用与晋升、培训与开发、绩效评估等。埃文·M. 伯曼等认为包括人员招聘、人员选拔、职位管理、薪酬管理、培训与开发、绩效考评等基本职能。

（4）公共人力资源管理是一组管理活动过程，是稀缺资源（公共工作职位）得以分配的过程。

（5）公共人力资源管理是一套法律、规则和规章，并形成特定的人事管理制度。

1.1.4 公共部门人力资源管理的重要性

（1）从数量方面讲，公共部门人力资源管理涉及一个数量较大的劳动力群体。比如，在美国有接近15%的劳动力，或接近1990万人受雇于政府。在中国，截至2005年底，全国事业单位总计125万个，涉及教科文卫、农林水、广播电视、新闻出版等多个领域，工作人员超过3035万人，国家公务员约705.8万人，此外还有公共企业的雇员。对这部分人员的管理无疑是一个巨大的挑战。

（2）公共部门人力资源管理的客体，即公共部门雇员，是一个特殊的劳动力群体，他们或者承担管理国家和社会的重任，或者承担向社会提供公共产品的职责。公共部门雇员素质的高低，他们的积极性的发挥程度，关系到公共部门能否向社会提供优质的公共物品和公共服务，并决定公共部门生产力水平的高低。

（3）公共部门人力资源管理是影响公共部门人力资源的构成和素质的根本因素。公共部门人力资源管理确定了什么人可以进入政府机关，以及怎样进入。合理的人事权划分，公平的管理环境和有效的管理机制，都能够促进政府从社会获得优秀的人才，并且有利于他们的成长，实现国家公务员队伍整体素质和结构的优化。

（4）公共部门人力资源管理及其制度是国家政治制度与政治体制的重要组成部分，它不仅能够影响政府的效率，而且更重要的是，它还关系到政府是否能够得到人民的支持和社会的稳定与国家政权的巩固。一方面，公共部门人事管理制度决定了公民是否有机会进入政府，担任公职。如果政府公职只对大家族、大士族开放，那么，它就失去了广大民众的基础。另一方面，不科学的选官用人制度必然导致用人制度的严重腐败，造成任人唯亲、裙带关系、结党营私、山头主义、以权谋私、卖官鬻爵等后果，而优秀人才受到压制，不能进入政府机关，影响公共部门的效率，最终会危及社会的稳定和政权的稳固①。

1.2　人力资源管理与公共部门人力资源管理

在公共部门人力资源管理领域，人力资源管理与公共部门人力资源管理之间的关系是一个不容回避的理论问题。围绕此问题，目前国内学术界主要有两种倾向：一种是避而不谈或含糊其辞，这种倾向在学术界占主流，目前在国内出版的公共部门人力资源管理专著和教材大多数都采取这种方式；另一种是把公共部门人力资源管理看成是人力资源管理下面的子学科，或者说，公共部门人力资源管理是人力资源管理的一般理论、技术在公共部门雇员管理中的特殊运用。把公共部门人力资源管理看成是人力资源管理的子学科，或者把公共部门人力资源管理看成是人力资源管理的组成部分，是对二者关系的严重误解。在本节，我们通过对人力资源管理及其发展的历史回顾、人事管理（Personnel Management，PM）与人力资源管理的比较、公共部门人力资源管理的历史回顾、人力资源管理和公共部门人力资源管理的关系等问题的分析与论证，揭示人力资源管理与公共部门人力资源管理二者之间的关系。我们希望通过这一部分内容，能够帮助读者准确把握人事管理、人力资源管理等相关概念，了解人事管理与人力资源管理的差别，以及从人事管理到人力资源管理的进化过程。

---

① 孙柏瑛，祁光华：《公共部门人力资源管理》，中国人民大学出版社，2004年第32页。

1.2.1　人力资源管理及其发展历史

假如组织能被定义为一群朝着一个共同目标工作的人，管理能被定义为通过其他人完成这些目标的话，那么人力资源管理就可以看成是在一个组织中，有效利用人力资源政策的过程。因为所有影响个体和组织之间的关系的决定都可以被看做人力资源管理的维度。①

在企业管理和人力资源管理（Human Resource Management，HRM）领域，人力资源管理就是企业人力资源管理，这一点是毋庸置疑的。

人事管理（Personnel Management，PM）是人力资源管理产生之前企业雇员管理的统称。人事管理或人力资源管理的产生是一个积累的过程，人力资源管理是此前的雇佣管理实践的集大成。它既是企业组织管理应对环境变化的产物，也是组织应对环境变化的方法和手段的集合。在不同的历史发展阶段，企业所面临的环境不同，企业自身的情况也不同，就会有不同的雇佣管理实践。

人力资源管理最早由美国学者提出。人力资源管理的出现是由于当时美国企业所面临的环境因素变化，这些因素包括：日益加剧的国际产品市场的竞争，来自日本的威胁，工会组织的削弱等。其中起关键作用的是日趋激烈的国际竞争环境和日本的威胁。面对激烈的国际竞争，理论界和企业界不得不思考究竟什么是企业的竞争优势的源泉，如何使企业在竞争中生存和发展。面对来自日本的威胁，欧美的学者和企业家想从日本企业的成功中寻找管理方面的秘诀，日本企业对员工的管理理念、方式及管理模式对欧美的管理界产生了巨大的影响。在这样的背景之下，人力资源管理作为与过时的观念相联系的人事管理的代替者让人耳目一新。② 人力资源管理是对此前的雇佣管理——人事管理的继承与发展，人力资源管理继承了以往人事管理的大部分职能，是传统的人事管理或雇佣关系管理的最新形式或发展阶段。早期，理论界曾有人把人力资源管理与人事管理的关系形象比喻为 "新瓶"（new bottle）与 "老酒"（old

---

① 埃文·M. 伯曼，詹姆斯·S. 鲍曼，乔纳森·P. 韦斯特，蒙哥马利·范·沃特著，肖鸣政等译：《公共部门人力资源管理：悖论、流程和问题》，中国人民大学出版社，2008年第 2 页。

② 章海鸥：《人力资源管理在中国的适用性问题探讨》，《江西社会科学》，2004 年第11 期。

wine），即在人力资源管理这个新瓶里贩卖的依然是人事管理的老酒。

真正意义上的人力资源管理的出现是在 20 世纪 50 年代以后，而在此之前，组织中对人的管理经历了不同的发展时期或阶段。杜尔伯恩（J. Dule-bohn）等人将雇佣管理实践的发展分为 11 个阶段：前工业时代，工业革命和工厂制度，现代公司和管理资本的出现，科学管理、福利工作和产业心理学，第一次世界大战和人力资源管理职业的出现，人际关系运动，产业关系的黄金时期和人事管理保持职能，工作生活质量时代，现代人力资源管理职能的出现，战略焦点时代，今天的人力资源管理职能。①

从以上的讨论中可以概括出人力资源管理发展的显著特征：第一，人力资源管理代表了企业对工业革命以来极大地影响雇佣关系各方面的环境因素和组织变化的反应。人力资源管理是从已经出现的变化发展而来的，它包括组织用来应对这些变化的主要手段和方法。工厂制度，现代公司的出现，管理资本是使管理雇佣关系的新方式——人力资源管理成为必需的因素。包括全球竞争、提高生产力、政府立法、私营部门工会组织的削弱、技术变化、服务导向经济等因素也会影响雇佣关系管理，要求人力资源管理给予回应。

第二，人力资源管理是科学管理、福利工作、产业心理学在第一次世界大战时合并而形成的。这种合并还在继续，并且成为人力资源管理的明显的特征。人力资源管理成为交叉学科，来自不同学科的管理实践者和学者就雇佣关系的各个方面交换各自的观点。通过从不同的学科吸收理论和知识，人力资源管理继续进化。

1.2.2　人事管理与人力资源管理的比较

从人事管理到人力资源管理并不仅仅是名词的更迭，人力资源管理与传统人事管理有着根本的区别。西方一些学者对人力资源管理和人事管理进行了较为全面的对比研究，如斯托瑞通过对比分析，指出两者在信念和假设、战略领域、直线经理和关键工具 4 个方面存在 27 点不同。② 综合东西方学者的研究成果，我们可以把人力资源管理和人事管理的主要区别归纳如下。

---

① Gerald R. Ferris, Sherman D. Rosen, and Darold T. Barnum. *Handbook of Human Resource Management* ［M］, Blacwell Publishers Inc. USA, 1996, pp. 18-32.

② Storey, J. . *Developments in the management of Human Resources*, Oxford：Blackwell, 1992, p. 28.

1. 人力资源管理改变了对组织中人的认识

在人力资源管理之前，企业组织的实践者和理论研究者关注的焦点是组织的效率和生产环节，人在组织中不过是生产的一种要素，如同土地和资本，组织关心的问题是人如何去适应工具、适应生产环境，如何激励工人提高生产效率。一切的管理活动与研究，如动作研究、工时研究、生产和计划控制等都围绕一个目标——提高组织绩效。人在组织中是消极的、被动的，是组织的成本费用。人的社会需求、心理需求没有得到应有的重视。

人力资源管理的出现反映了对人在组织中的地位和作用的认识的进步。人力资源管理继承了劳资关系方面的一些传统，从根本上改变了对人的认识。人是组织生产和管理活动的核心和出发点，是组织的最重要的资源、最有价值的资产，组织的竞争优势来自于人力资源，而不是资本或自然资源。人在组织中是积极主动的，而不是消极被动的。基于这样的理念，一切生产和管理活动都必须以人为本，必须为员工考虑。企业要获得竞争优势，就必须有相当的投入开发和培训员工，使之掌握生产或服务所需的知识或技能。企业要使人力资源得到充分的开发和利用，就必须建立一套科学的管理机制，既考虑到提高组织的绩效，又考虑到人的自身发展。

2. 人力资源管理职能的加强与扩展

我们把组织活动分为三个层次：战略层、管理层和作业层。传统的人事管理的职能主要局限于作业层，不涉及战略层。人事管理仅仅是执行企业组织的战略决策，缺乏充分的计划，是被动的。对于组织来说，人事工作部分地是档案管理员的工作，部分地是家政工作，部分地是社会工作者的工作，部分地是解决劳资关系问题的"救火队"工作。人事部门被看成是组织的非生产效率部门，对组织的战略决策和管理事务没有发言权。

人力资源管理在组织的地位和重要性发生了质的变化。人力资源管理已经成为组织的战略"伙伴"，参与企业的战略决策。人力资源管理对企业战略的参与包括参加制订企业战略的过程，把企业战略变为人力资源战略，进而变为人力资源管理实践，为企业总体战略服务。人力资源管理部门在组织的地位也明显不同于以往，人力资源部门主管进入组织的决策层，并有人出任组织的最高领导，如在 20 世纪 90 年代，美国前 200 家大企业中有 96 位人力资源主管出任首席行政执行官。

3. 二者的其他区别（如表 1-1 所示）

表 1-1　　　　　　　　现代人力资源管理与传统人事管理的区别

项　　目	人力资源管理	人事管理
观念	视员工为有价值的重要资源	视员工为成本负担
目的	满足员工自我发展的需要，保障组织的长远利益的实现	保障组织短期目标的实现
模式	以人为中心	以事为中心
视野	广阔、远程性	狭窄、短期性
性质	战略、策略性	战术、业务性
深度	主动、注重开发	被动、注重管理
功能	系统、整合	单一、分散
内容	丰富	简单
地位	决策层	执行层
工作方式	参与、透明	控制
与其他部门的关系	和谐、合作	对立、抵触
本部门与员工的关系	帮助、服务	管理、控制
对待员工的态度	尊重、民主	命令式的、独裁式的
角色	挑战变化	例行、记载
部门属性	生产与效益部门	非生产、非效益部门

　　综上所述，人力资源管理是对此前的雇佣管理的继承与发展，人力资源管理继承了以往人事管理的大部分职能，是传统的人事管理或雇佣关系管理的最新形式或发展阶段。在现阶段，虽然人力资源管理已经十分时尚与流行，有相当多的企业组织甚至公共行政组织的人事部门已被人力资源部门取代，越来越多的组织把人事部更名为人力资源部，但仍有一些企业依然沿用人事部。这仅仅是名称不同而已。实际上，今天的人事管理已经不是传统意义上的人事管理，而是赋有人力资源管理意义上的人事管理，即在管理理念、管理方法与艺术方面有创新的雇佣关系管理。

1.2.3　公共部门人力资源管理的演进历史①

在世界范围，公共人事管理都有其自身的发展历程。限于篇幅，我们重点分析回顾美国和英国的公共人事管理的发展进程。

1. 美国公共人事管理的演进

根据罗纳德·克林格勒和约翰·纳尔班迪的研究，美国的公共人事管理的演进历程可以分为五个阶段：恩赐制度，公务员制度，集体谈判制度与弱势群体保护行动/反优先雇佣法案（Affirmative Action），可选择替代的组织形式、机制和弹性雇佣关系②（见表1-2）。他们还分析了中美洲一些国家的公共人事管理的历史，在他们看来，虽然中美洲国家的公共人事管理发展历史与美国发生的演进历史存在着一些差异，但是可以说中美洲国家的公共人事管理制度经历了与美国公共人事管理制度大体相同的发展过程。"演进模式的相似性导致了令人感兴趣的可能性，即进一步的研究也许能证实在现代化、民主化和发展中国家公共人事管理发展之间存在一个普遍的关系模式。"③

表 1-2　　　　　　　　　　美国公共人事管理历史的演进④

阶段	支配性的价值	占统治地位的人事制度	变革的压力
一 （1789—1883 年）	回应	恩赐制度	民主化 现代化
二 （1883—1933 年）	效率 个人权利	公务员制度	回应而有效率的政府
三 （1933—1964 年）	回应 效率 个人权利	恩赐制度 公务员制度	个人权利 社会公平

① 孙柏瑛，祁光华：《公共部门人力资源管理》，中国人民大学出版社，2004 年第 32 页。

② 罗纳德·克林格勒，约翰·纳尔班迪：《公共部门人力资源管理：系统与战略》，孙柏瑛等译，中国人民大学出版社，2001 年第 27～40 页。

③ 罗纳德·克林格勒，约翰·纳尔班迪：《公共部门人力资源管理：系统与战略》，孙柏瑛等译，中国人民大学出版社，2001 年第 45～46 页。

④ 罗纳德·克林格勒，约翰·纳尔班迪：《公共部门人力资源管理：系统与战略》，孙柏瑛等译，中国人民大学出版社，2001 年第 40～41 页。

续表

阶段	支配性的价值	占统治地位的人事制度	变革的压力
四 （1964—1992 年）	回应 效率 个人权利 社会公平	恩赐制度 公务员制度 集体谈判制度 反优先雇佣制度	四个相互竞争的价值和制度之间的动力均衡
五 （1992 年—现在）	个人责任 分权的政府 社区责任	可选择的组织和机制 弹性的雇佣关系	反政府价值的出现

　　而在尼古拉斯·亨利（Nicholas Henry）看来，美国公共人力资源管理演进大致分为 7 个阶段：① 守夜人时期（the Guardian Period，1789—1829 年）、分赃制时期（the spoils period，1829—1883 年）、改革时期（the reform period，1883—1906 年）、科学管理时期（the scientific management period，1906—1937 年）、行政管理时期（the administrative management period，1937—1955 年）、职业生涯时期（the professional career period，1955—1970 年）、职业公共行政时期（the professional public administration period，1970 年—现在）。

2. 英国公共部门人事管理制度的演进

　　对比于美国的公共人事管理发展进程，英国公共人事管理经历了资产阶级革命之前的君主恩赐制、资产阶级革命以后的个人赡徇制、资产阶级两党政治建立以后的政党分赃制以及英国现代文官制度等几个阶段。②

　　在公共部门人力资源管理的发展进程中，虽然也借鉴、吸收了科学管理、人际关系学派等理论成果，但从总体而言，公共部门人力资源管理的发展历程完全有别于人力资源管理。

---

　　① Nicholas Henry，Public Administration and Public Affairs，北京大学出版社，2006 年第 250～255 页。

　　② 孙柏瑛，祁光华：《公共部门人力资源管理》，中国人民大学出版社，2004 年第 33～34 页。

1.2.4　人力资源管理与公共部门人力资源管理的关系

对于人力资源管理与公共部门人力资源管理之间的关系，我们可以从以下几个方面来认识：

（1）我们通常所说的人力资源管理是指企业人力资源管理，而不是人力资源管理的一般或普遍原理。今天的公共部门人力资源管理与人力资源管理存在以下一些相同点：①

①相同的基本理念，都是把人力资源看做实现组织目标的第一资源，是竞争优势的源泉；都把雇员关系管理作为组织管理中的一项基本职能。

②相同的目标，公共部门人力资源管理与企业人力资源管理的目标，都是使员工通过有价值的工作最终实现组织的目标与个人的目标，提高员工个人和组织整体的业绩。

③相同的基本职能与方法，公共部门人力资源管理和企业人力资源管理，在雇员管理职能与方法上是相同的，都是通过工作分析、工作评价、工作分类、人员规划、招聘与测评、选拔、培训与开发、绩效考评与管理、薪酬管理、员工激励、员工社会保障、人员流动与分离管理等职能活动与方法实现人力资源管理。

但是，公共部门人力资源管理的主体、客体都与私营部门人力资源管理有着本质的差别。因此，人力资源管理与公共部门人力资源管理不是一般与特殊或普遍与具体的关系，也不是整体与部分的关系。公共部门人力资源管理不是人力资源管理的一般原理、方法在公共部门人员管理方面的具体运用。

（2）从概念关系方面讲，人力资源管理与公共部门人力资源管理的关系不是属概念与种概念的包含关系，而是一种交叉关系，公共企业人力资源管理既是人力资源管理的研究对象，也是公共部门人力资源管理的研究对象。

（3）从学科关系方面讲，根据我国的学科、专业分类目录，人力资源管理与公共部门人力资源管理分属于同一学科门类的不同级学科。

（4）从学科发展历史的角度来讲，人力资源管理与公共部门人力资源管理经历了各自的演进历程。公共部门人力资源管理有其自身的发展历程和特殊性，因而，公共部门人力资源管理需要自己的管理模式，而不仅仅是从企业人

---

① 萧鸣政：《人力资源开发与管理——在公共组织中的应用》，北京大学出版社，2005 年第 38～39 页。

力资源管理借鉴管理方法与技术。

（5）从学科发展趋势来讲，人力资源管理的理念与模式将对公共部门人力资源管理产生较大影响。

自从 20 世纪 80 年代中期以来，许多发达国家公共管理部门发生了变革。曾经支配 20 世纪绝大部分时期的传统的公共行政模式，已经转变为弹性的、以市场为基础的新公共管理模式。新公共管理试图把现代管理方法与经济学的逻辑规范结合起来，与传统的公共行政相比较，新公共管理更强调：对顾客、产品与结果的关注；采用目标管理方法与绩效测量方法；应用市场与市场机制来取代中央集权型管制；竞争与选择；通过权力、利益、责任的协调一致来下放权力。传统公共行政模式基于两种理论，即官僚制理论和政治官员与行政人员相分离的理论；而新公共管理的理论基础也有两个，它们分别是经济学理论和私营部门管理理论。"公共管理并不是要广泛地、不加鉴别地采用私营部门的方法，它所指的应是发展一种独具特色的公共管理。这就要求考虑到公共部门与私营部门的区别。"①

在私营部门管理理论成为公共管理基础理论、公共行政向公共管理转型的大背景下，公共部门人力资源管理面临如下的变革：行政向管理转变，前者主要是执行指令，而后者意味着实现结果，并为此承担个人责任；执行向决策转变，关注过程向关注结果与目标转变，这意味着新公共管理更强调：对顾客、产品与结果的关注，采用目标管理方法与绩效测量方法，引入战略管理；终身雇佣向柔性雇佣转变。因此，人力资源管理对公共部门人力资源管理也必将产生影响，人力资源管理的理论、方法与技术必然会为公共部门人力资源管理所借鉴。法纳姆认为，在公共服务领域出现的人力资源管理和雇佣关系有五个主要特征——人事职能更具有战略性、注重效率、柔性雇佣、双重雇佣关系、政府古典式雇主形象的改变。"在此情况下，政府的人事职能似乎日益依托私营部门的人力资源管理（HRM）理念及其流行模式，并把它们应用到公共服务的一些特殊领域。"② 但公共部门雇佣管理与企业人力资源管理各有其自身特征，这些特征决定了公共部门人力资源管理对企业人力资源管理的借鉴、应用

---

① 欧文·E·休斯：《公共管理导论》，张成福，王学栋译，中国人民大学出版社，2007 年第 53 ~ 54 页。

② Farnham, David: Human Resource Management and Employment Relation in Sylvia Horton and David Farnham（eds）Public Management in Britain, London: Macmillan, 1999, p. 127.

必然有限度。

（6）人力资源管理是企业或私营部门人力资源管理概论或总论，属于专业基础学科。人力资源管理主要介绍企业人员管理的基础性知识，包括基本概念、基本理论、基本技术与基本方法等内容。在掌握这门学科的基础上，对那些有志成为企业人力资源管理专家的读者来说，还必须进一步学习人力资源规划、工作分析与员工招聘、人员素质测评、员工职业生涯管理与培训、薪酬管理、绩效考核与绩效管理等专业技能与方法。同样，公共部门人力资源管理也是公共部门人员管理概论或总论，主要介绍学科的基本概念、基本理论、基本技能与基本方法。对于那些有志于成为公共部门人力资源管理专家的读者来说，这门课程仅仅是个开始，还必须学习有关公共部门人力资源管理的后续课程。

1.3 公共部门人力资源管理的角色及其职责分担

快速变化的环境因素是公共部门人力资源管理所面临的挑战，这些因素也决定了今天及未来公共部门人力资源管理角色及其责任分担的发展趋势。

1.3.1 公共部门人力资源管理面临的挑战

快速变化的环境因素是公共部门人力资源管理面临的挑战，这些因素包括以下内容。

（1）私营部门的变革。私营部门的迅速变化以及私营经济和国家竞争力受到公共部门的管理和效率的影响是公共部门变革面临的一个紧迫问题。在许多国家，为了应对日益激烈的国内外竞争，私营部门的管理和人事方面经历了极大的变革。如果政府不像私营部门那样对公共部门进行改革，那么，它的信用就会受到挑战。对国家竞争力的关注也会自然地产生改革各个部门的需要。寻求和保持国际贸易的愿望促使许多国家为了创造一个良好的投资和商业环境而试验和改革它们的政府。①

（2）民营化、外包与灵活用工形式的应用。由于民营化及签约外包的用工形式的发展以及弹性公共雇佣关系的广泛应用，公共部门与私营部门之间出现了相互渗透的趋势，传统公共部门与私营部门的界限变得模糊了，这也意味

---

① 欧文·E·休斯：《公共管理导论》，张成福、王学栋译，中国人民大学出版社，2007 年第 15～16 页。

着人事职能的相对重要性以及这些职能的运行方式发生了变化。公共事务中非政府组织的应用，减少了公共部门雇员的数量，因而削弱了人事部门人力资源管理的职能—尤其是那些与雇员招募、开发、雇佣法律有关的职能，却增加了人事规划与监督的重要性，这方面的工作包括预测提供确定水平的公共服务需要何种类型或多少合同工，设计合同，对建议实施结果进行评估，以及监督合同的执行等。

志愿者活动的广泛开展，也对公共部门人力资源管理实践产生影响。非营利组织经常用志愿者替代付酬雇员，因此人事主管和其他部门雇员越来越多地与志愿者一起工作，这就要求公共部门人事管理者擅长录用、甄选、培训和激励志愿者的工作技能。此外，采用临时工，兼职人员和季度工，以合同形式雇佣不受公务员制度有关权利保护的雇员等弹性雇佣形式的广泛应用，意味着公共部门人力资源管理规划和开发职能的削弱。①

（3）技术革新带来的工作地点与方式变化及虚拟政府的出现。随着新信息技术在公共领域的应用，公共部门人力资源管理实践也发生了变化。现在各种人力资源管理活动都是基于网络进行的，它们包括相关的法律法规、招聘信息发布、虚拟网络招聘中心（交互语音应答系统、基于计算机的面试和背景审查）、工作分析软件、福利计划、绩效考评、虚拟现实培训以及在诸如员工纪律领域的专家系统等。②

（4）公共部门人力资源管理职责的强化。随着信息时代、知识经济时代的到来，人们日益认识到人力资源对提升组织效率的重要性，对于公共部门人力资源管理实践而言，也意味着增加了其与技术、经济及社会环境协调的职责，包括解释并执行政府的管制命令，预测技术变迁和劳动力构成变化对工作的影响，以及通过工作人性化设计、弹性工作安排、灵活的福利计划、培训与教育计划以及绩效导向的评估体系等项目与制度设计，帮助其他部门提高行政效率或生产力。③

① 罗纳德·克林格勒，约翰·纳尔班迪：《公共部门人力资源管理：系统与战略》，孙柏瑛等译，中国人民大学出版社，2001年第66页。
② 埃文·M.伯曼，詹姆斯·S.鲍曼，乔纳森·P.韦斯特，蒙哥马利·范·沃特著，肖鸣政等译：《公共部门人力资源管理：悖论、流程和问题》，中国人民大学出版社，2008年第5页。
③ 罗纳德·克林格勒，约翰·纳尔班迪：《公共部门人力资源管理：系统与战略》，孙柏瑛等译，中国人民大学出版社，2001年第82~83页。

（5）中国公共部门人力资源管理面临的困境。在经济全球化加速、我国现代化进程加快以及各项改革、经济社会发展既取得巨大成就又面临严峻挑战的历史关口，中国的公共部门人力资源管理从业人员，包括理论研究人员、公共部门人事行政人员更是责任重大。公共部门人力资源管理作为从西方传入我国的现代管理理论，其理念、程序、技术和方法与我国传统的人事管理观念、实践等方面均存在差异，我们的管理水平不高、管理实践基础薄弱，组织绩效或生产力较低。如何在吸收、借鉴外国先进管理理论的基础上，探索并创新适合中国国情的管理理论和模式，提高我国的行政效率与生产力，是我们义不容辞的历史使命。在这方面我们面临的困境是如何平衡和处理继承与创新、国际化与本土化、国际惯例与中国特色之间的关系。

1.3.2　公共部门人力资源管理者的角色及其知识、技能、能力要求

面对不断变化的环境的挑战，公共部门人力资源管理者的角色是不断变化的。今天的公共部门人力资源管理者可能扮演四种关键的角色：技术人员、专业人员、人力资源管理专家及斡旋者。①

技术人员角色要求人事管理者了解公共部门人力资源管理制度中特定职能的运行方式，这些特定的职能包括：人员配备、工作分析与职位分类、考试与测评、工资及福利、弱势群体保护、培训和开发、雇员帮助计划、风险防范、合同签订等。

专业人员角色要求人事管理者接受一定的教育培训、具备从事人力资源管理者这一职业所需的知识、技能和能力，以及在政治经济因素高度不明确的环境下的非凡的认知能力和决策能力。

人力资源管理专家角色要求人事主管在雇员管理事务方面能够帮助其他的管理者改善管理人的能力，雇员管理事务包括诸如工资与福利、组织内实验、技术转让及教育培训、有关雇佣管理法律、政策及程序等方面。

斡旋者角色要求公共部门人力资源管理人员具有在互相冲突的不同价值和政治团体之间斡旋协调的能力，并且具备在一种变动的环境下，解决由不同价值冲突引发的伦理困境的能力。人事规则与程序并非是价值中立的，相反，它

---

① 罗纳德·克林格勒，约翰·纳尔班迪：《公共部门人力资源管理：系统与战略》，孙柏瑛等译，中国人民大学出版社，2001 年第 72～78 页。

们或明或暗都是某一特定公共人事制度（或几种公共人事制度的妥协）的具体表现。这意味着，任何一个人事甄选或晋升决定，都不能被仅仅视为纯技术性操作，而应当把它看成是不同价值、权力及公共人事制度之间的冲突与整合的结果。

要掌握这些多重角色所要求的知识、技能和能力，公共人事管理者通常要接受专业化的大学教育或其他培训。大学教育将使公共人事管理者获得更多的知识，以增进他们作为人事管理技术人员、职业人士、斡旋者或人力资源管理专家的工作绩效，并由此增加他们的职业生涯选择的机会。

1.3.3 公共部门人力资源管理职责的分担

公共部门人力资源管理是用于管理公共机构雇员的一组职能。这一组职能职责由三个群体分担，他们是政治领导人、人事主管和专家、直线管理者及其上司。

选举和任命的官员在人事职能履行的过程中占据主导性或支配性地位，负责人事制度的审批，为人事活动建立目标。

人事主管和专家负责人事制度的设计与实施，或者负责监督及帮助从事这些工作的人们。这部分人通常在各级人事部门内工作，承担描述工作，执行报酬和福利计划，制订雇佣计划和程序，制定培训和评估系统，制定激励与惩戒方面的政策、措施等职责。

绝大多数的人事管理职能是由直线管理者及其上级履行的，他们负责日常人事活动，并最终决定着雇员与组织之间关系的性质。他们让雇员知道组织对他们的期望，负责培训雇员，把雇员的工作情况反馈给雇员，并根据雇员的业绩考评，对他们进行加薪或升职（或者惩戒及解雇）。由于雇员及其上级的关系是影响工作绩效最重要的因素，而雇员的发展和使用要依据其工作效率，所以直线管理者及其上级的行为具有关键性。[1]

公共人事管理职能由三方分担，因此许多人力资源管理课程不仅仅是人事管理者的必修课，对那些在公共政策或管理领域任职的人，或者有志于在此领域任职的大学生也具有重要的学习借鉴意义。

---

① 罗纳德·克林格勒，约翰·纳尔班迪：《公共部门人力资源管理：系统与战略》，孙柏瑛等译，中国人民大学出版社，2001 年第 60 页。

1.4 公共部门人力资源管理体系的比较与选择

不同版本的教科书，其公共部门人力资源管理知识体系存在或多或少的差别。对国内外公共部门人力资源管理体系的比较分析，目的在于为本书确定一个科学的框架。

1.4.1 外国教科书的公共部门人力资源管理体系

我们以在国内有中文版的两本国外教科书为例。

①第一本书是罗纳德·克林格勒和约翰·纳尔班迪编著、孙柏瑛等翻译，中国人民大学出版社出版的《公共部门人力资源管理：系统与战略》。在这本书中，公共人事管理包含 4 个必需的基本职能，即 PADS：人力资源规划（Planning）、人力资源获取（Acquisition）、人力资源开发（Development）、纪律与惩戒（Sanction）。4 个基本职能又细分为：人力资源规划、工作分析、职位分类、工资与福利、招聘、录用与晋升、培训与开发、绩效评估等。因此，这本书的框架由概论加上 4 个基本职能共 5 大部分、14 章组成。

②第二本书是埃文·M. 伯曼，詹姆斯·S. 鲍曼，乔纳森·P. 韦斯特，蒙哥马利·范·沃特编著，肖鸣政等翻译，中国人民大学出版社出版的《公共部门人力资源管理：悖论、流程和问题》，这本书还有一个版本由祁光华翻译、北京大学出版社出版。在此书中，公共部门人力资源管理的过程或者职能包括：人员招聘、人员选拔、职位管理、薪酬管理、雇员福利、培训与开发、绩效考评。因此，本书的框架由 3 大部分、11 章组成。

通过分析以上两本教科书可以看出，公共人事管理职能是公共部门人力资源管理知识体系的核心。不管是哪一种版本、哪一个作者编著的教材，作为核心内容部分的人力资源管理流程与职能是大同小异的。

1.4.2 国内公共部门人力资源管理教材体系评价

就目前国内的公共部门人力资源管理教材建设现状而言，我们在吸收、借鉴外国先进管理理论（包括人力资源管理）方面取得了可喜的成绩，近年出版了二三十部这一学科的教材或著作，其中不乏一些优秀的教材。这些教材的推出对我国高校公共部门人力资源管理的教学、学科建设、人才培养，对提高我国公共部门的组织绩效具有重大的理论与现实意义。但客观地讲，我们在理论创新或外国管理理论的本土化方面的工作还在探索中，我们目前还没有形成一个相对成熟的框架体系，成效不尽如人意。

1.4.3 本书的体系

在借鉴外国教材、参考国内教材的基础上，根据公共部门人力资源管理流程与职能，本教材包括如下 9 部分，这也是公共部门人力资源管理知识体系的核心内容。

1. 公共部门人力资源规划

重点阐述人力资源规划在公共部门管理方面的战略意义，介绍公共部门人力资源规划的程序与种类以及公共部门人力资源规划的技术方法。

2. 公共部门职位与人员分类管理

在界定公共部门职位与人员分类管理等相关概念的基础上，重点介绍公共部门工作分析、公共部门职位评价、公共部门人员分类管理等基本理论与技术方法。

3. 公共部门招聘与录用管理

重点分析公共部门人力资源招聘与录用过程与环节，介绍公共部门人力资源招聘、甄选、录用诸环节的基本理论、技术和方法。

4. 公共部门人力资源培训与开发

在分析公共部门人力资源开发与培训对组织发展的战略意义的基础上，重点介绍公共部门人力资源开发与培训程序、公共部门人力资源开发与培训方法。

5. 公共部门人力资源绩效管理

重点分析公共部门人力资源绩效管理的意义、过程、公共部门人力资源绩效评估指标体系，重点介绍公共部门人力资源绩效评估技术与方法、绩效管理的实施步骤。

6. 公共部门薪酬管理

在介绍公共部门薪酬管理理论的基础上，重点介绍公共部门薪酬制度、公共部门社会保险与福利等内容。

7. 公共部门人力资源权利与义务及权益保障

重点介绍公共部门人力资源权利与义务、公共部门人力资源奖惩、公共部门人力资源权益保障制度等相关内容。

8. 公共部门人力资源职业生涯规划

在介绍职业生涯规划的相关理论的基础上，重点介绍公共部门人力资源职业生涯规划的设计过程与方法。

9. 公共部门人力资源配置与流动

包括公共部门人力资源配置与流动概述、公共部门人力资源的任免与升降、公共部门人力资源的交流与调配、公共部门人力资源的辞职与辞退等主要内容。

本章小结

公共部门的内涵是指运用公共权力管理公共事务，或运用公共资源为社会提供公共物品或公共服务的组织，外延包括政府机构、事业单位、公共企业和非政府机构。

在人力资源管理和公共部门人力资源管理的语境下，人力资源概念指特定组织（公共部门或私人部门）的雇员，这也就是我们所说的微观的人力资源的含义。

公共部门人力资源管理可以从以下几个视角探讨：第一，公共人力资源管理是用于管理公共机构雇员的一组职能。第二，公共人力资源管理是稀缺资源（公共工作职位）得以分配的一组过程。第三，公共人力资源管理是一套法律、规则和规章，并形成特定的人事管理制度。

在公共部门人力资源管理领域，人力资源管理与公共部门人力资源管理之间的关系是一个不容回避的理论问题。我们通常所说的人力资源管理是指企业人力资源管理，而不是人力资源管理的一般或普遍原理。人力资源管理与公共部门人力资源管理不是一般与特殊或普遍与具体的关系，也不是整体与部分的关系。公共部门人力资源管理不是人力资源管理的一般原理、方法在公共部门人员管理方面的具体运用。人力资源管理是企业人事管理的概论或总论，公共部门人力资源管理是公共部门人事管理的概论或总论。

不断变化的环境因素构成公共部门人力资源管理必须面临的挑战，包括：私营部门的变革，民营化、外包与灵活用工形式的应用，技术革新带来的工作地点与方式变化及虚拟政府的出现，公共部门人力资源管理职责的强化，中国公共部门人力资源管理面临的困境。

面对不断变化的环境的挑战，公共部门人力资源管理者的角色是不断变化的。今天的公共部门人力资源管理者可能扮演四种关键性的角色：技术人员、专业人员、人力资源管理专家及斡旋者。要掌握这些多重角色所要求的知识、技能和能力，公共人事管理者通常要接受专业化的大学教育或其他培训。

公共部门人力资源管理是用于管理公共机构雇员的一组职能。这一组职能职责由三个群体分担，他们是政治领导人、人事主管和专家、直线管理者及其上司。由于公共人事管理职能由三方分担，因此许多人力资源管理课程不仅仅是人事管理者的必修课，对那些在公共政策或管理领域任职的人，或者有志于在此领域任职的大学生也具有重要的学习借鉴意义。

在借鉴外国教材、参考国内教材的基础上，本教材的内容包括如下9个部分：

公共部门人力资源规划、公共部门职位与人员分类管理、公共部门招聘与录用管理、公共部门人力资源培训与开发、公共部门人力资源绩效管理、公共部门薪酬管理、公共部门人力资源权利与义务及权益保障、公共部门人力资源职业生涯规划、公共部门人力资源配置与流动。

关键术语

公共部门　政府部门　事业单位　公共企业　人力资源

公共部门人力资源　公共部门人力资源管理　人力资源管理
人事管理　分赃制　恩赐制度　公务员制度　管理角色

思考题

1. 如何认识人力资源管理及其发展历史？
2. 比较人事管理与人力资源管理的异同。
3. 如何认识公共部门人力资源管理的发展历史？
4. 怎样理解人力资源管理与公共部门人力资源管理之间的关系？
5. 公共部门人力资源管理面临什么样的环境挑战？
6. 公共部门人力资源管理的最新角色是什么？
7. 公共部门人力资源管理职能是如何分担的？

第 **2** 章 公共部门人力资源战略规划

引导案例

A市××供电所的人力资源发展规划

某供电所负担着A市主要的宾馆、重要企业、著名大学、政府的一些主要部门和一些外国领事馆的供电任务，管辖范围达60.35平方公里，负荷达32亿千瓦时，并且每年以3%左右的速度增长，相当于整个B市的负荷。这个单位是高度计划体制下从属于A市供电局的业务部门。由于供电业务的专业性强，技术要求高，在输电供电服务中需要大量的专业知识与经验，以保证安全高效地为用户供应电力，所以管理体制仍是有严格控制指挥命令的职权等级链关系的层级管理制。全所有635名职工，在一线从事施工布线配电、设备维护保养和运行检查、用电账户单记录和申请施工、负荷调度以及故障排除等工作的人员310余名，其余均为后勤、三产及管理人员。

在市场竞争非常激烈的形势下，该供电所不仅要确保当前供电可靠性指标99.89%，线路损耗要降低到0.07%这一上级下达的指标，更重要的是向科学技术要效益，达到该所"全国知名，A市领先，行业第一"的中长期战略目标。这就向该单位提出了战略性人力资源规划及实施计划的现实课题。

由于长期在计划经济模式下运行，该所对培养人才没有良好的机制与有效的措施和方法。其中单位骨干人员的平均年龄都已达到45.9岁。

前些年，上级领导对该单位也非常关心，在如何让年轻大学生通过轮岗锻炼选拔为后备的专业技术与管理干部方面制定了许多政策，如55周岁可以留任，56周岁的干部一般要退居二线、以1∶1.2比例配备35岁左右的年轻后备干部。该单位针对所里的中层骨干——股队长与专职管理人员年龄偏大、学历层次低的情况，由所领导会同人事部门从60余名大学生中挑选出10名业务能力强、表现较好的作为培养对象进行轮岗锻炼，通过这一举措，可以让大学生有机会在股队长和专职管理干部岗位上发挥才能。当时，该单位里为每个轮岗锻炼的大学生配备一个在岗的、年龄较大的股队长或专职管理人员作为带教师傅。轮岗时间为半年，半年后根据这一大学生在某一岗位表现的情况决定把他配置在哪一个股队长或专职管理岗位上担任副职或助理。

但是，人力资源部门在实施这一举措时却碰到了几个令人头痛的问题。第一，60余名大学生中未被选为轮岗对象的人不服气，特别是一些在第一线干了10月的大学生，更表现出消极的情绪；第二，带教师傅有明显的带而不教的现象。轮岗锻炼的大学生到了那里，不知道自己在这个岗位上应该干什么和怎么干，到一定阶段便出现了大学生怪师傅不教，而师傅怪这些大学生水平差的情况，最终人力资源部门只好草草收工，没有给这些轮岗的年轻人一个恰当的鉴定。

资料来源：彭正龙：《公共部门人力资源管理》，同济大学出版社，2007年。

案例讨论

从以上案例可看出，一个公共部门的人力资源战略规划具有重要的意义。那么什么是公共部门的人力资源规划呢？公共部门人力资源规划在公共部门人力资源管理中有着什么样的地位和作用？公共部门人力资源规划有哪些预测的方法呢？

2.1 公共部门人力资源规划概述

2.1.1 公共部门人力资源规划的含义

进入 21 世纪以后，随着我国经济社会的快速发展，尤其是加入 WTO 之后，新的国际、国内形势要求我国政府职能朝着运转协调、管理高效的方向发展。我国政府是否能够顺利实现职能转型，扮演好知识型政府、技术型政府和规则型政府的角色，关键取决于政府中的公共人力资源的状况，取决于政府是否拥有数量充足且结构完善的公共人力资源。而完善的公共人力资源结构的建立，则取决于政府人力资源规划是否科学合理。只有政府在人力资源规划方面抓得实，搞得好，才能在国际环境变化中应对自如，与时俱进。

公共部门人力资源规划可以定义为：国家人事行政主管机构以及各级国家行政机关、国有企事业组织，根据一定时期内政府组织的发展战略与近期目标，运用科学的方法和技术，了解和预测政府组织对人力资源的供求状况，并确定组织人才需求结构的管理活动过程。我们可以从以下几方面来理解公共部门人力资源规划的含义。

（1）公共部门人力资源规划是以组织战略目标为基础的，是为实现公共组织战略目标服务的。公共部门人力资源规划是整个公共组织战略规划的有机组成部分。公共部门人力资源规划不只是公共部门人力资源部门的工作，而是整个公共组织的重要工作。有什么样的组织战略，就有什么样的人力资源规划与之配套。当组织战略发生变化时，人力资源规划也要相应进行调整。如果组织的战略是扩张的，那么人力资源规划就应该预测到需求的增加，则在其指导下的人力资源活动就要配合实现这些扩张，比如增加招聘、培训和发展等。

（2）公共部门人力资源规划要对未来的情况进行预测分析，以增强人力资源管理的适应性和科学性。公共部门未来的外部环境处在不断的变化之中，制订人力资源规划需要对其进行分析预测，将复杂多变的环境纳入组织的考虑范围之内，增强环境的可预期性和把握性，使组织能够尽快地学习和对环境作出反应，不断扩大组织竞争优势。例如，当政府经过积极管理，扩充丰富机构的时候，人力资源规划能够提供这种扩张的人力资源获得的方案，诸如通过内部分析获得内部可培养和发展的对象，制定指导外部招聘的政策等，以满足公共组织对人才在数量和质量上的需求。

（3）公共部门人力资源规划是制定行动方针的过程。人力资源规划不仅是静态的工作指南，也是动态的制定工作指南的过程。公共部门在对环境进行分析预测的基础上，通过制定合理的政策和方案，指导人力资源管理的政策和实践，使人力资源管理活动在充满不确定性的未来条件下保持内在的一致和外在的高效。例如，外部人员的招聘过程中，如果事先已经拟定好了招聘的具体措施和步骤方式，那么组织对人力资源的需求就会有步骤地按计划实现。公共部门人力资源管理的政策范围是国家公务员制度，如何依据公务员制度，在允许的政策范围内制定人力资源政策，将适用于各类公共组织的通用"软政策"转化为针对特定组织的具体"硬政策"，这是人力资源规划的核心内容。

（4）成功的人力资源规划能够使组织和个人都得到长期、协调的发展。为此，公共部门的人力资源规划要能创造良好的条件，使组织中的个人能够发挥主动性和创造性，在每个人提高自己工作效率的推动下提高组织的效益，在战略的方向上提升组织绩效，提高组织对环境的应变能力，使组织的管理有章可循、有法可依，进而促进实现组织的目标。同时，关注组织中个人的物质和精神需求，满足他们职业生涯发展和个人目标实现的要求，这样组织才能留住优秀的人才。

（5）公共部门人力资源规划是管理过程中的一个环节。人力资源规划为公共部门实施和评价人力资源管理活动的效果提供依据，同时根据规划的实施情况来修正人力资源规划。

2.1.2　公共部门人力资源规划的地位与作用

1. 公共部门人力资源规划的地位

任何一个公共部门，如果没有科学的预测和成功的规划运筹，仅凭个人感觉或主观判断一般来说都是不会成功的。公共人力资源预测与规划，是公共人力资源管理中一项最重要的职能。预测与规划就是面向未来，从组织整体的现状和发展角度出发，着眼于同组织目标相匹配的人力资源，以应对本来的各种变化，处理或解决复杂的社会、经济问题。人力资源是公共部门的第一资源，因而预测与规划在整个公共人力资源管理中是十分重要的。

如图 2-1 所示，人力资源规划在组织中位于组织的战略与人力资源管理各环节的运作之间，处于上下契合的衔接地位。组织战略从宏观上、整体上刻画出组织发展的方向和方式，人力资源规划则提供了转化的桥梁，即指导人力资源管理各环节该如何操作才能支持实现战略目标，或者说，人力资源规划将组织战略所要求的发展方向和方式"传动"到人力资源管理各环节上，使其能够按着实现战略目标的方向"运动"。人力资源规划描述了在既定战略目标下，未来组织人力资源的大体需求和供给，以及有关的管理政策和策略，并在此基础上细化为确定的目标政策、完成时限和可操作的行动方案，使得人力资源管理后续环节在组织战略要求下顺利进行。

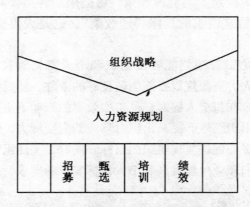

图 2-1　人力资源规划在公共部门人力资源中的地位

2. 公共部门人力资源规划的作用

人力资源管理的好坏，从一定意义上讲取决于对人力资源的预测与规划。很显然，人力资源预测与规划是公共部门人力资源管理的前提，它不仅具有明确的目的性，而且对于挖掘人的潜能，发挥人的积极性、创造性都有着十分重大的意义和作用。

（1）公共部门的人力资源规划本身具有战略指导的作用。作为实现组织目标的途径，任何一个组织都需要战略，在实现战略的过程中，管理者必须根据成本收益最优原则，使组织的各种资源（包括人、财、物）相互协调并达到供求平衡。人力资源也不例外，需要进行相应的规划。所以，依据战略制订的人力资源规划已经不仅仅是组织人力资源管理的工具了，更确切地说，它是一种组织战略管理的工具。公共部门人力资源规划能动态地调整人力资源管理的政策和措施，指导人力资源管理活动。

（2）公共部门的人力资源规划可以告知组织人力资源的现状。在一个人力资源规划中，一般会包含以下内容：收集公共部门内外信息，如宏观经济形势和国家政策制度、人口和社会发展趋势、上级组织的战略目标等，其他相关业务计划，人力资源现状等，清晰地对组织当前所处的状态作出描述。正所谓"知己知彼，百战不殆"，人力资源规划的现状告知作用可以让管理者更好地了解当前组织的优势、劣势、危机和机会，在此前提下管理者所做的决策会是较全面和较正确的，也更适合组织当前的发展需要。

（3）公共部门人力资源规划可以挖掘组织人力资源的潜力。人力资源规划中的供给预测，尤其是内部供给预测，能对组织内部员工的情况，如员工人数、年龄学历结构、发展潜力及流动趋势等进行分析，得出能够提供人力资源的大致情况。在现有人员人尽其才，才尽其用的前提下，充分发掘现有人员中的潜力，预先培养即将退休干部的有力接班人，使组织的人力资源使用效益在时间序列的跨度上得到提高，而且，预先的安排可以使组织在充分利用原有资源的基础上，在人力资源管理方面未雨绸缪，提高应变能力。

（4）公共部门人力资源规划具有组织管理的作用。人力资源规划中的需求预测，能为组织提供短期及长期的人力资源需求信息，从总量预测到具体各岗位的需求预测，指导人员数量的变更、职位及任务的调整，确保组织发展对人力资源的动态需求。人力资源规划的组织管理作用关键在于预见性，并使公共部门的人力资源管理有章可循，使其真正制度化，系统化。可以这样说，人力资源规划使人力资源管理的其他各个环节整合成一个系统，各环节不再单独地简单执行，而是在规划的统一指导下为服务于组织战略而进行，相互协调，相互支持，并最终服务于组织战略。

（5）公共部门人力资源规划是人力资源管理其他环节核心内容的开展依据。人力资源规划中包含为实现组织战略，在人力资源管理方面所需的项目规划与实施方案，这些是后续管理环节进行的依据。人力资源规划对组织人员的招募、甄选、培训开发、职业生涯、薪酬福利等各种人力资源管理活动的目标、步骤与方法作出基于战略的、纲领性的安排。

2.1.3 公共部门人力资源规划的影响因素

1. 影响需求的因素

（1）整体经济环境。一个国家、地区乃至全球的经济环境，直接影响到具体组织的经营、管理状况。在经济蓬勃发展时期，对人员的需求就会增加，而在经济衰退甚至经济危机期间，对人员的需求就会大大减弱，社会的失业率也会大大增加。

（2）社会及政治压力。对于公共部门来讲，社会及政治压力也是影响人员需求的重要因素。比如失业人数过多，就会带来社会治安、社会保障、失业保险等一系列社会问题，那么，公共部门就不得不慎重考虑增员和减员计划。

（3）技术的改进。新的科技成果转化、技术革新，直接影响到组织的人员需求结构和需求数量的变化。如计算机技术的普遍应用和推广，就会使公共部门增加管理技术型人才的需求，减少可以被计算机替代的人力需求。

（4）组织政策。组织职能目标的转变，对人员的需求产生重要影响。如我国政府职能由微观管理到宏观调控，由全面干预到全面服务的转变，就造成了国家机关公务人员的大幅度减员。国家事业单位由政府包办的研究、辅助性组织转向社会化的自谋生路的社会中介组织，也会造成人员需求数量的减少和人员结构的变化。另外，组织文化、管理方式的变革也会对人员需求产生影响。如组织从原来的集中管理到减少中间层次的分权管理的变革就会直接影响到对中间管理层人员的需求。

2. 影响供给的因素

（1）人口因素。人口因素的变化直接影响着员工的外部供给：首先，国家和地区间人口数量的多寡影响到人员的外部供给。在人口密度大的国家、地区，人员的外部供给就相对充裕，反之则紧缺。其次，新进入就业队伍的年轻人人数的变化，也影响到人员的外部供给。如我国20世纪60年代中后期是一个生育高峰，这样到90年代这些人将进入就业队伍，90年代的外部人员供给就比较宽松。最后，劳动力结构影响着人员的外部供给。如在年龄结构老龄化的地区和国家，外部供给人员的年龄就偏大。性别结构的变化影响到人员外部供给的男、女比例。劳动力素质结构，影响到外部供给能否满足组织对专门人才的需求。

（2）经济因素。社会经济发展景气与否，直接影响到失业率的高低，进而影响到人员外部供给的紧缺程度。另外，地区间经济发展的差异也会影响到人员的外部供给。在我国东部沿海经济发达地区，劳动力供给就相对紧缺，而在西部经济落后地区，劳动力供给就相对过剩。当然也可能出现结构性的紧缺。

（3）政策因素。一个国家和地区的政府的人员管理政策、法规，对人员的供给有着重要的影响。如我国的户籍管理政策对人口的跨地区流动有一定的限制，这样就影响到地区间的人员供给。我国的公务员制度的实施就增进了人们进入公务员系统的积极性，增加了公务人员的供给。另外，如平等就业法规、妇女儿童权益保护法、工作时间规定等都对人员的外部供给产生一定的影响。

2.2　公共部门人力资源规划的内容和程序

2.2.1　公共部门人力资源规划的内容

公共部门人力资源规划构成的要件有 4 个，组织与发展目标、人力资源规划目标、现有人员状况，以及近期、长期人才需求状况预测分析。根据规划的时间跨度，可以分为长期规划、中期规划和短期规划；根据规划的层次，可以分为总体规划、业务规划；根据规划是否独立，可以分为独立的人力资源规划和从属的人力资源规划。公共部门人力资源规划的内容大体来说可以分为总体规划和业务规划。

1. 总体规划

总体规划是从整个公共组织系统和公职人员队伍出发，在分析政府机构和预算状况的基础上，确定一个时期内人力资源管理的总目标、总政策、实施步骤和总预算的安排，以求公共组织的职位与人员数量、素质结构在总量上达到基本均衡。这一规划具有战略上的指导性，是公共组织自身战略发展规划的重要组成部分。人力资源总体规划是连接组织战略与人力资源管理战略、人力资源管理战略与人力资源具体活动的桥梁。

2. 业务规划

业务规划是指公共组织根据其工作岗位的需要、部门预算情况及其发展方向，在工作描述和工作分析的基础上，确定本组织在一个时期或一个财政年度内，对人力资源的需求状况，制订出人力资源获取、分析、晋升、教育培训、考核评估、工资保险福利、劳动关系、退休等方面的工作计划。这些计划是宏观人力资源规划的展开和具体化，每一项业务计划都由目标、任务、政策、步骤及预算等部门构成。具体来说，公共部门人力资源业务规划主要包括以下几种类型：

（1）晋升规划。根据公共部门人员分布状况和层级结构，拟定人员的提升政策。晋升规划一般用晋升比率、平均年资、晋升时间等指标来表达。晋升是分类规划的，如根据职务级别可制订不同的规划。由于不同类别的人员在工作性质、工作稳定性、人员流动性等方面有所不同，所以并非所有的人的晋升规划都可用清楚、准确的指标表达出来。

（2）人员补充规划。因公共部门会有人员退休、离职等，组织会出现职位空缺，这就要制定相关政策，保证在出现职位空缺时能及时获得所需数量和质量的人员，这就是人员补充规划。补充规划与晋升规划密切相关，晋升也是一种补充，表现为人员在组织内部由低级向高级职位的补充运动，运动的结果使职位空缺逐级向下推移，直至产生最低职位空缺。这时内部补充变成外部补充。补充规划与培训规划、人员配备规划也有密切的关系。

（3）培训开发规划。公共组织通过培训开发一方面可以使组织成员更好地适应所从事的工作，另一方面通过提高人员素质和能力，也为组织未来发展所需要的一些职位储备必要的后备人才。

（4）职业规划。职业规划有两个层次，即个人层次的职业规划和组织层次的职业规划。每个人都有自己的职业生涯，即一个人从首次参加工作开始的一生中，所有的工作活动与工作经历按编年的顺序串接成的整个工作过程。人们对自己的职业生涯一般都会进行有意识的设计，个人层次的职业规划，是个人为自己设计的成长、发展和不断追求满意的计划。组织层次的职业规划是组织为了不断地增强其成员的满足感，并使其能与组织的发展和需要相一致，而制定协调有关组织成员个人成长、发展与组织的需求、发展相结合的计划。职业规划在现代公共组织人力资源规划中占有重要的地位。

（5）人员使用规划。人力资源使用规划就是通过优化部门编制和人力资源结构，进行人员的职务轮换，从而发现各个人员的特长，并安排到合适岗位，使得人力资源实现优化配置，促进人尽其才，最大限度地发挥人力资本的效用。

（6）绩效评估及激励规划。公共组织要制订绩效评估与激励规划，实行业绩导向，奖勤罚懒，奖优汰劣，提高员工的积极性，激发其潜能，改善组织绩效。

（7）退休及解聘规划。为降低成本，提高效率，必须制定合适的退休政策、解聘程序，确定安置费用标准等，此即为退休及解聘规划的内容。

2.2.2　公共部门人力资源规划的程序

公共部门人力资源规划的程序可分为以下 4 个基本步骤，如图 2-2 所示。

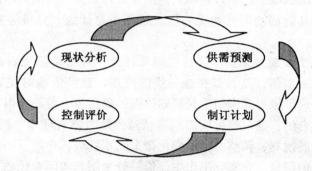

图 2-2　人力资源规划的步骤

（1）现有人力资源状况分析。调查收集和整理相关信息，对组织现有人力资源状况进行统计分析。人力资源信息包括的内容十分广泛，主要有：现有员工的一般情况（如年龄、性别等）、学历、能力、经验、专业技能水平、绩效、培训情况、人员流动和结构等。这些信息是人力资源规划的基础。组织应建立自己的人力资源信息系统并随时更新，必要时即可提供人力资源结构分析所需要的信息。此外，还要清查当前组织内人力资源使用状况，了解人员的合理性和有效性，并通过时间上的纵向比较得到流动性等指标。人力资源过去和现在的状况的相关信息是预测发展趋势及未来人才供需状况的重要依据。

（2）近期和远期组织人力资源的需求和供给预测。供需预测是人力资源规划的核心内容，它运用多种技术方法，在上阶段收集的人力资源信息的基础上进行人力资源需求和供给预测的细致分析。预测工作包括以下几项重要内容：一定时期内组织人力资源的总体需求和具体业务部门需求预测；相应时间段内社会人力资源的总体供给预测和组织内部供给分析；根据组织业务运转和

35

战略发展需要，人力资源需求预测集中在组织需求人才的数量、需求人才的专业技术种类、需求人才的能力水平等三个方面。例如：公共部门的人员结构中，如果 50 岁以上人员占较大比例，未来一段时期内随着这些人员的离退，人力资源需求将会加大，则必须着手培养在他们离退后可替代的接班人。

（3）制订平衡人力资源供求关系的总计划和各项业务计划。人力资源不仅要对组织人力资源的发展前景进行描述，更重要的是，要将未来发展前景与管理现实联系起来，将规划转化为组织人力资源管理的行动。分析组织人力资源供求关系的平衡状况，提出总计划及方案，指导人力资源管理的各环节活动。在总计划的基础上，制订各项具体的业务计划及相应的人事政策，实现各业务计划之间高度的协调性和统一性，服务于总计划，并最终服务于组织战略。

（4）对人力资源规划工作进行控制和评价。人力资源规划在实际管理活动中运行的效果如何，是否需要进一步的修正，这都依赖对规划的控制和评价。控制和评价阶段看起来似乎是规划过程的最后一个阶段，但其实这样的一个流程环是闭合的，通过评价反馈积累经验，及时发现规划中的缺陷和不足，不断改进和发展规划，调整由环境变化带来的不适应，也给下一阶段的规划工作提供有价值的信息。在实际工作中评价一般采用与实际对比的方法，可以从人力资源的饱和度、组织员工离失率、部门满意度等指标来评价人力资源规划。

综上所述，人力资源规划的制订流程是闭合的、循环的、不断提高的一个过程，因为组织不是静止不变，而是在发展变化的，这一阶段人力资源规划进行的结果和经验是下一阶段最好的参考和对照，所以这个流程始终都应该是闭合且循环的。当新阶段的规划开始时，这时的起点已经与上一个阶段的起点不在同一水平位置了，各个阶段相接形成一个螺旋上升的形态。

2.3　公共部门人力资源规划的技术方法

2.3.1　公共部门人力资源需求预测

人力资源需求预测是人力资源规划的基本环节。不论是私营部门还是公共部门，人力资源规划的作用就在于，它是人员录用、任用、晋升、交流、工资、培训、辞退、退休的基础和依据。实践证明，人力资源需求预测可以及早发现组织人力资源不足或人浮于事的现象，并提出具体的解决方案，实现组织内部人力资源结构的动态平衡，为人力资源规划和管理的后续环节奠定坚实的基础。人力资源需求预测，是以与人力资源需求有关的某些组织因素为基础，来估计未来某个时期组织对人力资源的需求。公共部门人力资源需求预测的技术和方法主要有以下几种。

1. 主观判断法

主观判断法也称经验判断法，包括管理部门法和基层分析法两种。

（1）管理部门法。即通过组织内部的各个管理部门根据本部门现状和未来发展情况，并考虑过去的经验体会，进行综合评价来预测人力资源的未来情况。比如，部门主管可根据前期的任务完成情况，来预测未来某段时期内，增加的任务量将需要增加多少员工，也可以根据未来某段时期内，本组织内将有哪些岗位上的人将会调离，如晋升、退休、调动、降职等，这些岗位需要多少人员替补。这种方法比较适用于任务和人员较稳定的组织。

（2）基层分析法。即由组织内部下属的各部门和基层单位，根据各自的任务状况、技术设备状况和人员配置状况，对本部门的人力资源需求进行初步的预测，在基层预测的基础上，组织的职能部门（通常是人力资源部门）再对基层的预测数据和结果进行专门的分析和处理，最终形成组织对人力资源需求的总体预测。这种分析法比较简便，适用的前提条件是必须首先要对基层的预测予以指导和监控，以期尽量获得准确的结果。这种方法适用于中短期预测。

2. 德尔菲法（Delphi）

德尔菲法也称集体预测方法，是由 1940 年美国兰德公司的"思想库"发展起来的。其实质就是通过综合专家们各自的权威判断来对未来的不确定情况作出尽可能合理的预测。这种方法既可用于预测组织"渐变式"的发展过程，也可用于预测"跃变式"的变化过程。德尔菲法是比较科学可靠、适用范围较广、时间相对较长的预测方法，适用于中长期预测。

（1）德尔菲法的特点。

德尔菲法的基本特点有：

①专家参与，即邀请相同学科或相似学科或不同学科的专家共同参与预测，博采众长；

②匿名进行，即参与预测的专家互不知情，单独地作出自己的判断；

③多次反馈，即预测过程必须经过多次反馈，使专家的意见互相补充、启发，并渐趋一致；

④采用统计方法，即将每次反馈回来的预测结果用统计方法加以处理，作出定量判断。

（2）德尔菲法的实施步骤。

德尔菲法在公共部门人力资源需求预测中有如下几个具体的实施步骤：

①制作公共人力资源需求调查表，在表中列出有关人力资源需求预测的各类问题，这些问题能做统计运算处理。

②选择适度名额的人力资源问题的专家作为调查对象，并为专家们提供相关的背景资料。

③在初步调查后将调查表送交专家，由专家匿名并独立地对上述问题进行判断或预测：然后对反馈回来的调查表进行分析，并用统计方法进行综合处理。

④根据第一轮调查的专家意见与统计分析结果，设计第二轮人力资源需求预测方案调查表，并请专家对第二轮调查表中的方案进行判断、预测并打分。

⑤对第二轮调查反馈的信息进行分析和汇总工作，再进行第三轮的调查分析。

⑥把在第三轮调查中收集的调查表进行分析汇总，根据调查结果的情况和人力资源专家事先确定的满意度指标，决定是否终止调查。一般当专家们的意见比较集中时可以终止调查，其分值最高的方案就是最佳方案。

⑦总结预测结果，用图表或者文字或者二者相结合的方式发布专家们的预测分析结论。

在实施德尔菲法的时候，需要一个"中间人"或者"协调人"在专家之间传递、归纳和反馈信息。

3. 趋势预测法（Trend Projection Forecasts）

趋势预测法是指预测者根据组织过去几年的员工数量的历史数据，分析它在未来的变动趋势，从而预测企业在未来某一时期的人力资源需求量。趋势预测法是一种逻辑推理方法，这种方法比较简单直观，但是由于使用时，一般都要假设其他的一切因素都保持不变或者变化的幅度保持一致，因此具有较大的局限性。它比较适合那些经营稳定的组织，并且主要作为一种辅助方法来使用。趋势预测法的步骤是：首先收集企业在过去几年内人员数量的数据，并且用这些数据作图，然后用数学方法进行修正，使其成为一条平滑的曲线，将这条曲线延长就可以看出未来的变化趋势。

例如：表 2-1 是某公共组织近 8 年来的人员拥有情况，求该组织未来第 2 年和第 4 年的人力资源需求量。

表 2-1　　　　　　　　　某单位近 8 年的人员拥有情况

年　度	1	2	3	4	5	6	7	8
人数	450	455	465	480	485	490	510	525

利用最小平方法，求直线方程。

假设人数变量是 Y，年度是 X，那么根据以下公式可以分别计算出：

$$a = \frac{\sum y}{n} - b\frac{\sum x}{n}, \quad b = \frac{n(\sum xy) - (\sum x)(\sum y)}{n(\sum x^2) - (\sum x)^2}$$

$$a = 435.357 \qquad b = 10.476$$

由此得出趋势线可以表示为：$Y = 435.357 + 10.476X$。这样就可以预测出未来第 2 年和第 4 年该组织的人力资源需求：

$$Y = 435.357 + 10.476 \times (8+2) = 540.117 \approx 541$$
$$Y = 435.357 + 10.476 \times (8+4) = 561.069 \approx 562$$

所以，今后该组织第 2 年的人力资源需求量为 541 人，第 4 年为 562 人。

4. 回归预测法

回归预测法是数理统计学中的方法。由于人力资源的需求总是受到某些因素的影响，回归预测法的基本思路就是要找出那些与人力资源需求关系密切的因素。并依据过去的相关资料确定出它们之间的数量关系，建立一个回归方程，然后再根据这些因素的变化以及确定的回归方程来预测未来的人力资源需求。使用回归预测法的关键是要找出那些与人力资源需求高度相关的变量。

2.3.2　公共部门人力资源供给预测

公共部门人力资源供给预测，是对未来一段时间内组织内部和组织外部的人才资源供给情况进行的预测。公共部门人力资源供给预测主要用于解决由于组织内部人力资源变动与组织发展造成的人力资源短缺的问题。利用人力资源供给预测技术可以检查现有人员替补空缺岗位的能力，明确指出哪些岗位上的人员将晋升、退休或者被辞退，哪些岗位的辞职率、开除率或缺勤率异常，或者存在绩效考核、劳动纪律等方面的问题，通过对招聘、选择、培训和职业发展作出预测，以便及时为岗位空缺提供合格的人力资源补给。公共部门人力资源供应预测，包括人力资源内部供给预测和人力资源外部供应预测。

1. 公共部门人力资源内部供应预测

公共部门人力资源内部供给预测的主要方法有以下几种。

（1）公务员核查法。该方法是预测公共部门人力资源内部供给的重要方法之一，专用于政府部门人力资源管理。其主要内容是政府人事部门通过对政府现有人力资源的数量、质量、类型和结构以及人力资源在各个职位上的分布情况进行核查，从而掌握政府可供给的人力资源拥有量及其利用潜力，包括现实的人力资源拥有量和潜在的人力资源可开发利用潜力。在此基础上，政府人事部门对公务员不同类别和等级的人力资源供应状况进行评价，从而提出政府内部人力资源调配供应的计划与方案。运用公务员核查法的前提是政府应建立人力资源信息系统。在这个人力资源信息系统中，包括公务员个人资料系统和人才管理库资料系统。公务员个人资料系统包括公务员的年龄、性别、婚姻状况、健康状况、教育水平、专业及技术训练水平、工作经历、工作职务及范围和职务升迁记录等。人才管理库资料系统主要包括现有人才的总量、年龄结构、性别比例、学历程度和人才类型及颁布状况等。政府人事部门通过计算机对政府人力资源信息系统提供的有关数据进行分析，特别是对公务员个人资料系统提供的数据与人才管理库资料系统提供的数据加以对比分析，就能够对政府人力资源内部供给状况进行科学的预测。

（2）人员接替法。人员接替法又称人员继承法，是对现有人员的状况进行调查、评价后，列出未来可能的继任者。该法为国内外许多组织所采用，而且被认为是一种把人力资源规划与组织战略目标有机结合起来的较为有效的方法。它同我国公共组织实施的后备干部选拔和培养计划有相似之处。图 2-3 为一个典型的人员继承图。

（3）马尔科夫分析法。马尔科夫分析法又称马尔可夫转移矩阵模型，马尔可夫转移矩阵模型最早在荷兰军队模型里使用，后扩展应用于企业，它用特

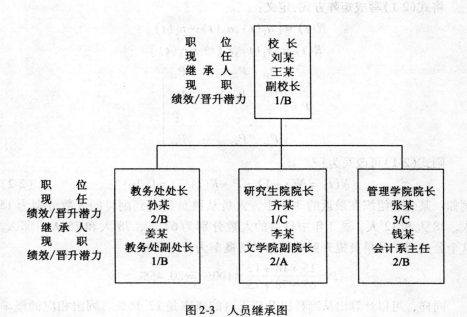

图 2-3　人员继承图

定方法预测具有相等间隔时间的时刻点上各类人员的人数,该方法的基本思想是找出过去人事变动的规律,以此推测未来的人员状况。这是一种动态的预测技术,其前提条件是:假定各类人员都是严格由低向高移动,不存在越级现象,而且转移率是一个固定的比例。这样,一旦各类的人数、转移率和补充人数给定,则未来人力资源分布就可得出。

该法可用以下公式来描述:

$$n_i(t) = \sum_{j=1}^{k} n_j(t-1) \cdot P_{ij} + r_i(t) \tag{2-1}$$

其中: $n_i(t)$——时刻 t 时 i 类的人数;

P_{ij}——从 j 类向 i 类转移的人员转移率;

$r_i(t)$——在时间 $(t-1,t)$ 内 i 类人员的补充数量;

$i,j = 1,2\cdots k$

k 为工作分类数;

$t = 1,2\cdots$

若 i 类中存在人员外流,则 $\sum_{j=1}^{k} P_{ij} < 1$

将式(2-1)写成矩阵方式,定义:

$$N(t) = [n_1(t), n_2(t) \cdots n_k(t)]$$

$$K(t) = [r_1(t), r_2(t) \cdots r_k(t)]$$

$$P = \begin{bmatrix} P_{11} & P_{12} & \cdots & P_{1k} \\ P_{21} & P_{22} & \cdots & P_{2k} \\ \vdots & \vdots & & \vdots \\ P_{k1} & P_{k2} & \cdots & P_{kk} \end{bmatrix}$$

则式(2-1)可改写为:

$$N(t) = N(t-1) \cdot P + K(t) \quad t = 1, 2 \cdots \tag{2-2}$$

例如:某公共组织在最近的 3 年中,人员从科员提升到副科的人数分别为 15 人,18 人和 12 人,这 3 年中科员的人数分别为 67 人,78 人和 75 人,那么,这个公共组织从科员提升到副科的平均概率为:

$$P = \frac{15 + 18 + 12}{67 + 78 + 75} \times 100\% = 20.45\%$$

同样,可以计算出从副科提升到正科的概率是 12.18%。列出相应的概率数据如表 2-2 所示。

表 2-2   某公共组织最近三年从科员提升的概率统计

起始	科员（%）	副科（%）	正科（%）	流出（%）
科员	67.32	20.45	1.50	10.73
副科		70.81	12.18	17.01
正科			87.25	12.75

在科员 – 科员这格中,数据表示在选定时间段内从科员保持科员的比例是 67.32%,从科员晋升为副科的比例是 20.45%,从科员晋升为正科的比例是 1.50%,其他的数据原理与这组数据原理相同。若已知当前的科员人数为 96 人,副科人数为 29 人,正科人数为 10 人,则可以预测,在给定时间段后,内部供给的正科人数为 96 × 1.50% + 29 × 12.18% + 10 × 87.25% ≈ 14 人。其他级别的人力资源供给的计算原理相同。

需要注意的是,马尔可夫分析法的假设前提是组织过去和未来员工的流动情况相同,只适用于组织过去变动情况与未来人员变动情况相似的情形。我们知道，公共部门所处的组织环境相对较稳定，组织在国家政策不变更的情况下也不会发生大的变更，所以该方法的准确性还是相当高的。

2. 公共部门人力资源外部供应预测

当组织的内部供应不能满足人力资源需求时，就必须到组织外部寻找可以供应的资源。外部供给是由公共部门在劳动力市场上采取的吸引活动引起的，与内部供给的预测分析一样，外部人力资源供给分析也要研究潜在工作人员的能力等要素。组织可以根据过去的录用经验预测出可能进入组织工作的工作人员的工作能力，经验等方面的特征，以及他们在进入组织后一般适合从事什么样的工作。

相对于组织内部的人力资源供给，外部供给具有数量巨大和层次多的特点，一般可以认为外部供给是相对充分的，因此很难具体预测外部供给的数量。人力资源外部供给预测是一种宏观资源环境分析，一般通过三种途径：一是关注每年有关学校毕业生的人数及其专业方向，因为目前公共部门新招收的人员很大一部分都是应届毕业生，由于应届毕业生的分流方向主要有企业、事业单位、公共部门等几个主要方向，各个方向上存在着此消彼长的相互关系，所以，关心本年度企业的招收情况也可以从一定程度上预测出应届毕业生的供给情况；二是各地劳动力市场的情况及其公布的统计资料，主要是分析市场上职业流动的原因、流向及未来趋势，以及在吸引公共人力资源方面所具有的优势与劣势等；三是该组织的外部形象塑造与所处环境中可以直接利用的人员素质、数量等。

此外，本地区人力资源的总体构成，决定了在年龄、性别、教育、技能、经验等层次与类型上可供给的人力资源的数量与质量。另一方面，本地区的经济发展水平、本地区的人才成长环境状况、本地区的教育水平，特别是政府对培训和再教育的投入，都将直接影响到供给的人力资源质量。人力资源外部供给预测，说起来容易，做起来很难。

3. 公共部门人力资源需求与供给的平衡分析

通过对公共部门人力资源供求两方面的资料进行平衡分析以后，可以获得许多为进行各种具体人力资源规划所需的重要信息。将分析结果填入表 2-3，分别计算出每一个部门的合计数，最后得出整个部门的各专业及等级的合计需要补充数或减员数。

表 2-3   公共组织人力资源需求与供给平衡表

部门	岗位	平衡状况			
		专业及等级	预测所需人数	现有人数	平衡结果
合　计					
合　计					

　　经过分析比较后，公共部门人力资源规划预测一般可以得出三种结论：人力资源供过于求、人力资源供不应求，以及人力资源结构失衡。根据不同的诊断结果，可为下一阶段的人力资源战略规划提供必要的依据。

2.4　公共部门人力资源规划与公职人员职业生涯规划

　　在现代公共部门中，职业生涯规划已经不再只是个人的理想和行为，而是成为公共部门人力资源管理的一个组成部分，用以实现组织目标与个人目标的和谐匹配。职业生涯发展规划是现代人力资源管理一项全新的功能。

2.4.1　职业生涯规划概述

　　人力资源管理是围绕人的活动，旨在提升人的能力和绩效的管理分支。它所需要关注的不仅仅是人力资源静态的当前行为，更要关注人力资源发展和将来的趋势。在人力资源管理理论越来越完善的今天，对于人力资源发展的把握和管理已经被纳入各组织部门的人力资源管理体系中，而这样的管理通常就是对于员工职业生涯的管理。

　　职业生涯可以描述为一个人在其一生中所从事的所有岗位上度过的时间总和。这种"时间总和"并不是物理意义上的时间，而是抽象的，体现人员岗位变动的总和，它是人员工作历程的描述。它既包括人力资源职业活动和职业行为的特质，也包括人力资源的个性特质（如价值观、态度、需要、能力等）

和发展期望。对于个人职业生涯的观点，开始时是由人力资源自发形成的，但是当职业生涯发展计划被纳入人力资源管理系统时，它已经不仅仅是个人自发性的意识了，而是整个组织的有序活动了。

在人力资源管理活动中，要求对员工职业生涯的发展予以设计。其实这种设计在每个员工的意识中已经存在，但并没有将其提高到组织层面上。通过组织进行的人力资源职业生涯规划，旨在满足员工需求和实现他们的职业发展途径，结合他们的职业目标，丰富和发展他们的职业知识、能力和技术结构，开发他们的潜能。因此，不管是企业人员还是公职人员，均需要有针对性的职业生涯发展规划。

2.4.2　公职人员的职业生涯发展规划

随着人力资源从组织的负担向竞争优势的源泉转变，越来越多的管理者开始意识到建立提升人力资源能力，促进人力资源发展的环境已经成为当务之急。系统的计划能够避免人力资源自身的不当定位和随遇而安，将个人目标和组织目标有机结合起来，整合系统资源，优化组织人才结构。

就公共部门而言，进行职业生涯设计有利于人才的优化配置，充分调动人员的积极性，提高公共部门的工作绩效。相对来说，公共部门的人员流动性较企业组织低，公职人员中的很大一部分都会在公共部门中任职很长时间，他们往往对自己有着比较充分的职业生涯规划。因此，进行公职人员的职业生涯设计，可以使公务人员对比自己的计划和目标，更好地认清自我，明确努力方向，并针对这个方向提升自己。这样的做法必定会有利于公共部门绩效的提高，同时在职业生涯发展规划的软约束下，公共部门的人员安排和调动将会变得游刃有余，做到真正的"人岗匹配"。

2.4.3　公共部门人力资源规划和公职人员的职业生涯发展规划

公共部门的人力资源规划是对整个公共部门人力资源管理活动的总计划和总描述。它不仅是当期人力资源管理各环节活动开展的依据，同时，也能分析公共部门人力资源的现状并预测将来发展的趋势。作为今后人力资源变动的依据，制订公共部门人力资源规划时必须把握各个岗位可能发生的变动情况，这种情况既包括可确定的情况，如：人员退休，合同到期不续签；也包括不确定的变动，如：不确定的人员离职、上级部门抽调人手等。

　　所以，在制订公共部门人力资源规划时，必须考虑以上两种可能的情况。为了以防万一，通常的人力规划中都会结合岗位说明书安排继任人选。可以说，公共部门人力资源规划是基于"以岗设人"的思想。它一般从岗位的需求出发，寻找具有相关能力的继任者人选，并在规划中备案。

　　而从另一方面来看，公职人员的职业生涯发展计划则是从"因人设岗"的思想出发的。它从公务员的个人特质和能力出发，为他们寻找合适的岗位，作为他们职业生涯的最优道路。因此，如图2-4所示，公共部门人力资源规划和公职人力职业生涯规划的契合点就在于规划中岗位继任者的设置。

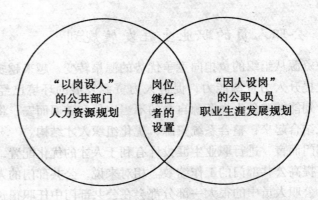

图2-4　公共部门人力资源规划和公职人员职业生涯发展规划的关系

2.4.4　结合公共部门人力资源规划实施公职人员的职业生涯发展规划

　　要提升公共部门人力资源能力，提高人力资源管理质量，进行完善的公职人员职业生涯设计是必不可少的。职业生涯的通道要通过公共部门的人力资源规划来实现，因此必须将这两者结合起来方能达到良好的效果。

　　一般地，如图2-5所示，公共部门人力资源管理者应当通过调查了解公务员的个性特质和他们所从事的岗位特质，然后结合公共部门人力资源规划中的内部供给预测，参照部门内公务员的能力、潜力和特质，设置合理的继任对象。当然，这些继任对象的能力有时并不完全符合岗位的要求，这就需要进行适当的培训，提升继任者的能力，实现他们自我发展和组织发展的要求。

　　在设计公务员职业生涯通道并确定岗位继任对象候选人时，一般有纵向和

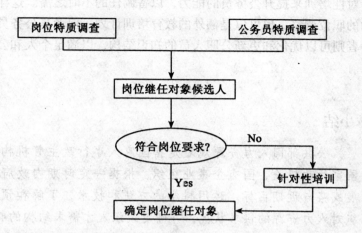

图 2-5　结合公共部门人力资源规划的公职人员职业生涯发展规划

横向选择两种方法供参考。纵向继任是基于晋升或是降级的职位变动，但通常只有向上设计。而横向变动则是同级之间的变动，旨在拓展公务员的能力和知识面。如图 2-6 所示，这两种方式通常结合起来运用，为公务员提供职位变动的双维度规划。

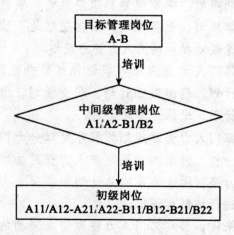

图 2-6　职业生涯发展通道设计模型

当职业生涯通道设计完成并在人力资源规划上确定岗位继任者之后，还需要进行针对性培训来提升公务员的能力，以备调任的不时之需。这样的培训可以是横向的职位调整，也可以是额外的教育培训计划。前者是公务员获取直接经验，后者则可以优化和更新公职人员的知识结构，以满足个人和公共组织发展的需要。

本章小结

公共部门人力资源规划是指国家人事行政主管机构以及各级国家行政机关、国有企事业组织，根据一定时期内政府组织的发展战略与近期目标，运用科学的方法和技术，了解和预测政府组织对人力资源的供求状况，并确定组织人才需求结构的管理活动。

公共部门人力资源规划具有战略指导、告知组织人力资源的现状、挖掘组织人力资源的潜力、组织管理的作用。

影响公共部门人力资源规划需求的因素主要有整体经济环境、社会及政治压力、技术的改进、组织政策；而其供给则受人口、经济、政策的影响。

公共部门人力资源规划的分类有：根据规划的时间跨度，可以分为长期规划、中期规划和短期规划；根据规划的层次划，可以分为总体规划、业务规划；根据规划是否独立，可以分为独立的人力资源规划和从属的人力资源规划。

公共部门人力资源业务规划包括晋升规划、人员补充规划、员工培训计划、薪酬激励计划、职业规划、绩效评估计划、员工职业发展计划、退休及解聘规划。

公共部门人力资源规划的程序可以分为四个阶段：现有人力资源状况分析、近期和远期组织人力资源的需求和供给预测、制订平衡人力资源供求关系的总计划和各项业务计划、对人力资源规划工作进行控制和评价。

一般来说，公共部门人力资源需求预测的方法主要有：主观判断法、德尔菲法、趋势预测法、回归预测法和比率预测法。

公共部门人力资源供给预测可以采用：公务员核查法、人员接替法、马尔科夫分析法。

公共部门人力资源供需的平衡情况有：供需平衡；供给和需求总量平衡，结构不匹配；供给大于需求；供给小于需求。

现代公共部门中，职业生涯规划已经不再只是公职人员个人的理想和行为，而是成为公共部门人力资源管理的一个组成部分，用以实现组织目标与公职人员个人职业生涯规划的和谐匹配。

关键术语

公共部门人力资源规划　需求预测　供给预测　主观判断法
德尔菲法　趋势预测法　回归预测法　比率预测法　公务员核查法
人员接替法　马尔科夫分析法　公职人员职业生涯规划

思考题

1. 公共部门人力资源规划的概念是什么？如何理解公共部门人力资源规划？

2. 公共部门人力资源规划的内容是什么？

3. 公共部门人力资源规划制定的程序有哪些？

4. 公共部门人力资源需求预测的方法有哪些？各有什么特征？

5. 公共部门人力资源供给预测的方法有哪些？

6. 什么是马尔可夫分析法？其基本原理是什么？

第**3**章　公共部门职位与人员分类管理

职位分析与人员分类工作是公共部门人力资源管理活动的起点，也是其他人力资源管理活动客观性和有效性的保证，在公共部门人力资源管理中占有重要的地位。本章重点介绍工作分析的内容、程序和方法；阐述职位说明书、职位评价的方法；分析品位分类与职位分类的特征及优缺点等。

引导案例

国家公务员职位分类工作实施办法

根据《国家公务员暂行条例》及《中华人民共和国公务员法》实施方案的有关规定，制订《国家公务员职位分类工作实施办法》。

一、职位分类工作的条件

对列入国家公务员范围的职位实施分类，必须在单位机构改革方案已经批准，其职能、机构、人员编制正式确定后进行。

二、职位分类工作的基本内容

根据《国家公务员暂行条例》和有关规定，职位分类的基本内容包括：第一，进行职位设置；第二，制定职位说明书；第三，确定职务；第四、确定级别。

三、职位设置的要求

（一）确定职位职责

职位设置必须在政府批准的职能范围内，在职能分解的基础上进行。从上至下，从部门至内设各机构、直到每一个职位，层层明确其职责。

（二）确定职位的设置层次

职位的设置必须与机构规格相符，不得超过其机构规格设置职位或搞变相升格。

（三）确定职位设置的数量

职位设置数量应遵循严格、高效、精干的原则，必须严格按批准的"三定"方案确定的职数、编制和《国家公务员非领导职务设置办法》执行。

（四）确定职位名称

职位名称必须简明、规范，能体现出该职位的特点和所处层次。

四、职位说明书的项目及说明

职位说明书包括以下七个方面的内容：

（一）职位名称。例如：办公厅秘书处信息工作主任科员。

（二）职位代码：指每一个职位的代表号码。由三部分组成（×××-×××-×××）。第一部分是职位所在国务院各工作部门（地方是指所在省、市、区、县）的代码，采用国家标准。第二部分是职位所在各部门内设机构（地方是指所在地的各工作部门）的代码。第三部分是各内设机构（或各工作部门）中职位的顺序号。第二、三部分由各级人事部门负责编制。

例如：海关总署关税司国际关税处处长职位的代码为：415-03-07

415 是国家标准中规定的海关总署代码

03 是海关总署规定的关税司代码

07 是该职位在关税司中的顺序号

（三）工作项目。列出职位按照职责应担负的全部工作项目。

（四）工作概述。按照工作项目简要说明工作的内容、程序、职责及权限。

（五）所需知识能力。完成本职工作所需的学识、才能、技术和经验。必须以职位的工作需要为依据，不是按现有人员的情况认定。

（六）转任和升迁的方向：职位上的任职人员按照业务一般要求可以转任和升迁的方向。

（七）工作标准。每个工作项目所应达到的质量和数量的基本标准。

五、填写职位说明书的范围

（一）各层次非领导职位；

（二）国务院各工作部门内司长级职位及其以下职位；

（三）地方政府各工作部门行政领导副职及其以下职位。

六、编制和审定职位说明书

（一）编制和审定职位说明书要求简明、实用。

（二）职位说明书原则上由职位任职人员按照本职位的职责填写，在特殊情况下（如职位缺员等）也可由各职位的直接领导或人事部门负责填写。

（三）职位的直接领导人员和上级领导人员审核职位说明书。

（四）单位人事部门审核职位说明书，报部门领导人员审定。职位说明书经部门领导人员审定后即可作为人员录用、考核、培训、晋升的依据之一。

（五）因工作需要，增加、减少职位或改变工作内容，须按上述程序及原则重新制定职位说明书。

七、确定非领导职务

（一）非领导职务的确定必须严格按照《国家公务员非领导职务设置办法》执行，规定的比例限额不得突破，设置方案必须经上级人事部门核准。

（二）非领导职务的名称应按《国家公务员暂行条例》的规定执行。如有特殊需要须使用其他名称，国务院各部门需经人事部同意，地方各级政府需经省级人事部门同意，并明确写入设置方案。

（三）中央和省级政府机关原有的副处级（含）以上非领导职务和市（地）、县级政府以下机关原有的副科级（含）以上非领导职务，在考核的基础上，按照公务员非领导职务的任职条件和比例限额，重新确定，并履行其规定的职责。

八、公务员级别的确定

（一）公务员的级别要按照国务院下发的"机关工作人员工资制度改革方案"和"实施办法"确定，并套改相应工资标准。

（二）机构改革完成后，实施公务员制度的机关必须按照确定的职能和设置的职位，确定每个公务员的领导职务或非领导职务，按照确定的职务确定级别。

附：职位说明书

（机关名称）职位说明书

职位名称：
职位代码：
工作项目：
工作概述：
工作标准：
所需知识能力：
转任和升迁方向：

注：机关名称处国务院各部门和省级政府机关分别填写部门名称和省名称，市、县级政府机关填写省及市、县名称。

资源来源：http://www.mop.gov.cn.

案例讨论

1. 我国公务员职位分类的基本内容包括哪些方面？
2. 公务员的级别如何确定？
3. 职位代码如何编排？
4. 如何编制职位说明书？
5. 非领导职务如何确定？

3.1   公共部门职位与人员分类管理概述

3.1.1   职位与人员分类的界定

1. 职位的界定

由于职位分类是以职位为核心的分类制度，要了解职位分类，有必要搞清职位的含义。职位是任何组织结构中的基本元素，是组织结构中的联结点和支撑点。所谓职位，就是指公务员担任的职位和承担相应的责任，它强调的是公务人员担任的岗位，而不是担任该职位的个人。职位与职权和职责相联系，职位的设置与联结方式是一个行政组织中职权与职责分配方式的体现。在行政组织的实际运行中，职位及其所包含的职责和职权与整个组织的结构和运行有着对应关系。组织结构的调整会引起组织构成部分职责与职权的调整，乃至职位的相应调整；反之，职位所包含的职责与职权的变更也有可能引起整个组织结构的变化。二者间的互动关系通过管理的中介得以实现。

现代科学管理的理论强调职位的非人格化特征，强调职位的存在本身是由组织结构的任务与目标所决定的。职位的设置以"事"为中心，而非以"人"为中心。由于组织系统的任务总是有限度的，因此，职位的数量也有一定的限度。当组织系统的任务和目标发生变更时，职位设置的结构状况与数量都将随之变更。具体表现在对职位进行管理的过程中，组织编制确定职位。

职位具有以下四个方面的特点：

第一，职位因事而设。也就是说，职位是以事或工作为中心而设置的，不能因人而设。职位一旦设立便具有相对稳定性，而任此职位的人则相对是流动的。当短期内寻找不到合适的任职者时，遵循"宁缺毋滥"原则，允许暂时出现"职位空缺"现象。

第二，职位数量有限。受组织任务大小、机构复杂程度和经费运作状况的影响，任何一个组织的编制数量都是有限的，所以职位数量必然是有限的。

第三，职位皆有类属。一般而言，各个单位的绝大多数职位都可以按照一定的标准和方法进行分类，也就是说，几乎任何一个职位都能够划入一定的职系和等级序列。

第四，职位不随人走。在法治社会，同一个职位在不同的时期可以也应该由不同的人来担任，工作人员的去留不影响职位的存在和职能的延续。相反，如果职位撤销，那么该职位上的工作人员也应随之离职转移。①

任何一个根据组织合理设置的职位，都应该包含有相应的职责和职权，都可以按照一定的标准将之分类。

2. 职位分类的界定

职位分类又称为职务分类或职位分级，是一种以职位为主要依据的分类方法。就目前世界上实行职位分类的国家来讲，其职位分类标准、内容、步骤，不尽相同，但是，基本原则和总体思路有许多相近的地方。归纳起来职位分类的含义就是将政府机关中的公务员职位，按照其工作性质的不同，纵向划分为部门、职组和职系，再对各职系的职位按照其责任轻重、难易程度以及所需资格条件等因素进行横向的等级区分，划分成若干高低不同的职级、职等，进而对每一职级作出准确定义和描述，制定出职位说明书和工作规范，以此作为公务员管理的依据。凡是同一职等的所有职位可以在考试、任用、考核、晋升、薪酬等方面适用于相同的管理标准和管理办法。

职位在公共部门中是重要而稀缺的资源，从现代人力资源管理的角度来看，对职位进行管理已成为公共部门职位管理的发展趋势，它体现为：对职位的分类相对宽带化、在不影响公务员职业能力的条件下的合理流动、强调对公务员聘用关系的灵活性，增加公务员聘用中的竞争、对公务员进行绩效激励等。这些都要求工作分析、职位分类的指导理念向人本化方向转化。职位分类是现代管理科学在人事行政中的应用，是人事行政基础性的管理方法。

职位分类是将科学原理运用于行政管理的一种体现，它成为实施其他各项

---

① 刘沂，赵同文：《公共部门人力资源管理概论》，华东理工大学出版社，2002 年。

人事管理制度的一项基础性工作。① 职位分类制的建立，能够推动其他各项人事管理制度的发展和有效实施。美国行政学家伦纳德·D. 怀特（Leonard D. White）认为，在范围广泛的行政事务和纷繁复杂的行政现象中，必须运用科学的方法来建立知识系统和理论原则，以便为政府及其工作人员的行政管理和执行活动提供行为规范和理论指导。② 因此，怀特将职位分类制的建立称为当代人事管理的支柱之一。一个国家公共部门职位分类的水平如何，是否有科学合理的职位分类制度，反映了这个国家人事管理水平的高低。

3. 公共部门人力资源分类管理的界定

公共部门人力资源分类管理是公共部门人力资源管理的基础性工作，所谓公共部门人力资源分类管理是指将工作人员或职位按照工作性质、责任轻重、资历条件及工作环境等因素划分类别，设定等级，为人力资源管理的其他环节提供相应管理依据。

由以上定义我们得出，人力资源分类的依据是工作性质、责任轻重、资历条件及工作环境等因素，而这些因素的相关内容是由工作分析、职位说明书、工作规范提供的，也就是说工作分析和职位评价是人力资源分类的前提和基础，没有科学的工作分析和职位评价，人力资源分类管理将成为空中楼阁。在人力资源管理中，基本的要素是人和事。人力资源管理的首要目的就是实现人与事的匹配，为特定的人员找到合适的事务，为一定的事务配备合适的人员。因此，人力资源分类主要是从人员本身的角度和事务本身的角度进行。以人的资历、教育程度、工作经验、出身等为划分标准，将人员分为不同等级和类别的分类制度是品位分类制度；而按照工作性质、责任大小、难易程度等为标准划分人员的制度是职位分类制度。品位分类制度的典型代表国家是英国、法国、德国等；职位分类制度的典型代表是美国、加拿大、日本等。品位分类和职位分类是公共部门人力资源管理的基本分类方法。

3.1.2 工作分析的发展

工作分析的理念最早可追溯到公元前 5 世纪的古希腊，当时的著名的思想

① 刘俊生：《公共人事管理比较分析》，人民出版社，2001 年。
② Leonard D. White. Introduction to The Study of Public Administration ［M］. NewYork：Macmillan，1948.

家苏格拉底（Socrates）开创了关于公平社会特点的学说，他认为每个人都只能通过社会分工的办法，从事自己力所能及的工作，他在该学说中指出：①每个人的工作才能具有差异性；②不同工作职位的具体要求存在差异性；③让人们从事其最适合的工作，以取得最高工作绩效是最重要的；④建立一种能将上述三种观点付诸实践的学说具有必要性。① 18 世纪法国启蒙思想家狄德罗，从 1747 年开始编撰《百科全书》，历时 27 个春秋，在这个浩瀚繁杂的工程中，对编写工作的组织就是一次大规模的工作分析。但是一直到泰勒（Frederick W. Taylor）提倡的科学管理运动，才真正有系统地对各项工作予以科学分析。

为解决当时企业生产普遍面临的低效率问题，20 世纪初，美国开展了一场"提高效率运动"，又称为"科学管理运动"。泰勒利用在伯利衡钢铁工厂的实验结果，在 1911 年写了一本名为《科学管理原理》(*The Principle of Scientific Management*) 的书，并在 1912 年赴美国国会发表演说，阐述科学管理的理念，将科学方法带进管理学的领域，启动了管理思想的革命，他被称为现代"科学管理之父"。

科学管理起源于泰勒对他所管辖的工人工作行为观察的结果。他注意到，每一位员工的工作方式是不同的，每个人依照自己的经验或喜好来执行他的工作。搬砖时的姿势不同、铲煤时的工具不同、切割金属时使用的方法不同。换言之，工作缺乏标准。同时他也注意到，员工会假装忙碌的样子，大多数时间他们会蓄意拖延工作，因为没有动力要工作得更快更有效率。而且，很重要的是管理者对于一项工作需要多少时间，并没有正确的概念，没有人想过要去衡量员工的工作。

泰勒在《科学管理原理》一书中写道：在整个文明社会中，20 个员工中就有 19 个坚定地相信慢一些做比快一些做更符合自己的利益，他们认为他们的利益就是尽可能工作得更少，来回报他们实际得到的薪酬。②

泰勒不愿接受员工无效率的工作，由此展开了他以科学方法代替经验与直觉的研究，他手持一个马表，仔细观察员工的动作，并精确地记录每一个动作所需要的时间。他从工作中找到了一种最佳的工作方法，并要求所有的员工依照这种方式来完成他们的工作。这意味着雇主们可以明确地期望员工的生产

---

① 赵永乐等：《工作分析与设计》，上海交通大学出版社，2006 年。

② Frederick Winslow Taylor. The Principles of Scientific Management [M]. New York：Harper & Row，1911.

量，因而可以定出更准确的薪酬率，并使奖励与惩罚更具标准。当然他也提到生产力的提高应该可以让员工获得更多的报偿。

从管理学的角度来看，泰勒最重要的贡献是创造性地把管理当做一门科学，他以科学的研究取代了经验和直觉所形成的工作方式，将分析的力量带到工作场所。并且他认为，他的哲学并不只是简单地和实体工作任务有关。他在《科学管理原理》一书中宣告：科学管理的原则可以应用于人类的各种活动，从最简单的个人行为到大型组织的工作。他的思想带动了行政管理学派的发展。中国台湾的《财经》杂志在 1997 年刊登的一篇文章中指出：泰勒的影响无所不在，他的思想决定了麦当劳厨师翻烤汉堡包数量的时间分配，决定了电话公司希望接线员能接通电话的数目。管理大师彼得·德鲁克（Peter F. Drucker）认为泰勒的思想是继联邦宪法后，美国对西方思想所作出的最持久的贡献。①

在泰勒之后，德国出生的美国心理学家，工业心理学的主要创始人，被称为"工业心理学之父"的闵斯特伯格（Munsterberg）设计出了有关验证结果有效性的研究方法，他认为工作分析的结果是可以被验证的。② 而动作研究之父弗兰克·吉尔布雷斯（Frank Bunker Gilbreth）及夫人莉莲·吉尔布雷斯则在技术方法上和某些指导思想上对泰勒的动作研究方法做了改进。他们还改变了泰勒主张工作分析要背着工人秘密进行的做法，主张重视工人，与工人进行合作，从而使研究更加贴近实际。③

在泰勒等人的研究基础上，产生了工作分析制度，从具体的动作研究转向对企业中工作职位的描述，并作出规范化的记录。这一制度首先在工商企业中被广泛应用。1918 年美国以工作分析制度为基础编制了熟练工人及非熟练工人的工作调整与标准化方案。1920 年，美国国家人事协会规定把工作分析定义为一种处理方法，其结果可以确定一种职务的构成及胜任该职务的人所必须具备的条件。1921 年，全美铁路、运输业在工作分析的基础上，实行了组织

---

① Peter F. Drucker. Management Challenges for the 21ᵗ Century [M]. Malaysian: Big Apple Tuttle-Mori Agency, 1999.

② ［美］雨果·闵斯特伯格著，邵惠芳译：《基础与应用心理学》，浙江教育出版社，1999 年。

③ ［英］沃纳（Warner, M.）编著，韦福祥译：《管理思想全书》，人民邮电出版社，2009 年。

成员职级制。

第二次世界大战的爆发，极大地推动了工业心理学的发展，尤其是促进了心理学在人员分类和甄选、配置上的应用。为了增强军事人员的管理水平，提高测评选拔、培训、工作分析的效果，工业心理学家们展开了空前的分析研究活动。在这一时期，较为著名的学者与研究机构有宾汉（W. V. Bingham）、斯考特（W. D. Scott）、社会科学研究会（Social Science Council）、国家研究会（National Research Council）、美国国家就业局职位研究委员会（Occupational Council Program of the United States Employments Service）等。

随着科学技术的发展，人类社会开始进入后工业化社会。组织中员工的素质和需求发生了变化，工作分析也变得日益重要，应用范围也越来越广。第二次世界大战后，工作分析不但在美国继续普及，而且传播到西欧、前苏联、日本等国。美国与前苏联还创立了"人类工程学"，使得工作分析得到进一步发展。据调查，1930 年，美国各大公司采用工作分析的约占 39%，到 1940 年激增到 75%，而 70 年代超过 80%，80 年代接近 90%。① 目前，美国、日本、英国、荷兰、澳大利亚等许多工业化国家都有了自己的职位分类系统，美国、日本参照的是国际标准职业分类的旧分类版本（ISCO-68），德国、英国和澳大利亚利用的是新分类的最新版本（ISCO-88）。

进入 20 世纪 70 年代之后，工作分析和职位评价的发展出现了两种不同发展趋势：一种趋势是走结构化、定量化的道路，将现代心理学与统计学的研究成果大量应用于工作分析，形成一系列的系统性工作分析方法，大大提高了工作分析的效度、信度和精确度，并实现了工作分析成果向人员选拔、职位评价等其他人力资源板块的直接过渡。② 例如"管理职位描述问卷调查法（Management Position Description Questionnaire，MPDQ）"已经成为目前应用最为广泛的定量化工作分析方法。另一种趋势是走个性化的道路，实现工作分析与企业具体的战略、组织与管理机制的密切结合，为企业中各类职位提供量身定做的职位说明书与工作分析报告。

3.1.3 公共部门人员分类的发展

"品"指官阶，"品位"指按公职人员官位高低、级别大小而排列成的

---

① 曹孟勤，薛兰霞：《人力资源开发与管理》，中国工人出版社，1999 年。
② 倪星：《公共部门人力资源管理》，东北财经大学出版社，2008 年。

等级。

品位分类（rank classification）管理，是以国家公共部门工作人员个人所具有的地位、身份、资历等作为区分标准与依据而建立起来的一种人力资源分类管理制度。①

品位分类有着悠久的历史，起源于等级森严的封建专制国家。我国的夏、商、周时代品位分类的特征就已渐明显，至秦始皇统一中国以后直到清朝灭亡，我国古代的官员分类就是一种典型的品位分类。如我国古代将官阶分成九品，数目越大，表示官阶越低。自隋唐以后，官阶的分类更加细化，除了每一品分为正品和从品之外，四品以下，各品又分为上下，总共是九品三十级。清代则是典型的九品十八级。西方国家 16 世纪建立的军衔制也是一种品位分类制。当然，古代的品位首先是一种特权和身份的标志。这同现代的品位分类有着根本区别。

现代的品位分类，是随着西方国家文官制度的建立，而逐步建立和发展起来的。文官制度建立之初，由于政府的社会管理职能较为简单。选拔官员时，注重的是知识广博，具有多种才能的通才，体现在人员分类上，就是只进行等级划分，而没有工作性质的分类。进入 19 世纪以后，随着社会分工的细化，这种通才式的人员很难适应政府管理职能的转变，许多专业性、技术性的人员进入政府工作，体现在分类上，品位分类增加了横向划分，即先把公共部门人员划分为行政性与技术性等大类，各类内部再建立各自的品位分类。例如法国按照职位具有的工作性质和所需教育程度的不同，将公务员划分为 A、B、C、D 四类；我国台湾地区则将公务员分为特任、简任、荐任、委任几大类。②

所谓职位分类（Position Classification），就是在工作分析的基础上，将职务依工作性质、繁简程度、责任大小以及所需资格条件等区分出若干具有共同特色的职位来加以分类。③ 职位分类最早产生于 19 世纪的美国，职位分类是适应近代经济社会的发展而兴起的一种科学的公共人力资源管理体系，它的产生和发展有其客观必然性。1883 年，美国实行择优录用的文官制度改革，解决了因政党分肥带来的贪污腐化与政治动荡等政治问题，但没有注意到科学系

---

① 龚大来，王丛漫，李中斌主编：《公共部门人力资源管理与开发》，经济科学出版社，2005 年。
② 赵曼：《公共部门人力资源管理》，华中科技大学出版社，2008 年。
③ 廉茵：《公共部门人力资源管理》，对外经济贸易大学出版社，2006 年。

统地管理文官的问题。到了 20 世纪初，美国社会、经济发展到了一个新的水平，政府职能进一步扩大，专业化程度越来越高，政府公职人员也迅速增加，而且专业技术人员的比例也越来越大。政治上任命的官员和经过考试录用的官员被分配在不同的系统里：从事专业技术工作的人员按照不同的给薪系统领取薪酬，这就出现了很多混乱和不合理现象。旧的职位分类制度，已不能适应美国人事管理的需要。

　　1908 年，芝加哥市政府确定对职位进行分类的原则，即通过对职位进行分析和评价，给职位分类分级，凡处于同一等级的职位，由于其工作的轻重程度相当，因此应给其任职者支付相等的报酬。后于 1911 年制定了《职位分类法》，经伊利诺伊州议会通过后，于 1912 年正式实行职位分类。1923 年，美国制定了第一个联邦政府职位分类的方案①，经多次修改，1949 年，国会通过了新的《职位分类法》，将以前的五大类别归并为两大类：一类是一般职位，分为 18 等；一类是技术保管类，分为 10 等。两类一共分为 27 个职组、569 个职系。到 1965 年又减为 22 个职组，437 个职系。② 该法以后也经过多次修改，特别是 1978 年的《文官改革法》对职位分类改革较大。可见，从 1923 年以来，职位分类制度在美国一直处于不断发展、不断调整的过程中。1978 年以后，美国越来越重视"人对职位的影响"。

　　由于职位分类制度在实践中所显示的功能意义，它不断被愈来愈多的国家所效仿。加拿大政府 1919 年通过《文官法案》，在全国实行职位分类制度。法国于 1946 年颁布《公务员法》，并实行职位分类。英国虽然实行品位分类，但也参照美国的做法作了某些修正。日本、印度等国家也在公务员管理中贯彻职位分类的原则和精神。

　　应当指出的是，一个国家合理的职位分类制度的形成，往往需要十几年，甚至几十年的不懈努力。只有经过不断的探索和调整，才能形成一套比较完善的、符合本国实际的职位分类制度。我国的职位分类制度亦是如此。

　　自 1949 年中华人民共和国成立到 20 世纪 80 年代，我国的人力资源管理制度一直是与计划经济相适应的集中统一的管理体制，分类管理制度也呈现出集中统一的特征：党政不分、政企不分、政事不分。无论是党的机关、政府机

---

① 王兆信：《国外公务员职位分类制度简介》，《党政干部论坛》，1994 年第 9 期。

② 龚大来，王丛漫，李中斌主编：《公共部门人力资源管理与开发》，经济科学出版社，2005 年。

关、人大、政协机关、司法机关的工作人员，还是事业单位、企业单位、群众组织的工作人员都被统称为"干部"。人员的等级划分主要依据职务级别、资历深浅、学历高低和工资多少，实际上是一种特殊的"品位分类管理"。

随着改革开放和市场经济的发展，原来的分类体制已不能适应现代管理的需要。国家于 1993 年 8 月颁布了《国家公务员暂行条例》，规定了国家行政机关实行职位分类管理制度。在确定职能、机构、编制的基础上，进行职位设置，制定职位说明书，确定每个职位的职责和任职资格条件，作为国家公务员的录用、考核、培训、晋升等的依据。在政府机关实行职位分类管理后，党的机关也参照政府公务员的分类办法实行了职位分类管理；检察系统、法院系统、公安系统也实施了具有各自特色的分类方案。至此，我国人力资源分类的宏观结构大致形成。原来的国家干部被分成：机关工作人员、事业单位工作人员、国有企业管理人员。① 2005 年 4 月 27 日通过的《中华人民共和国公务员法》又以立法的形式明确规定国家实行公务员职位分类制度，并设置了职务等级序列。②

3.1.4　公共部门人员分类制度的趋势

随着政治经济环境的不断变化，公共部门人力资源分类管理制度也在不断变革。纵观世界人力资源分类管理制度的发展，呈现出以下趋势。

第一，品位分类和职位分类互相借鉴融合，出现一种趋向同一的趋势。品位分类与职位分类是两种基本的人力资源分类管理方法，都有各自的优缺点。品位分类制度是一种注重通才的分类方法。随着专业化和劳动分工不断发展，许多专业性、技术性工作进入政府领域，这就要求更精细、更先进的科学分类。职位分类制度往往强调专业化，不利于组织内人员的横向流动，"这种横向间工作流动（从一种工作类型向另一种工作类型的转变）的阻塞，意味着公务人员在其职业生涯中，只能在某一职类范围内纵向发展……故而，公务人员常感到这种工作分类管理制度是其职业发展的一个障碍"。③ 实际上，原来

---

①　赵丽：《建立中国特色的公务员职位分类制度》，《国家行政学院学报》，2004 年第 4 期。

②　张柏林：《中华人民共和国公务员法释义》，党建读物出版社，2005 年。

③　孙柏英，祁光华：《公共部门人力资源管理》，中国人民大学出版社，2004 年。

实行品位分类的国家，要么声称实行职位分类制，要么吸收职位分类的先进方法，以使分类更加科学化、规范化。另外，职位分类中不利于人才综合能力的培养，不利于人才流动，人员管理过于僵化的缺点，随着时间的推移也越来越明显。这些实行职位分类的国家纷纷进行改革，其中部分地借鉴了品位分类管理中富于弹性的优点。

第二，职位分类管理制度呈现逐步简化的趋势。许多国家都着力于简化人员分类制度，以提高公共部门人力资源的管理效率。如加拿大政府本着通用、简化的原则对职位分类制度进行了改革，废除了原有的 72 套分类标准，代之以一种能够适应所有公共部门工作特征的评价体系，使人员分类更加简易，更加富有弹性。美国政府也在为如何简化人员分类管理制度而不懈努力，早在1986 年的里根政府时期，就已提出了旨在以职业通道来代替 400 多个职系的《文官制度简化法案》，当时未被国会通过。① 直至 20 世纪 90 年代的克林顿政府时期，才将过去过细的职位设置、狭窄的职位定义、烦琐的分类程序一一进行简化，旨在通过简化职位分类程序，改变过去由政府统一进行职位划分的传统做法，由更了解自身组织状况的用人单位自己来进行职位划分和分类。但由于受到《联邦公务员法》的限制，只能在较小的范围内试行。继美国、加拿大之后，新西兰、澳大利亚、瑞典等实行职位分类管理的国家也先后进行了改革。

第三，分类结构呈现开放趋势。西方各国的公共部门一般实行封闭的分类结构管理制度，即公职人员的类别从一开始确定后就终身不变，只能在一个类别范围内纵向升降。如英国最初将公务员划分为行政级、执行级、文书级和勤杂级四类，公务员只能在录用时的类别中进行职务升降。② 这种封闭的分类结构阻碍了公务员的相互交流、跨类别升迁和发展进步，不利于人才资源的充分利用，因此，西方各国逐渐开始开放封闭的分类结构体系。如 1996 年，英国中央政府在公务员管理体制方面实施了一系列的改革措施，对一般公务员和高级公务员开始采取分别管理，一般公务员的权限下放给政府各部门和地方政府，中央政府不再进行统一管理和控制，高级公务员（常务次官、次官、副

---

① 黄达强：《各国公务员制度比较研究》，中国人民大学出版社，1990 年。
② 马亚雄：《中英警察机关人员分类制度比较研究》，《中国人民公安大学学报》，2004 年第 3 期。

次官、主管职务和助理次官等3000多人）由中央政府统一管理。① 法国也规定公务员只要通过了跨类别考试就可以实行类别升级。

第四，宽带薪资成为公共部门薪资体系的发展方向。宽带制是近年来出现不久的一种人力资源管理新方式，它事实上是几种管理方法的折中：既保留了工作评估的优点，同时又力图保证工作管理的灵活性。② 20世纪80年代以来，随着内外部环境的变化，建立在严格的职位分类基础上的美国联邦政府传统薪资系统受到越来越多的挑战，为此美国联邦政府于1980年率先开始进行宽带薪资试验。这次宽带薪资试验主要包括三个试验：第一是于1980年在美国两个海军研究开发试验室（分别位于圣地亚哥州和加利福尼亚州）进行的人事管理改革试点。其他两个后续试验室于1988年开始在美国国家标准与技术研究院（位于马里兰州的Gaithersburg）展开的试点项目，以及在麦克里兰空军基地（位于加利福尼亚州的Sacramento）的Pacer Share后勤中心所开展的宽带薪资试点项目。美国联邦政府于20世纪80年代开始静悄悄地进行的这场宽带薪资试验，到20世纪90年代在私营部门得到普遍的认可和运用。试验不仅揭示宽带薪资是公共部门薪资体系的发展方向之一，而且对我国公共部门的薪资体系改革具有重要的借鉴意义。③

3.2 公共部门工作分析

3.2.1 工作分析的基本内容

工作分析是现代人力资源管理的重要基石之一，是人力资源获取、整合、保持与激励、控制与调整、开发等职能工作的基础和前提，只有做好工作分析，才能为有效完成公共组织的机构设计、人力资源规划的制订、人员招聘、组织成员的培训和开发、绩效管理、薪酬管理等工作提供依据。

所谓工作分析（job analysis）是指对组织中某个特定工作职位的目的、任

---

① 胡卫：《英国高级公务员薪酬管理制度改革的最新进展》，《外国经济与管理》，2004年第3期。

② 倪星：《公共部门人力资源管理》，东北财经大学出版社，2008年。

③ 刘昕：《美国联邦政府的宽带薪资试验及其启示》，《公共管理学报》，2004年第1期。

务、职权、隶属关系、工作条件、任职资格等相关信息进行收集与分析，以便对该职位的工作作出明确的规定，并确定完成该工作所需要的行为、条件、人员的过程。① 工作分析通常是对一个既存的职位进行分析了解，如果是一个新成立的组织或新设的职位，则需要进行工作设计。

所谓工作设计（job design）是一个确定所要完成的具体任务及方法，以及该工作在组织中如何与其他工作相互联系起来的过程。

工作分析的对象为职位（position），而不是个人。通常一个人可能担任一个以上的职位，每一个职位都有其职责，即其工作（job）的内容。一个职位可能有多项工作的内容，称为任务（tasks），每一个任务都需要许多的活动（activities）来达成。例如李四任职于某大学，担任某系教授同时兼任系主任的职位，他便有系主任与专任教授两个职位。就教授这个职位而言，他的工作内容包括教学、科研两大任务。其中教学的任务包括课程规划与设计、准备教案与教材、上课、课后辅导、考试与评分等许多的活动（见图 3-1）。工作分析的目的，在于了解每一个职位的工作内容（任务）、执行这些任务的活动、活动的方法以及所需要的知识与技能等，作为人事工作的参考。

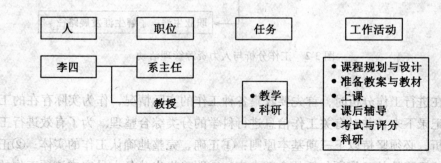

图 3-1　人、职位、工作与任务

工作分析是人力资源管理的基本工作，其产出为职位说明书（job description）与工作规范（job specification），二者对人力资源管理的大多数活动都会产生影响。例如经过工作分析，管理者可以对该职位有较深入的了解，因而知道应该招聘何种人才、如何进行甄选工作；对所选用的人才应该实施何种必要的培训，同样是基于工作的需要；公务员的薪资取决于工作的内容，以及从事

---

① 夏光：《人力资源管理教程》，机械工业出版社，2004 年。

该工作所需要具备的条件；绩效考核建立在个人实际绩效与应有绩效标准的差异程度上，而其应有的绩效标准基于其工作内容与职责；公务员的生涯规划与组织的生涯发展管理，都必须知道在各种生涯途径上每一个职位所需具备的资格与条件；职务说明书与工作规范提供了以上所有的相关信息，因此产生职务说明书与工作规范的工作分析实际上是组织人力资源管理活动的基础与核心。工作分析和组织人力资源管理其他活动的关系如图 3-2 所示。

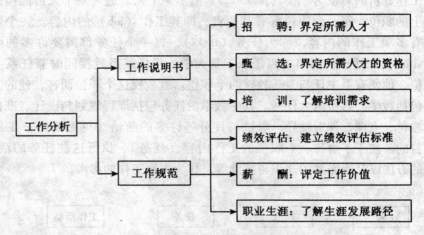

图 3-2　工作分析与人力资源管理活动

在进行工作分析时，首先要收集各种工作的实际情况，作为实际存在的工作被记录下来，并对有关工作信息进行科学的分类综合整理。为了有效进行工作分析，必须坚持以下三项基本原则：①正确、完整地确认工作的实体；②正确描述已确认的工作所包括的全部内容；③明确提出公务人员完成该项工作的必备条件。而要完成上述任务，则要求工作分析的资料收集全面、广泛，从而取得有关工作的完整、全面描述。简言之，工作分析资料的收集是做好这项工作的前提。

3.2.2　工作分析的意义及作用

工作分析是人力资源管理中的第一个环节，是一项基础工作。工作分析产生的结果是职务说明书、工作规范，这两个文件不仅是每个组织成员工作职责的依据，而且是人员招聘、规划、培训、考评、奖惩和优化组织结构的依据。

作为人力资源开发与管理的基础性工作，工作分析的意义及作用主要体现在以下几个方面：

（1）工作分析是制订人力资源规划的依据。任何单位的工作职务安排和人员配备，都必须有一个科学合理的规划，并根据工作发展的趋势作出预测。工作分析的结果可以为公共部门的人力资源规划提供可靠的依据，通过组织内各部门间各项工作的分析：可以得到各部门的人员编制情况；每项工作的责任、任务、工作时间、工作条件等；每项工作所需要的不同的知识、技能和能力等。通过工作分析可以知道目前的人员配备能否达到工作的要求，今后若干年公共部门的职务和任务将有哪些变化，组织内的人员结构应作如何相应的变化等。工作分析的结果明确了工作性质与内容，据此设置组织结构，可确定工作职位，提出对人力资源的需求等。

（2）工作分析有利于合理配备人力资源，避免人力资源浪费。工作分析对每一职位的任职资格提出了要求，根据人力资源测评结果就可以通过双向选择的方式将具有一定能力素质的人员安置在需要相应能力素质的职位上，使得人尽其才，避免"大材小用"和"小材大用"的现象发生；也可以使每位组织成员职责分明，工作范围明确，从而各司其职，避免重复劳动和无效劳动。

（3）工作分析有利于客观评价组织成员的工作业绩。从人力资源管理程序上看，工作分析是绩效考核的前提，工作分析为公务人员的绩效评价的内容、标准等的确定提供了客观依据。通过工作分析，每一种职位的内容都明确界定。组织成员应该做什么、不应该做什么，应该达到什么要求，都一目了然，这样，以工作分析为根据对组织成员工作业绩进行评价就能比较合理、公平，从而达到科学评价组织成员工作业绩的目的。在此基础上合理地进行报酬分配。

（4）工作分析有利于组织成员的培训与开发。人力资源管理的目的是实现人与工作的最佳匹配，但现实状况却往往与之有一定距离，即所选用的组织成员在知识、能力、技能及公务人员个性特征方面很难达到工作的要求，这就需要对组织成员进行培训。根据工作分析所提供的信息，针对不同的工作要求、任职人员的具体情况，设计不同的培训方案，采用不同的培训方法。对不同素质人员进行培训，可帮助组织成员获得工作必备的专业知识和技能，提高组织成员胜任本职工作的能力。因此，工作分析为组织成员培训开发提供了必不可少的客观依据。

（5）工作分析有利于职业化管理。实现职业化管理的最重要特征是公务人员业务过程的专业化和规范化。工作分析通过运用科学的方法对工作职位进行研究，得出职位的工作内容、工作责任、工作程序，从事工作所需的工作技能、工作环境等情况，形成职位说明书、工作规范以及任职资格标准，再进一步运用以便形成规范的业务工作模式、业务流程、组织结构、组织成员行为标准，使公共部门管理走向专业化和规范化，为公务人员职业生涯规划提供指引与指导，从而加速公共部门职业化进程。

3.2.3 工作分析的方法

工作分析方法大致上可以分为定性方法和定量方法两大类。在工作分析中经常运用的定性方法主要有：观察法、访谈法、工作日志法；属于定量方法的有 PAQ 法（Position Analysis Questionnaire）、MPDQ 法（Management Position Description Questionnaire）、JAS 法（Job Analysis Schedule）、FJA 法（Functional Job Analysis）、GOJA 法（Guideline Oriented Job Analysis）、OMS 法（Occupational Measurement System）等。每一种方法都有其固有的长处和缺陷以及各自不同的适用条件，因此在实际的工作分析中，针对不同的工作分析的目的，我们可以有选择地采用某一种方法，或者将几种不同的方法综合起来运用。本书着重介绍五种方法，即观察法、访谈法、问卷调查表法、关键事件法、工作日志法。

1. 观察法

所谓观察法，一般是由有经验的人，通过直接观察的方法，记录某一时期内工作的内容、形式和方法，并在此基础上分析有关工作因素，达到分析目的的一种活动。这种观察通常是一种隐蔽性的观察。为了提高观察分析的效率，所有重要的工作内容与形式都要记录下来，而且应选择几个对象在不同时间内进行观察。因为同样的工作任务，不同的工作者会表现不同的行为方式。这种不同时间内进行的观察有助于消除工作情景与时间上的偏差。

这种方法的优点是：其一，全面性。观察法要求工作分析人员对各种具有代表性的工作条件下的各种有代表性的工作活动作普遍观察，因此，通过观察，工作分析人员能够比较全面地了解工作要求，观察法特别适用于那些主要运用体力活动来完成的工作。其二，手段多样，效率较高。在观察分析中，工作分析人员可以深入工作现场，借助于感官对某些特定对象的作业活动进行直接观察，观察人员还可以借助于各种测量仪器和记录设备，比如照相机、录音机、摄像机等，以提高观察的精确度和效率。

其缺点是：其一，适用范围具有一定的局限性。适合于以外显动作为主的职务，对于脑力劳动成分比较高的职务，效用不大；适合于活动范围不大的职务，对于职务活动范围很大的职务，由于分析工作所消耗的人力、物力和时间较大，难度也较大；对于在一些特设环境中活动的职务，难以运用观察法进行分析。其二，难以获得任职者的合作。对于一些任职者来说，会产生心理抗拒，他们会觉得自己受到监视或威胁，同时，也可能造成动作变形。

2. 访谈法

访谈既可以单独访谈形式进行，也可以小组访谈形式进行。一般而言，访谈是在离开工作场所的地方进行，而且访谈问题的设计应该是结构化的。在访谈之前，首先要向访谈者解释访谈的目的和意义以及访谈结果是做什么用的。特别还应该提前研究每份工作的基本情况，使访谈者熟悉工作，便于提问。在进行访谈时，提问的顺序应是有逻辑性的，如按工作的顺序提问，或将最重要的问题先提问，次要的和不太重要的问题后提问。访谈结果一般要经过监督者的确认和说明才算有效。

这种方法的优点是：其一，具体准确。一般来说，任职者对于自己工作的特征最为熟悉，也最有发言权，由任职者本人描述工作内容，具体而准确。其二，双向沟通。访谈法是一种双向沟通，便于向任职者解释工作分析的必要性和功能，同时也有助于与任职者的沟通，消除其工作压力。其三，详细深入。访谈过程如果能够得到访谈对象的合作，可以对工作者的工作态度与工作动机等深层次的信息有比较详细和深入的了解。

其缺点是：其一，信息可能是扭曲的，可信度不够高。其二，技巧性高。访谈者的技巧，直接关系到访谈的效果。访谈员要有多方面的知识和能力，需要经过专门的训练。其三，工作成本高。访谈法比较费时，工作成本较高。对访谈结果的整理和分析比较困难。

3. 问卷调查表法

调查表是一种常用的信息搜集工具，可以用特别设计的调查表来搜集特定组织的信息，也可以用常用的、可应用于不同组织的标准调查表来搜集信息。典型的调查表包括两个部分，第一部分是询问工作者关于工作和个人的经验、资格、态度等问题；第二部分则是一个详细的活动表，这些活动是被调查的岗位或工作种类的人应该完成的。如果调查表的设计比较合理，每个人都应能确定他的工作内容。工作责任人在填写调查表时，还要评估每项活动对整体工作的意义。每一项活动都要考虑花了多少时间，是否经常做以及是否重要等。下面介绍两种问卷调查表法。

（1）管理职位描述问卷调查表法（Management Position Description Questionnaire，MPDQ）。管理职位描述问卷调查表法是由托纳（W. W. Tornow）和平托（P. R. Pinto）在1976年提出的，是常用的一种工作定向问卷方法，即它是一种以工作为中心的工作分析方法。①

管理职位描述问卷调查表法是专为管理职位而设计的一种工作分析方法，它利用清单进行工作分析，是对管理者的工作进行量化测试，涉及管理者所关心的问题、所承担的责任、所受的限制以及管理者的工作所具备的各种特征，共197个问题，这197个问题被划分为13类工作因素。

管理职位描述问卷调查表法的优点：其一，它适用于不同组织内管理层次以上职位的分析；其二，它为员工从事管理工作所需的培训提供了依据，为正确评价管理工作提供了依据；其三，为工作族的建立奠定了基础，也为管理工作在工作族中归类提供了依据；其四，同时为薪酬管理、员工的选拔程序与绩效评估表的制定建立了基础。

管理职位描述问卷调查表法的缺点：其一，它受工作及工作技术的限制，灵活性差；其二，有时运用这种方法进行工作分析耗时长，工作效率较低。

（2）职位分析问卷调查表法（Position Analysis Questionnaire，PAQ）。职位分析问卷调查表法对人员行为模式的描述更具有普遍性，并且不受工作及工作技术方面的限制，它的灵活性更强，可用于不同的工作。用这种方法获得的数据更适用于设计人事培训方案或作为员工绩效评估的信息反馈。职位分析问卷调查表法是一种结构严密、最常用的一种方法，这种以人为中心的工作分析方法，是美国普渡大学（Purdue University）麦考密克（Ernest J. McCormick）等人的研究成果。② 职位分析问卷调查表法有其前提条件，即人员工作的领域有某种潜在的行为结构和秩序，并且有一个有限系列的工作特点可以描述这个领域。

---

① 廖泉文：《人力资源招聘系统》，山东人民出版社，2001年。

② E. J. McCormick, P. R. Jeanneret, and R. D. Mecham. Position Analysis Questionnaire [D]. Copyright 1989, by Purdue Research Foundation, West Lafayette, Ind.

职位分析问卷调查表法是一种结构化的、定量化的工作分析法，采用清单的方式来确认工作要素，它共有 194 项工作元素，其中，有 187 项工作元素是用来分析完成工作过程中员工活动的特征（工作元素），还有 7 项与薪资有关的问题。这 187 项工作元素与 7 个问题共分为 6 个类别，PAQ 法工作元素的分类如表 3-1 所示。

表 3-1　　　　　　　　　　　　PAQ 法工作元素的分类

类别	内　容	例　子	工作元素数目
信息输入	员工在工作中从何处得到信息？如何得到？	如何获得文字和视觉信息？	35
思考过程	在工作中如何推理、决策、规划？信息如何处理？	解决问题的推理难度	14
工作产出	工作需要哪些体能活动？需要哪些工具与仪器设备？	使用键盘式仪器、装配线	49
人际关系	工作中与哪些人员有关系？	指导他人或与公众、顾客接触	36
工作环境	工作中物理环境与社会环境是什么？	是否在高温环境或与内部其他人员冲突的环境下工作	19
其他特征	与工作相关的其他的活动、条件或特征是什么？	工作时间安排、报酬方法、职务要求	41

应用这种方法时，工作分析人员要根据六个计分标准对每项工作进行衡量，给出主观评价分。这六个计分标准是：信息使用程度；对工作的重要程度；工作所需的时间；发生的概率；适用性；其他。除了用这六个方面的工作元素与六个度量标准，还有五个度量标准。这五个标准是：具有决策力、沟通能力；执行技术性工作的能力；身体灵活性与体力活动；操作设备与器具的能力；处理资料的能力及相关的条件。根据这五个方面的尺度，就可以得出工作量化的剖面分数，工作与工作之间就可相互比较和划分工作族等。

职位分析问卷调查表法的优点：其一，无需修改就可用于不同的组织、不同的工作，这样就使得各组织间的工作分析比较更加容易，这种比较将使得组织的工作分析更加准确与合理；其二，同时这种方法考虑了员工与工作两个变量因素，并将各种工作所需要的基础技能与基础行为以标准化的方式罗列出来，从而为人事调查、薪酬标准制定等提供了依据。

职位分析问卷调查表法的缺点：其一，采用这种方法需要的时间很长，也非常繁琐；其二，问卷的填写人必须是受过专业训练的工作分析人员；其三，职位分析问卷的通用化或标准化的格式导致了工作特征的抽象化，所以不易被描述。

在运用上述问卷调查表法时，还应该设计好封面信、指导语、问题项及答案、编码等。封面信主要内容包括自我介绍、调查的目的、解释调查工作的价值，并间接说明被调查者不会因此受到利益损失或带来麻烦。指导语，主要告诉被调查者如何正确地填写问卷。问题项遵循"一个问题包括一个明确界定的概念"的原则进行设计，并在用词上力图保持中性的原则。答案按照完备性和互斥性的原则进行属性设计和尺度选择。因此问卷中的每一个问题项都是在对某个变量进行测量，问题答案就是为变量可能的属性归类赋值。封面信的写法如下：

各位领导，您好！

这是一份工作分析研究问卷，希望您能抽出大约 20 分钟来填答这份问卷，这个研究的主要目的，是在于了解每个职位的基本情况。答案没有所谓的对与错，若有某项问题没能完全表达您的意见时，请选择最接近您看法的答案。

本问卷采无记名方式填答，您所填答的各项资料，仅供统计分析之用，保证不作其他用途，个别数据亦绝对保密，请您放心填答。最后，我们在此致上最诚挚的谢意，并祝您身体健康，事业成功！

工作分析员：××
联系电话：××××××××
20××年××月××日

4. 关键事件法

关键事件法，也称典型事例法，是请管理人员和工作人员回忆、报告对他们的工作绩效来说比较关键的工作特征和事件，从而获得工作分析的信息的方法。

关键事件记录的内容一般包括以下几方面内容：①导致事件发生的原因和背景；②公职人员的特别有效或无效的行为；③关键行为的后果；④公职人员

自己能否支配或控制以上后果等。

将大量关键事件收集起来，按照它们所描述的工作领域进行归纳分类，最后会对实际工作的要求有一个非常清楚的了解。该方法直接描述人们在工作中的具体活动，因此可揭示工作的动态性。由于所研究的行为可以观察和衡量，用这种方法获得的资料适用于大多数工作分析。由于所收集的都是典型的事例，因此，它对于防范事故、提高效率、确定工作标准能起更大的作用。但收集、归纳关键事件并且把它们分类要耗费大量时间。另外，关键事件描述的是特别有效和特别无效的行为，所以很难对日常的工作行为形成总的概念，而后者才是工作分析的主要目的。采用关键事件法进行岗位分析时，应注意三个问题：调查期限不宜过短；关键事件的数量不能太少，应足够说明问题；正反两方面的事件都要兼顾，不得偏颇。

5. 工作日志法

工作日志法是由任职者按时间顺序，详细记录自己在一段时间内的工作内容与工作过程，经过归纳、分析，达到工作分析的目的的一种工作分析法。日志的形式可以是不固定的，也可以由组织提供统一的格式。

工作日志法是在完成工作以后逐日即时记录的，具有详尽性的优点。同时通过工作日志法所获得的工作信息可靠性很高，往往适用于确定有关工作职责、工作内容、工作关系、劳动强度方面的信息，因此工作日志法又具有可靠性的优点。

由于工作日志法是由工作任职者自行填写的，信息失真的可能性较大，任职者可能更注重工作过程，而对工作结果的关心程度不够。运用这种方法进行工作分析对任职者的要求较高，任职者必须完全了解工作职务的情况和要求。另外，这种方法的信息整理工作量大，归纳工作繁琐。

一般来说，在用于工作分析时，工作日志法很少作为唯一的、主要的信息收集技术，常常要与其他方法相结合。实际工作中，工作分析人员通常会将组织已有的工作日志作为问卷设计、准备访谈或者对某一项工作做初步了解的文献资料来源。

3.2.4　职位说明书与工作规范

工作分析的结果主要产生两份文件：职位说明书与工作规范。因此先了解职位说明书与工作规范的内容，有助于思考如何收集这些相关信息来作分析。

　　职位说明书详细记载了这个职位的工作内容、工作方法、所负担的责任、所需的知识与技能等方面的资料，工作规范则记载了担任这个职位的工作所需具备的资格与条件。大多数时候工作规范被当做职位说明书的一个部分，也有人将其独立成一份个别的文件，有时也会将组织的机构图附在职位说明书的后面，作为一个附件。

　　职位说明书并没有标准的格式，但多数的职位说明书包含以下几个主要部分：①工作识别（job identification）；②工作概述（job summary）；③工作关系（job relationships）；④职责（job responsibility，duty）；⑤职权（authority）；⑥绩效标准（standard of performance）；⑦工作条件（working conditions）；⑧工作规范（job specifications）。

　　现以表 3-2 职务说明书为范例，来加以说明。

表 3-2　　　　　　　　　　　　职位说明书

工作识别	职位名称	秘书	职位代码	415-03-20
	所属单位	司长办公室	部门代码	415-03
	直接主管	办公室主任	部门主管	副司长
	职位等级	分类十等	津贴范围	120～160 元
	填写人	人事主任科员张三	薪资范围	2000～3000 元
	审核人	人事处处长黄二	填写时间	20××年××月××日
工作概述	履行某些书记类职能，提供某些咨询资料，起草各种文稿，管理文印室，督查有关决议、决定、重要工作部署和司领导同志重要批示的贯彻执行情况			
工作关系	向谁报告：办公室主任　　　　　　　　　　　　　与谁配合：办公室其他人员 督导人员：各下属单位承办人　　　　　　　　　　组织协调：上级机关人员			
工作职责	1. 积极完成司领导和办公室领导交办的各种文稿的起草任务 2. 做好办公会及其他有关会议的组织安排工作；做好会议记录、起草会议纪要并负责会议纪要的网上发布工作 3. 管理使用办公室印章及司长名章；开具对外介绍信和证明 4. 负责上级文件及外单位电函的签收、登记、送批、传阅、分发、回收、整理、清退、立卷归档等工作 5. 拟定每周主要工作安排表			

续表

职权	1. 对全司各处（室）的公文处理进行指导 2. 管理文印室
绩效标准	以公务员的职位职责和所承担的工作任务为基本依据，全面考核德、能、勤、绩、廉，重点考核工作实绩 1. 德，是指思想政治素质及个人品德、职业道德、社会公德等方面的表现 2. 能，是指履行职责的业务素质和能力 3. 勤，是指责任心、工作态度、工作作风等方面的表现 4. 绩，是指完成工作的数量、质量、效率和所产生的效益 5. 廉，是指廉洁自律等方面的表现
工作条件	1. 一般办公环境 2. 必要时赴外地出差
工作规范	1. 需具备中文专业本科学历 2. 普通话发音标准，语音和语速正常 3. 需具备中、英文听、说、读、写能力 4. 需具备计算机基本操作能力（Microsoft Word、Excel、Power Point）

1. 工作识别

如表 3-2 所示，工作识别包含该职位相关的基本资料，包括工作名称及代码、所属部门及代码、直接主管与部门主管、职位等级、津贴与薪资范围、职位说明书的填写人、审核者、填写时间等。工作名称指该职位拥有者的职务头衔（title），如办公室主任、资料员或调研员；所属部门指该职位在组织结构中的位置，代码通常会按性质与属性来编制，以方便查询与管理。直属主管指该职位的直接领导，部门主管则通常以所属组织中的一级单位来填写。津贴及薪酬范围指出了该职位设定待遇水准的上限、下限，然后是职位说明书的填写人，最后是审核人员及实际填写时间。

2. 工作概述

工作概述应描述工作的一般性质，只需列出其主要的功能与活动即可。如秘书主要是履行某些书记类职能，提供某些咨询资料，起草各种文稿，管理文印室，督查有关决议、决定、重要工作部署和领导重要批示的贯彻执行情况。对于工作摘要的描述应简单、明确，尽量避免一般性描述。主要描述工作的总体性质，只需要列出主要功能或活动即可。但应力图避免在工作综述中出现笼统的描述，这会使对工作的性质以及员工需要完成的工作的叙述出现漏洞，可能成为逃避责任的一种托词。

3. 工作关系

工作关系是指担任该职位的人与内外其他人接触的关系，包括受到谁的督导、指挥什么人工作、需与什么人协调等。主要说明职位工作和任职者与组织内外相关部门、机构及他人之间的关系，包括与组织内上下级、同事的关系，与组织外人员的关系，与组织内部其他部门的关系，与外部机构的合作关系等。

4. 工作职责

主要描述该职位工作的任务与责任，一般应分条记载，对每一种工作的主要职责都应当列举，并用一到两句话对每一项任务分别加以简要描述，它是职位说明书中最重要的部分。美国劳工部编辑的职业头衔字典中，列举了近3000多个在职场上常用的职称及其相关的工作内容（职务责任），可供在编制工作说明书时参考。

5. 职权

主要界定该职位承担者的权限范围，包括决策的权限、对他人实施监督的权限以及经费预算的权限等。

6. 绩效标准

有些职位说明书还包括一部分有关工作绩效标准的内容，这部分内容说明组织期望任职者在执行该项职位说明书的每一项任务时所需要达到的绩效标准。以公务员的职位职责和所承担的工作任务为基本依据，全面考核德、能、勤、绩、廉，重点考核工作实绩。

7. 工作条件

描述与该职位工作有关的特殊环境条件，如噪音、危害程度、气温等。

8. 工作规范

工作规范可以作为职位说明书的一个部分，通常是职位说明书的最后一个部分，当然它也可以是一份独立的文件，或作为职位说明书的附件。工作规范指出了担任这个职位的人所需具备的条件与资格，一般包括所需要的学历、经历、证照等，此外一些其他不能用证照来代表的基本能力，例如计算能力、语言表达能力等，则应列出具体的需求，以作为招聘甄选时测试的依据。

在撰写职位说明书时，必须对所属工作职责有清楚与完整的描述，不需再参考其他职位的职位说明书即可使用，同时要简明扼要，使阅读者一目了然。填写完成后须再次检查职位说明书的内容是否能达成所期望的需求，填写者可以自问"新进人员阅读此职位说明书时是否能充分理解"？

因此，编写职位说明书应该遵循如下几条原则：第一，清晰。工作描述应当清楚地说明职位的工作情况，不能含糊不清。第二，说明范围。在界定职位时，要确保指明工作的范围和性质，要把所有重要的工作关系包括进来。第三，专门化。要选用最专门化的词汇来表示工作的种类、复杂程度、技能要求程度、可能出现的标准化程度问题、任职者对工作所负的责任大小、责任的程度与类型等。第四，简单化。内容简单明了，通俗易懂。

3.2.5 工作分析的程序

在了解职位说明书与工作规范的内容之后，让我们进一步了解如何产生这样的两份文件，这便是工作分析的内容。一般而言，工作分析的程序包含决定工作分析的目的，事先的准备工作、选择具有代表性的组织成员、收集资料、分析资料、撰写职位说明书及工作规范等 6 个步骤，分别说明如下：

1. 决定工作分析的目的

首先确定由工作分析所收集的资料用于何处，因为这牵涉到所有要收集的资料形态以及收集资料的方法。工作分析可以提供不同的用途，不同的目的所收集的资料可能不同。例如用做招聘甄选用的职位说明书注重实际工作的内容与所需的技能，用以评定薪酬水平的职位说明书注重工作承担的职责，用做绩效评估的职位说明书则更为重视绩效标准等。因此，第一个步骤应先决定工作分析的用途，再决定如何收集资料。

2. 事先的准备工作

在开始进行资料收集与分析之前，应先了解该职位相关的背景资料。先审阅有哪些可以利用的资料，如组织结构图、工作手册以及现有的职位说明书等。组织结构图可以显示所分析职位的工作与其他工作的关联性，以及该职位在整个组织中的位置。从组织结构图上的信息，可以看出该职位上的人应该向谁报告、指挥谁以及要与哪些人协调沟通。工作手册则会包含相关的工作内容和执行工作的环境与所使用的工具，以及所需具备的知识与能力。

3. 选择具有代表性的组织成员

工作分析是相当耗费时间和人力的，因此当组织内有多个相类似的工作需要分析时，选择具有代表性的组织成员是必要的。例如可能没有必要为每一个科室的职位进行分析，而只要选出少数几个组织成员作为代表来加以分析即可。但需要记住所谓"具有代表性"是指工作内容符合职位的一般情况，而不是要挑选绩效最好的组织成员来作为分析对象。

4. 收集资料

这一个步骤是工作分析的核心。可以依据职位说明书的格式，针对每一个项目进行资料收集的工作。资料收集的方法有很多，但不论采用何种方法，必须收集到一个完整的工作循环的资料。一个完整的工作循环一般是一年，如果资料收集得不完整，则有些一年才执行一次的工作（例如年度预算）便容易被遗漏。

5. 分析资料

由上述步骤所收集获得的资料，应该会同实际上执行该项工作的人以及直接领导一起讨论，必要时最好能有人力资源专家参与，以确定这些资料的正确性、完整性以及是否容易了解。让组织成员直接涉入工作分析的过程，可以促使他们对工作本身有更完整的了解，同时他们也会比较容易接受工作分析的结果。

6. 撰写职位说明书及工作规范

职位说明书及工作规范是工作分析的具体结果。经过资料的收集、分析与讨论后，最后的工作便是撰写职位说明书及工作规范。职位说明书及工作规范通常应该由人事部门的专业人员依照统一的格式撰写，最后呈报上级领导审核后实施。

3.3　公共部门职位评价

3.3.1　职位评价内涵

在完成职位说明书和工作规范后，下一步的工作就是职位评价。职位评价是在职位分析的基础上，对某一职位的相对价值（而不是某项任务的价值，也不是个人绩效的质量）进行分等排序。在所有的公共部门中，人们常常需要确定一个职位的价值，或者想知道一个职位与另一个职位相比，究竟谁对部门的价值更大，谁应该获得更好的报酬。那么，究竟如何确定某一职位在公共部门中的地位？对不同职位之间的贡献价值如何进行衡量比较？这就需要进行职位评价。

职位评价有多种称谓，如工作评价、岗位评价、职位评估、岗位评估、岗位测评等，是一种职位价值的评价方法。它是对职位本身所具有的特性（比如职位对于组织部门的影响、职责范围、任职条件、环境条件等）进行评价，以确定职位相对价值的过程。它的评价对象是职位，而非任职者。

3.3.2　职位评价的意义及作用

与工作分析一样，职位评价也是人力资源管理的基础，它对于其他环节的管理具有基础性作用。职位评价的意义及作用主要体现在以下几个方面：

（1）职位评价是人事招聘与选拔的重要基础。职位评价可以保证公共部门招聘和选拔到合适的公务员，将合适的公务员放到合适的岗位，做到事得其人；并且有利于公共部门正确制订人力资源规划，正确制定公务员的生涯规划，及时发现组织内及公务员中的问题，合理进行人员调整。总体来看，对职位的评价可以满足公务员的需要，促使他们的目标与公共部门的目标一致。

（2）职位评价是确定职位级别的重要手段。职位级别是公共部门划分工资级别、福利标准、行政权限等的依据，而职位评价则是确定职位级别的最佳手段。有的公共部门仅仅依靠职位头衔来划分职位级别，这样有失准确和公平。举例来说，在某级政府内部，尽管财政局和物价局的领导都称为局长，但他们的价值并不同，所以职位级别理应不同。同理，在不同政府之间，尽管都有旅游局长这个职位，但由于地理环境不同、所占有的旅游资源不同，因此对政府的影响也不同，所以职位级别也可能不相同，待遇自然不同。

（3）职位评价是薪酬分配的重要依据。在公共部门的工资结构中，往往有职务工资或职位工资这个项目。通过职位评价得出职位级别后，便于确定职位工作的差异。另外，对于优秀的公务人员，可以根据职位评价给予合理的奖励、薪酬。

（4）职位评价有助于薪酬调查。采用了标准化的职位评估体系之后，可以使不同部门之间、不同职位之间在职位级别确定方面具有可比性；在薪酬调查时使用统一标准的职位级别，为薪酬数据的分析比较提供了便利。换句话说，职位评价解决的是薪酬的内部公平性问题，因为每个职位的价值反映了对部门组织的贡献。

（5）职位评价是公务员确定职业生涯规划和晋升路径的参照系。公务员在公共部门系统内跨部门流动或晋升时，也需要参考各职位评价。透明化的职位评价标准，便于公务员理解公共部门的价值标准是什么，他们该怎样努力才能获得更高的职位。

3.3.3 职位评价的方法

常用的职位评价方法有职位参照法、职位排列法、职位分类法、因素比较法和因素计点/评分法等。其中职位排列法、职位分类法属于定性分析；职位参照法、因素比较法和因素计点/评分法属于定量分析。除此以外，这里还简要介绍国际著名的职位评价方法—海氏（Hay Group）三要素评价法。

1. 职位参照法

职位参照法，顾名思义就是用已有工资等级的职位来对其他职位进行评估。具体的步骤如下：

（1）成立职位评价小组；

（2）评估小组选出几个具有代表性并且容易评估的职位，对这些职位用其他办法进行工作职位评价；

（3）如果组织已经有评价过的职位，则直接选出被公务人员认可的职位；

（4）将（2）、（3）选出的职位定为标准职位；

（5）评价小组根据标准职位的职位说明书所提供的信息，将类似的其他职位归类到这些标准职位中来；

（6）将每一组中所有职位价值设置为本组标准职位价值；

（7）在每组中，根据每个职位与示准职位的工作差异，对这些职位的职位价值进行调整；

（8）最终确定所有职位的职位价值。

2. 职位排列法

职位排列法是由有关人员组成合格的专门机构，如职位评定委员会；根据职位调查资料或职位说明书作出简洁的、易于对比的职位描述；确定评定标准，对各个职位打分；评定结果汇总，计算平均得分，进而得出各个职位的综合相对次序。

这种方法易出现主观倾向，应通过培训提高评价人员的价值判断力，也可通过重复评价，三次取平均值来消除主观误差。

3. 职位分类法

职位分类法与职位参照法有些相像，不同的是，它没有进行参照的标准职位。它是将公共部门的所有职位根据工作内容、工作职责、任职资格等方面的不同要求，分为不同的类别，一般可分为管理工作类、事务工作类和技术工作类等。然后给每一类确定一个职位价值的范围，并且对同一类的职位进行排列，从而确定每个职位的职位价值。

4. 因素比较法

因素比较法无须关心具体职位的职位职责和任职资格，而是将所有的职位的内容抽象为若干个要素。根据每个职位对这些要素的要求不同，而得出职位价值。比较科学的做法是将职位内容抽象成下述五种因素：智力、技能、体力、责任及工作条件。评估小组首先将各因素分成多个不同的等级，然后再根据职位的内容将不同因素和不同的等级对应起来，等级数值的总和就是该职位的职位价值。

因素比较法的步骤如下：

（1）成立工作职位评价小组；

（2）确定工作职位评价所需要的因素，即智力、技能、体力、责任和工作条件；

（3）选出若干具有广泛代表性的标杆职位或关键职位；

（4）将各种标杆职位按照各因素对各职位的要求和重要性进行依次排列，形成标杆职位/职位分级表；

（5）将各种标杆职位/职位的现行工资，按前面所确定的五项标准进行适当的分配，编制标杆职位/职位工资表和因素工资分配尺度表；

（6）将标杆职位以外的各职位逐项与建立起来的标杆职位工资表和因素工资分配尺度表进行比较，逐个要素进行判定，找到最类似的相应标杆职位，查出相应的工资，再将各项因素工资相加，便得到该职位的工资。

5. 因素计点/评分法

因素计点/评分法是目前最流行的职位评价方法，国内一些比较知名的咨询组织在对企业事业单位、公共部门进行咨询时都采用此方法进行职位评价。因素计点/评分法要求组建评价机构后，首先确定影响所有职位的共有因素，并将这些因素分级、定义和配点（分），以建立评价标准。其次，依据评价标准，对所有的职位进行评价并汇总每一职位的总点数（分数）。最后，将职位评价点数转化为货币数量，即工资率或工资标准。这种方法可避免一定的主观随意性，但操作起来较繁琐。

6. 海氏三要素评价法①

海氏三要素评价法是国际上使用最广泛的一种职位评价方法，其通过三个方面对职位的价值进行评价，并且通过较为正确的分值计算确定职位的等级。"三要素评价法"所指的三个要素如图3-3所示。

海氏三要素法是美国工资设计专家Hay在1951年开发出来的，实质上是一种评分法，认为所有职位所包含的付酬因素可以抽象为三种具有普遍适用性的因素，即智能水平、解决问题的能力和应负责任，他设计了三套评价量表，最后将所得分值加以综合，算出各个工作职位的相对价值。该评估法认为，一个岗位之所以能够存在的理由是必须承担一定的责任，即该岗位的产出。那么通过投入什么才能有相应的产出呢？即担任该岗位人员的知识和技能。那么具备一定"智能"的员工通过什么方式来取得产出呢？是通过在岗位中解决所

---

① 袁蔚：《人力资源管理教程》，复旦大学出版社，2006年。

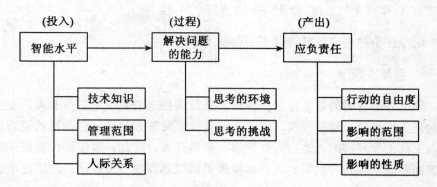

图 3-3　海氏评价的三要素

面对的问题，即投入"智能"通过"解决问题"这一生产过程，来获得最终的产出"应负责任"。体系的逻辑关系是：投入—过程—产出，即投入智能来解决问题，完成应负的责任。

海氏评价法对所评价的职位按照以上三个要素及相应的标准进行评价打分，得出每个职位评价分，即：职位评价分＝智能水平得分＋解决问题的能力得分＋应负责任得分。其中智能水平得分和应负责任得分都是绝对分，而解决问题的能力得分是相对分（百分值），经过调整的职位评价分才是绝对分。

利用海氏评价法在评价三种主要付酬因素方面不同的分数时，还必须考虑各职位的"形状构成"，以确定该因素的权重，进而据此计算出各职位相对价值的总分，完成职位评价活动。所谓职务的"形状"主要取决于智能水平和解决问题的能力两因素相对于应付责任这一因素的影响力的比较与分配。从这个角度去观察，职位可分为三种类型：一是"上山"型。此职位的应付责任比智能水平与解决问题的能力重要。如各级公共部门的领导。二是"平路"型。智能水平和解决问题的能力在此类工作中与应付责任并重，平分秋色。如会计、人事等职能干部。三是"下山"型。此类职位的应付责任不及智能水平与解决问题的能力重要。如公共事业部门中从事科学研究的公职人员。

在实践过程中，通常要由工资福利设计专家分析各类职位的形状构成，并据此给智能水平、解决问题的能力这两个因素与应付责任因素各自分配不同的权重，即分别向前两者与后者指派代表其重要性的一个百分数，两个百分数之和应恰好是 100%。

3.3.4 职位评价的一般原则与程序

职位评价过程应该遵循以下一些基本原则。

1. 客观性原则

职位评价针对的是工作的职位而不是目前在这个职位上工作的人，主要考虑的是工作性质、难易程度、所需资格条件、发展方向等，它的目的是为促进人与工作的合理搭配，达到人适其事，事得其人。因此，职位评价着眼未来的发展而非眼前，是为组织的可持续发展提供规划，要尽量客观，就事论事。

2. 一致性原则

职位评价的基本参考因素是系统的，并经过专门研究和广泛征求意见，具有科学性和民主性。因此，所有职位必须用同一套评价参考因素进行评价，不能因人而异，也不能因职位而异。职位评价的一致性原则是有效贯彻公平精神的体现。

3. 完备性原则

职位评价过程中，评分因素尽可能结合实际，这需要在实际打分之前，对专家小组的成员进行专业培训。项目组与专家应该根据公共部门的实际情况，对职位评价因素定义与分级表的各类因素的权重和各个因素的定义进行协商讨论，尽可能切合实际。

4. 保密原则

由于薪酬设计的极度敏感性，职位评价的工作程序及评价结果在一定的时间内应该处于保密状态。当然，在完成整个薪酬制度的设计之后，职位的分布应该公开，使全体公务人员都了解自己的职位在部门的位置。

职位评价是评定公共部门内各职位间的相对重要性与价值的重要手段。职位评价有以下作用：为设计与维持一个公正且具竞争力的薪资结构提供一个合理的决策基础；协助组织内职位间相关性的管理；在职位级别的划分和薪资的给付方面，提供一致性的决策依据；创建职位间的比较基础，作为人力资源管理的基本依据。

一般来说，职位评价需要经过如下几个基本步骤：

（1）搜集与职位相关的资料（例如，职位说明书）；

（2）组织职位评价委员会；

（3）先挑选指标性职位试评，再进一步实施全面性职位评价；

（4）随时调整职位评价因素的适用性；

（5）对职位的相对价值进行分等排序，并形成规范性说明。

3.4　公共部门人员分类管理

公务人员分类是人力资源管理中的一项基础工作。公务人员分类的相关内容是由工作分析、职位说明书、工作规范以及职位评价提供的，也就是说工作分析和职位评价是公务人员分类的前提，没有科学的工作分析和职位评价，公务人员分类将成为空中楼阁。公务人员分类的对象是公共部门中的公务人员或职位，由此形成了两种典型的公职人员分类制度，一是以公职人员的官阶为中心的品位分类；二是以职位为中心的职位分类。

3.4.1　品位分类管理

从字面上理解，品位分类的基本要素，一是品，品指官衔；二是位，位指职位、职务。合起来看，品位指按官位高低、职务大小而排列成的等级，品位就是官阶的等级位置。品位分类是以国家公共部门工作人员的个人条件，如学历、资历等为主要依据的分类管理方法。它注重个人的资格、能力等条件。品位分类对公务员个人来说，意味着既有官阶又有职位。官阶表示个人的级别，代表着地位高低、资格深浅及薪酬多寡；职位表示其权力等级，代表着职责轻重和任务繁简。

1. 品位分类的基本特征

品位分类作为两种基本的人员分类制度之一，它有以下基本特征：

第一，以"人"为中心的分类体系。表现为分类的对象是人，以及人格化的职务或等级。具体而言，在公共部门的录用方面重视人员的学历、资历、经验和能力，个体背景在公务人员的录用和发展中起至关重要的作用。晋升则重视任职年限、德才表现等通用的资格条件。可见，品位分类的特点是人在事先。

第二，分类和分等纠缠在一起。品位分类通常采用先纵后横的方法实施。

这就是说，品位分类的分类过程是先确定等级，然后再分类别。

第三，品位分类不注重公务员具备的某一方面的特殊知识或技能，而是强调综合的行政管理能力。这样才适合于"通才"的发展。公务员需要适应有弹性的工作环境，其调动、交流、晋升不受所学专业及以往工作性质的限制。

第四，官位和等级与职位可以分离。表现为官等随人走，官等成为任职者固有的身份资格。而薪酬水平取决于官等的高低，与所从事的工作没有直接关系。

2. 品位分类的评价

（1）品位分类制度的优点。

①人员分类的线条粗犷，结构富有弹性，工作适应性强，便于人事机构调整公务员的职务。由于官阶与职务相对分离，使公务员不会因职位调动而引起地位、待遇的变化，从而免除了公务员因职务变动所带来的不安全感，有利于个人的全面发展和人才流动。

②品位分类强调工作人员的个人条件，如学历、资历等，有利于吸收高学历的、经验丰富的人员进入公共部门。

③比较适用于担任领导职务的高级公务员的分类。领导工作往往需要多方面的知识。很难将其划归一定的职位。采用品位分类有利于领导工作的开展。

④有利于某些临时性工作的开展，有些临时性的指派工作，通过确定到某一具体的人，往往能取得更好的效果。

（2）品位分类制度的缺点。

①不注重对工作人员现有岗位设置是否合理进行调查分析，人在事先，容易造成因人设岗、机构臃肿、职责不清、人浮于事的局面。

②在管理中主观随意性比较大，没有系统、规范的要求，不利于严格的科学管理。

③过分重视学历、资历等因素，限制了学历低、资历浅的人才的发展。

④不重视专业人才的选拔与培养，不利于业务类工作效率的提高。

3.4.2 职位分类管理

职位分类又称"职务分类"或"职位分级"。它的基本含义是指在工作分析的基础上，将适合职位分类的公务员职位，按工作性质、责任轻重、难易程度和所需资格条件，分成若干不同的类别和等级，从而对组织职位进行分类管理的过程。也就是说，以工作的类型和所要求的职责水平为基础，将所有相似的职位集中于同一模式或类别之内。

1. 职位分类的基本特征

职位分类作为理想的分类制度，其具体特征如下：

（1）以"事"为中心的分类体系。职位分类首先重视职位工作的性质、责任大小、繁简难易程度，其次才是人所具备的资格条件。职位分类的特点是事在人先。

（2）分类方式是先横后纵。即先进行横向的职系、职组、职门区分，然后再依工作的难易、繁简和责任大小的程度划分纵向等级。

（3）注重人员的专业知识和技能。职位分类注重"专才"，人员的任职调动、交流和晋升，一般在同一职系至多在同一职组范围内进行，跨职系、跨行业的流动和升迁极少。

（4）官等和职能相重合。在职能分类中，官位与职位相连，不随人走，严格实行以职位定薪酬的规则，追求同工同酬。职位变了，官等薪酬均取决于新职位的工作性质。

（5）实行严格的功绩制。在职位分类制度中，功绩制是其人员升迁和薪酬增加的唯一标准。如美国一般职务类（GS）人员，薪酬的增加有两种方式：一是工作年限增长自动提升等级，表现突出提升一级；二是职务提升，薪酬相应提高，并且规定一个人每年只能提一级，且必须有几个人同时竞争，才能最终选出一人提升。

2. 职位分类的评价

（1）职位分类的优点。

①因事设人有利于获得职位的最佳人选。职位分类以确定的职务内容、责任和困难程度为中心而制定职业规范，这就使人员选录有的放矢，并获得适合的人选，并避免了滥竽充数的现象发生。

②可以使考试和考核标准客观。公务员的考核，是在职位的要求标准下，对其履行职务的情况进行评定的过程，职级规范中各项目为测量任职人员的业绩提供了尺度；在业绩考核的基础上，人员的升调晋级也变得较为合理。此外，职位分类使得升迁、调转途径的选择十分方便。

③有利于公平合理的酬劳制度的建立。职位分类对每一工作的责任和难易

程度进行了分析，为建立同工同酬的工资制度提供了基础。

④能提高组织机构的运行效率。可做到职责分明，减少不必要的推诿纠纷，解决机构重叠、层次过多、授权不清、人浮于事等问题。

⑤有助于预算管理。职位分类有整齐划一的职级名称，这就使得预算编制时能够进行合理归类，使款项数目计算简单化，使编制预算精确而简明。

（2）职位分类的缺点。

①在适用范围上，职位分类比较适合专业性较强的工作和职位，而对于高级行政职位、临时性职位及通用性较强的职位，则不太适用。

②职位分类强调以事为中心，规定了每个职位的工作数量、质量、责任，使得个人积极性不容易得到充分发挥，同时，职位分类严格规定了人员的升迁调转途径，妨碍了人员的全面发展和人才的充分流动。

③由于当今社会新技术、新科学的不断发展，每年都要有新的人员进入公共部门，这使得对工作的描述变得复杂，对它们的分类也不太容易。另外，由于外部条件的改变使得职业地位发生了变化，而职位分类很难对这种变化作出适时调整。

④职位分类的实施程序非常繁琐复杂，需要动用大量的人力、物力，需要具有专门知识的专家参与，这使职位分类与品位分类相比，显得费时费力且成本高昂。

⑤职位分类还存在着误差的问题，许多国家的研究表明，职位分类的误差率在6%～15%之间，职位分类的不正确，会造成人力与财力的浪费。

3. 我国职位分类的主要内容

公务员职位的主要内容包括公务员职位设置、确定职务与级别。下面主要介绍我国公务员职位设置和职务级别的划分。

（1）职位设置。职位设置是指在对公共部门职能进行逐层分解的基础上，根据编制确定每个具体职位的工作。《中华人民共和国公务员法》第十四条对公务员的职位类别进行了规定，公务员职位类别按照公务员职位的性质、特点和管理需要，划分为综合管理类、专业技术类和行政执法类等类别。对于具有职位特殊性，需单独管理的，可以增设其他职位类别，其适用范围由国家另行规定。根据职位类别设置公务员职务序列，公务员的职务分为领导职务和非领导职务。领导职务层次分别为：国家级正职、国家级副职、省部级正职、省部级副职、厅局级正职、厅局级副职、县处级正职、县处级副职、乡科级正职、乡科级副职。非领导职务层次在厅局级以下设置。

（2）职务职级划分。根据公务员所任职务及所在职位的责任大小、工作难易程度以及公务员的德才表现、工作实绩和资历等对公务员进行职务职级的划分。虽然公务员法没有进行进一步的说明，但《中华人民共和国公务员法》第十九条规定"公务员的职务应当对应相应的级别"，目前我国公务员共划分为 15 级，分别与 12 个职务层次相对应。职务层次高低与级别的高低相互交叉，每一职务对应若干个级别。职务与职级的对应关系如下：

国务院总理：1 级；

国务院副总理、国务委员：2~3 级；

部级正职、省级正职：3~4 级；

部级副职、省级副职：4~5 级；

司级正职、厅级正职、巡视员：5~7 级；

司级副职、厅级副职、副巡视员：6~8 级；

处级正职、县级正职、调研员：7~10 级；

处级副职、县级副职、副调研员：8~11 级；

科级正职、乡级正职、主任科员：9~12 级；

科级副职、乡级副职、副主任科员：9~13 级；

科员：9~14 级；

办事员：10~15 级。

同时，《中华人民共和国公务员法》第十七条规定"综合管理类的领导职务根据宪法、有关法律、职务层次和机构规格设置确定。综合管理类的非领导职务分为：巡视员、副巡视员、调研员、副调研员、主任科员、副主任科员、科员、办事员。综合管理类以外其他职位类别公务员的职务序列，由国家另行规定"，其中非领导职务在中央行政机关可设到正局级，在地方国家行政机关最高不能超过本级政府各部门的领导职务层次。

从历史演进和现实状况来考察，通常可以把各国的人员分类大致区分为品位分类和职位分类两种。概括地说，品位分类制是一种以"人"为中心的人员分类体制，职位分类制是一种以"事"为中心的人员分类体制。由此可见，两种分类制度各有其产生的不同历史、文化背景，在不同的社会中有着不同的生命力。脱离具体的环境很难说哪一种分类制度更优或更劣。

本章小结

本章主要论述了工作分析、职位评价以及公共部门人力资源分类管理等 3 个方面的问题。

工作分析是人力资源管理的基石之一，是指对组织中各项工作职务的特征、规范、要求、流程以及对完成此工作组织成员需具备的素质、知识、技能进行描述的过程，它的结果是产生职位说明书和工作规范。常用的方法有观察分析法、访谈法、问卷调查法、关键事件法和工作日志法等。

职位评价是在职位说明书的基础上，对职位本身所具有的特性（比如职位对组织部门的影响、职责范围、任职条件、环境条件等）进行评价，以确定职位相对价值的过程。它一般遵循客观性原则、一致性原则、完备性原则、针对性原则和保密性原则。职位评价的方法有许多种，主要有参照法、排列法、分类法、因素比较法和因素计点/评分法等。

公职人员分类是人力资源管理中的一项基础工作。所谓公职人员分类是指，将公共部门中的公职人员或职位按工作性质、责任轻重、资历条件及工作环境等因素分门别类设定等级，为公共人力资源管理的其他环节提供相应管理依据的程序和方法。公职人员分类的对象是公共部门中的公职人员或职位，由此形成了两种典型的公职人员分类制度，一是以公职人员的官阶为中心的品位分类；二是以职位为中心的职位分类。

关键术语

工作分析　职位说明书　工作规范　职位评价
公共部门人力资源分类　品位分类　职位分类

思考题

1. 人力资源管理中，工作分析、职位评价的作用是什么？
2. 工作说明书包括哪几项内容？
3. 如何撰写工作说明书与工作规范？

4. 在工作说明书的工作摘要中加上"完成上级领导交给的其他的工作"是否恰当？为什么？如果没有该叙述，上级领导有临时工作指派时应该如何处理？

5. 试述职位评价的一般原则。

6. 职位评价如何进行？

7. 因素比较法如何进行？

8. 为什么要对公共部门人员进行分类？

9. 试比较品位分类和职位分类管理的异同。

10. 人员分类管理制度呈现了怎样的发展趋势？

第 4 章 公共部门人力资源招聘与录用管理

如果将人力资源管理看成是一个动态的系统的话，那么人员的招聘与录用工作就可称为人力资源管理系统的输入环节。人员招聘与录用工作的质量将直接影响组织人力资源的输入和引进质量。如果人员招聘与录用的质量高，将会促进组织健康、快速、高效地发展，更好地实现组织的战略与发展目标。

引导案例

某部门高级公务员选拔的案例

某部门属于政府的专业经济管理部门，为适应市场经济体制建设和政府机构改革的需要，2000年在本系统内采用评价中心技术公开选考 3 名副司（局）长。这一新举措刚刚在新闻媒体上公布，就立刻引起了社会各界的极大兴趣和关注。经严格的资格审查，确定了 30 名被测人员，与选考职位的比例为 10∶1，他们中有地方局长、研究所所长、大学教授、博士和博士后。

根据人员选拔测评的原理和该专业经济管理部门的实际情况，该部门和有关部门对空缺的三个副司（局）长的职位和工作进行了深入分析和比较，确定测评内容以共性要求为基础，强调综合素质和发展潜力，同时兼顾特殊要求，做到公平性和针对性统一，"以用为考"和保证质量统一，测评方法突出系统性、综合性。应用国际上中、高级管理人员测评中通用的，被公认最有效的评价中心技术，全面系统地模拟副司（局）长的典型工作环境，给应试人员搭台展示自己的素质和能力，给考官们提供尺子，使之全面、深刻、客观地了解和评价应试人员。结合系统实际的评价中心技术包括公共基础笔试、专业考试、无领导小组讨论、文件筐测试、结构化面试、工作汇报情景模拟、管理角色自我认知、考核等层次和环节，最终综合择优。

测评分两个阶段进行。第一阶段主要进行笔试和无领导小组讨论，六天时间安排两场知识性笔试，一场心理测验，四组无领导小组讨论，两场公文筐测验，13人次的结构化面试和工作汇报情况模拟。公共基础知识综合笔试，主要测试应试人员的政治、法律、行政学、应用文及公文写作与处理、领导科学等方面的基本知识素养与应用知识分析解决问题的能力。测试内容覆盖面广，题型灵活多样，对应试人员是否具备自我提高的能力，在日常工作和生活中是否注意积累知识，是个很好的检验。专业知识笔试因三个副司（局）长的职位要求不同，试卷的内容不同，测试应试人员胜任特定职位和工作的专业知识和能力。无领导小组讨论，通过模拟的小组讨论了解应试人员的领导能力、人际交往能力、全局观念、工作责任心和进取心等方面的素质。公文筐测试，通过模拟副司（局）长处理公文的典型活动，测试应试人员分析、解决问题的能力，日常管理技能和个人工作效能。结构化面试，采用行为性、情景和智能性题目，全面测评应试人员的组织计划协调能力、合作与沟通能力、改革创新与管理能力、言语表达能力、举止仪表、求职动机与拟任职位的匹配性，其中多数项目与一般公务员录用测评相同，但要求不同。工作汇报情景模拟，要求应试人员在很短的时间内阅读分析概括大量文件、资料，然后立即向上级汇报其工作思路和具体安排，以了解应试人员的政策理论水平、分析概括能力、用人授权能力、讲演能力、压力之下高效率工作能力等。管理角色自我认知测验，了解应试人员在管理活动中的个性风格及作用，有利于更好地搭配管理班子的成员。第一阶段结束后，每位应试人员都要有全面的分数报告、能力剖析图及管理风格的描述，表明各位应试人员的素质能力情况和应试人员之间的相对差距，经部门领导决策淘汰了 15 人，选出 15 人进入第二阶段。第二阶段主要是考核，综合择优选拔，该部门组织两个考核组，对 15 人都进行广泛深入的考核，按要求形成考核组考核材料，综合择优后拟定了三位人选，按管理权限报有关部门审批。

对采用评价中心技术公开选考司（局）长的效果，各个方面评价很高，是满意的。从测评的最终效果看，应试人员的测评数据与考核结论不谋而合，相互补充和印证，充分说明评价中心的系统测评具有很高的实证效度。为领导和任命机关提供了翔实、科学的依据。对此，应考人员认为这样选拔测评内容结构合理，方法程序合理，结果公正，不仅重知识、表现，而且也重潜力、发展，为应试人员提供了检验自己素质能力的机会，为基层干部提供了崭露头角的机会，这是考察干部的一个新路子、新方法，是以往见过的其他考试无法相比的。该部门领导认为，这种测评方法不是简单的考试，而是全面深入了解管理干部能力的好办法。上级部门建议认真总结、推广这样的好办法，发展科学有效的管理干部选拔技术。

案例讨论

1. 某部门如何运用评价中心技术这种测评方法来进行副司（局）级干部的选拔？如何评价这次选拔工作？

2. 请分析讨论某部门针对不同职位的应聘者采取的测试方式是否恰当。

4.1 公共部门人力资源招聘与录用概述

4.1.1 公共部门人力资源招聘与录用的意义

公共部门人力资源招聘与录用是指公共部门为达成组织目标，通过招募、甄选、录用等过程，寻找、筛选及录月适当人选补充组织职位空缺的过程。人力资源招聘与录用是公共部门人力资源管理的一项基本职能，是人力资源管理的入口管理。

　　组织的发展取决于人力资源的质量，因此，组织和人力资源管理的各个环节都必须以人力资源的质量要素为基本前提。人力资源招聘与录用工作的质量将直接影响组织人力资源的输入和引进质量。有效的人力资源招聘与录用工作在公共部门人力资源管理中具有以下重要意义：

　　（1）做好人力资源招聘与录用工作能为组织不断充实新生力量，优化配置组织内部的人力资源，提高公共部门人员整体素质，为组织的发展提供可靠的人力保障。

　　（2）做好人力资源招聘与录用工作可以增加组织人员的稳定性，减少人员的流失。因为成功的招募甄选可以为组织的每一个职位找到合适的人选，做到人尽其才，提高对工作的满意度。

　　（3）做好人力资源招聘与录用工作可降低人员初任培训和能力开发的费用。因为对高素质合格人员的培训开发要比使素质较低的人变得能胜任工作的培训和开发更简单、有效。

　　（4）做好人力资源招聘与录用工作能够提高组织的效率。第一，每一个职位都拥有合格的人才，整个组织的工作效率必定提高；第二，对员工的管理可能变得简单，管理者不再需要花很多的时间来纠正员工的过错或解决员工问题，而是花更多的时间、精力来考虑组织发展的关键性问题。

　　另外，做好人力资源招聘与录用工作有利于激励人们积极努力、奋发向上，形成良好的社会风尚。做好招聘与录用工作之所以必要，还有法律上的原因：因为录用中的不公正情况是很容易出现的，公平就业立法要求组织系统地评价其甄选程序的有效性，确保组织没有对少数民族和妇女等进行歧视。好的人力资源招聘与录用工作，意味着在人员选用中使用一个尺度、一视同仁。有利于形成公平竞争、合理就业的社会氛围；有利于杜绝拉关系、走后门、贪污受贿等腐败现象的出现。

4.1.2　招聘与录用的程序

　　人员的招聘与录用是一个复杂、完整而又连续的程序化操作过程，这一程序的每一组成部分都是为了保证组织人员招聘与录用的质量，确保为组织录用到合格、优秀的人才。人员招聘与录用的程序包括以下几个步骤：

（1）组织中出现职位空缺，由此提出人员增补需求，人员招聘甄选工作开始。一般来讲，只有通过人力资源规划，才能准确把握组织对各类人员的需求信息，确定人员招聘的种类、数量和结构。

（2）确定招聘甄选负责部门，制订招聘计划。一般由人力资源管理部门来负责人员招聘甄选，也可由业务部门负责实施计划，包括招聘人数、招聘标准、招聘对象、招聘经费预算、参与人员等。

（3）确定招聘方式。也就是根据组织的具体情况，选择恰当的招聘方式，可以几种方式结合使用。

（4）由人事部门会同用人部门组织、实施人员挑选的考试工作。首先发布招聘简章，受理报名。然后依据具体职位的工作规范对应聘人员进行各种形式的知识、技能和能力考试和心理测验，从应聘人员的基本素质、心理特点、能力特长上进行甄选，合格者参加面试。绝大多数组织都要通过面试评价来确定最后的录用人选。这是因为，面试评价所提供的关于应聘人员的信息最直观、真实、准确。因此，面试是人员甄选中最重要的环节。

（5）确定试用人员并进行任职培训。经考试、测验和面试合格者成为组织的试用人员，在试用之前进行上岗之前的多种形式的初任任职培训，以使他们充分了解组织和工作岗位的状况，此外，还要对他们进行相关知识、技能和各种能力的培训。

（6）试用人员上岗试用。目的是为了通过工作实践进一步考察试用人员的工作适应能力，同时，也为试用人员提供了深入了解组织和职位、工作环境的机会。事实上，试用期间，组织与试用人员仍可双向选择，双方不受任何契约影响。试用期可 2 个月至 1 年不等。

（7）试用期满后，对试用人员的工作绩效和适应性进行考核，合格者正式录用为组织人员，双方签订聘用合同或其他契约。至此，整个招聘与录用过程全部结束。

4.2　公共部门人力资源招聘

公共部门人力资源招聘是公共部门通过各种途径和方法获取候选人的过程。决定适当的方式以鼓励合格的候选者申请工作是极其重要的。发掘适当的申请人资源和利用恰当的招聘方法，是提高招聘效率和招聘效果的关键。招聘的方式有很多，究竟选择哪种方式要视成本和效益而定。下列几种方式是一般组织都会考虑的。

4.2.1　内部招聘

1. 内部招聘对象的主要来源

内部招聘也就是从组织内部选拔合适的人员来填补空缺或补充新增设的岗位。公共部门员工的内部招聘主要包括内部提升、工作调用、内部公开招募、内部人员重新聘用。

（1）内部提升。内部提升是指根据组织和工作的需要，结合组织内部员工工作的平时表现及档案材料，来选拔合适的人员填补岗位空缺或新增岗位的过程。内部提升一般是将员工从低级岗位提升到高一级岗位。这种方式被广泛的采用，因为候选人的竞争可以促进员工的工作绩效。不过弊端是如果这种竞争过于激烈，则不利于组织的团结与合作，而且也可能挫败未被提升人员的士气。除此之外，内部提升也可能带来近亲繁殖，不利于组织的创新和长期发展。

内部提升应遵循以下原则：唯才是用、唯才是举；有利于调动大部分成员的积极性，有利于提高公共部门的组织效率。

（2）工作调用。工作调用包括工作调换和工作轮换。是指公共部门内部的其他部门选择适当人员并调配到需要的工作岗位的过程。工作调用一般发生在相同或相近职务级别、但工作岗位有较大变化的人员之间。工作调用一般适应于中高层管理人员，且调换时间一般比较长，有时甚至是永久性的。工作调用可以为公共部门人员提供一个积累工作经验的机会，同时也可以弱化因长期从事某项工作所带来的枯燥乏味感，并为今后进一步晋升做好准备。

内部调用应遵循以下原则：用人所长，各尽其能；事前征询，尽可能征得被调用者的同意；人员调用后，更有利于组织的发展与工作的开展。

（3）内部公开招募。内部公开招聘是指在公共组织或某一部门范围内，面向组织或部门内部全体人员，按照公开、公正、公平、择优的原则，进行公开的招募和竞选，目的在于对组织内部的人员进行优化配置。通过内部招募，可以达到岗人匹配、适才适用、人尽其才的管理目标。

（4）内部人员重新聘用。内部人员的重新聘用采用的方式通常是让组织或部门内部全部或部分员工处于待岗状态，而后在公布岗位职责任务及其条件要求的前提下，让待岗员工结合自身情况进行岗位竞选。

2. 内部招聘的主要方法

（1）内部广告法。内部广告法，也称布告法或公告法，是指将职位空缺信息或招聘信息以广告或公告的形式公之于众，面向组织内部全体员工公开招聘。内部广告所采用的方式主要有内部媒体（如电视、广播、电子信箱或内部网络）及墙报、公告栏、内部报刊等。

（2）推荐法或自荐法。推荐法可用于内部招聘，也可用于外部招聘。推荐法或自荐法是指公共组织内部员工根据组织需要，结合员工特点、工作能力和业绩表现，推荐他人或以毛遂自荐的方式应聘某一空缺或新增岗位。

（3）档案法。档案法是公共组织人力资源管理部门结合员工档案，在了解员工个人情况以及教育、培训、经验、技能、绩效道德品质等方面的信息基础上，来寻找和选拔适合组织内部某一空缺或新增岗位的人员。档案法应尽可能与员工职业生涯管理结合起来，以激发员工的积极性、主动性和创造力，提高员工对组织的满意度。

（4）职业生涯开发系统。职业生涯开发系统是指公共部门根据自身及员工发展需要，通过建立员工电子档案和职业生涯计划，并结合员工平时的品行及能力和业绩表现，来选拔合适空缺岗位或新增岗位的合格人员的一种方法。

4.2.2 外部招聘

外部招聘可以同时在组织内部公布空缺信息，鼓励内部员工应聘。下面是一些组织利用外部其他机构进行招聘的方式。

外部招聘对象的主要来源和方法有以下几种。

（1）广告招聘。刊登招聘广告是组织常用的招募方式。这是因为报纸、杂志、电视、网络的接触面广，流通量大，广告能够创造意识、激发兴趣，并促使可能的求职者寻求有关组织的更多信息和它提供的工作机会，招募到理想人才的机会也较高。广告可以有效地树立企业形象，因此它是一种推销信息，它推销组织和空缺岗位，期望取得良好回应。在招聘各种类型的员工时，广告的使用极为广泛。

在设计招聘广告时，要注意广告的独特创意，树立良好的组织形象，给读者和观众留下深刻印象。另外，还应把主要的招募内容展示出来，如：工作内容、工作时间、工资收入、工作环境、资格条件等。利用广告进行招募的缺点在于，广告存留时间短、成本较高、信息容量少。

（2）学校招聘。经由学校的学生工作处或毕业生分配办公室进行人员招聘，是公共部门短期内招聘到大批受过一定训练的、素质较好的员工而普遍采用的一种传统的招聘人员方式。这种方式的优点是，应聘者的素质有一定保证，而且应征人数也会很多，在其中可以发现潜在的专业人员、技术人员和管理人员，可以有计划地进行招募甄选。缺点是只能在固定时间内进行总招聘，不能临时录用。另外，学校毕业生由于急于找工作，通常会同时应征多份工作，结果是被选中者很可能同时也被其他机构录用，而临时拒绝聘约。

（3）人才交流中心和职业介绍所。人才交流中心和职业介绍所存有大量求职者的资料信息，组织在急需少数个别职位人才时，通过人才交流中心和职业介绍所招募到所需人才是一种简便的方法，但需要一定的费用。它们负责公布招聘信息，筛选候选人员。组织利用这类机构进行员工招聘的好处在于能节省时间，而那些没有人事或人力资源部门的小组织能在此得到专业咨询和服务。不利之处是要花费一定的费用，而且组织对招聘这一重要过程没有控制权。另一缺点是有些人才机构不能遵守组织机会均等的原则，采取的是组织内部招聘时实施的那套过程。

（4）猎头公司（Hunting Company）。猎头公司是近几年才在国内出现的一种机构，专门提供引荐高级管理人员或专业技术人员的服务。当组织需要填补重要职位或很专业的职位空缺时，由于不易找到合适人选，就需要借助猎头公司的帮助。这类公司大多收费昂贵，但物有所值。要取得满意结果，就必须向猎头公司提供空缺职位和详细的岗位信息。

（5）转业军人。在我国，转业军人的安置是公共部门的一项政治任务。因此，从转业军人中招募所需人员，也是公共部门招募人员的主要渠道之一。目前，转业军人已占公共部门工作人员的相当比例，有一些还担任了重要领导职务，对公共部门的发展作出了重要贡献。但转业军人大多缺乏公共部门所需的专业知识，只能从事后勤等辅助部门工作。一些原来误认为不需要什么专业知识的人力资源管理、政策法规等职位，因任用了转业军人而影响了工作的效率和质量。因此，转业军人的录用也应通过严格的甄选，不能只靠上级的分配。当然，这一问题的根本解决，还要靠我国军队管理体制的改革。

（6）由现有职员介绍。部分组织会通过现有职员或朋友介绍人选来填补职位空缺。这种方式的优点是：推荐人清楚组织的运作及职位要求，因此所推荐的人员多符合要求。另外，应征者已于事前从推荐人那里了解到工作环境、要求及前景，加上碍于推荐人的情面，会在录用后努力工作，且不会随便离职。缺点在于，易形成小的私情集团，出现分党分派情况，影响组织利益。

4.2.3　内部招聘和外部招聘的比较

　　各种招聘渠道和方法均有其特定的适应范围，同时也有其优缺点，公共组织必须结合自身需求，选择适宜的招聘方式。外部招聘有几个优势。它使组织能有机会利用外部候选人的技能为组织运作增添新的思想。内部提升后，往往可以考虑选用外部人员填补职位的空缺。同时，外部招聘也是一种交流形式，借此组织可以在潜在雇员、客户和其他外界人士中树立形象。

　　内部招聘也就是通过现有的员工满足空缺职位的需要，这样做的好处显而易见。内部招聘可以确保人员的质量。因为组织对现有的员工的业务能力、个性、品质以及思想素质都有充分的了解，管理者应该有能力根据所掌握的信息判断谁更有资格填补职位的空缺。内部的招聘也有利于调动组织内部员工的积极性。良好的内部晋升机制会给员工一个好的示范，组织提供发展机会将会激励员工努力工作。

　　内部招聘和外部招聘各有利弊，二者基本上是互为补充的，具体如表4-1所示。

表 4-1　　　　　　　　　内部招聘和外部招聘的比较

	内部招聘	外部招聘
优点	了解全面，准确性高 鼓舞士气，激励员工进取 应聘者可更快适应工作 使组织培训投资得到回报 费用低	人员来源广，选择余地大，有利于获取一流人才 新员工能带来新思想、新方法 当内部有多人竞争而难以作出决策时，向外部招聘可在一定程度上平息或缓和内部矛盾 人才现成，节省培训投资
缺点	来源局限于组织内部，水平有限 易造成"近亲繁殖" 可能会由于操作不公或员工心理原因造成内部矛盾	不了解组织情况，进入角色慢 对应聘者了解少，可能招错人 内部的员工得不到机会，积极性可能受到影响

4.2.4　招聘应注意的问题

公共部门人员的招聘有两个前提：一是人力资源规划，它是人力资源需求预测的基础，它决定了人力资源需求预测要招聘的职位、部门、数量、时限和类型等因素；二是工作分析和职位说明书，它为录用提供了主要的参考依据，同时也为应聘者提供了关于工作的详细信息。

按照法定程序，公共部门招聘公职人员，必须核定编制额度和职位空缺情况，从而对本部门公职人员进行预测、编制公职人员录用计划并报上级人事部门，经批准后向全社会发布招考公告。

（1）信息不对称问题。目前由于中国处于市场经济发展的初期，各种制度、法规还不够完善，测试人才的能力还没有一套完善的科学评价系统，致使招聘单位甚至应聘者自己不可能全面了解自己，信息不对称是显而易见的。不对称信息是信息不完全的一种情况，是指某些参与人拥有另一些参与人不能拥有的信息。在招聘人员时，既要重视学历的信号作用，又不能唯学历论，应当具体岗位具体分析，在信息不对称现象普遍存在、学历信号作用日趋弱化的今天，招聘单位需要建立一种能让高能者脱颖而出、低能者淘汰出局的用人机制。

（2）逆向选择问题。在信息不对称的情况下，市场的运行可能无效率，是失灵的。"市场失灵"具有"逆向选择"的特征，即市场上只剩下次品，也就是形成了人们通常所说的"劣币驱逐良币"效应。逆向选择理论加深了人们对市场复杂性的认识，并改变了很多被认为是"常识"的结论，使市场有效性理念遭受冲击。

4.3　公共部门人力资源甄选

人力资源甄选是一个在资格审查、初选、面试、考试、测验、体检等不同环节、不断淘汰不符合要求者，最后确定最合适人选的复杂过程，甄选是人员录用过程中最关键的环节，因为它决定着录用的结果和质量。因此，在甄选过程中注重甄选方法的合理性就成为必然。考试与测验的方法则是获取应聘者素质与行为能力信息的重要手段。

现代组织的甄选方法多种多样，常用的具有代表性的有笔试、面试、心理测试、行为模拟测试法、工作抽样法、评价中心等。

4.3.1 笔试

笔试是最古老、最基本的人员甄选方法。它是通过应征者在试卷上笔答事先拟好的试题，然后依据解答的正确程度或成绩进行测评的方法。这种方法通常可以测量报考人的基本知识、专业知识、管理知识、相关知识以及综合分析能力、文字表达能力等素质能力的差异。如，一年一度的国家公务员考试就包括这种方法。笔试主要有客观式考试、论述式考试、论文式考试等几种类型。

笔试的操作步骤包括试卷的设计、报名与资格审查、考场的设置与管理、监考教师、试卷的评阅等。

笔试的优点表现在：①试卷内容涵盖面广，容量大，对基本知识、技能和能力的测试信度和效度较高。②笔试可以对大量的应聘者同时进行，测评效率高。③成绩评定比较客观，考试材料可以保存以备待查，体现公平原则。笔试的上述优点，使笔试法至今仍是组织采用的长久不衰的选拔人员的重要方法。笔试的局限性主要在于，不能全面地考察应试者的工作态度、品德修养以及组织管理能力、口头表达能力和操作技能。因此，笔试法一般不能单独使用，还须配合其他方法。一般来说，在人员招聘与遴选的程序中，笔试往往作为应聘者的初次竞争，成绩合格者才能继续参加面试或下一轮的测试。

4.3.2 面试

面试是精心设计的，通过主试与被试双方面对面的观察和交流，来科学测评被试的基本素质、工作动机、发展潜力和实际技能以及与拟录用职位的匹配性的一种测评方法。

依据面试的方式不同，可以划分出多种类型的面试方法：①结构型面试又称为指示面试，是在面试之前，已有一个固定的框架（或问题清单），主考官根据框架控制整个面试的进行，严格按照这个框架对每个被试分别作相同的提问，同时记录对方的回答。②非结构型面试又称为非指示面试，即主考官事先无需太多的准备，没有固定的格式，没有统一的评分标准，所提问题可以因人而异，往往提一些开放性的问题。这种方式可以广泛地发掘应聘者的兴趣所在；③陪审团式面试是由多个面试人员同时跟应聘者面谈，与一对一面试相比，可以减小面试官的个人偏见产生的后果（如"光环"或"触角"效应），而且也能更全面、从容地掌握信息。然而，面试小组人数不宜过多，以免给应试者造成紧张感，三至五人的规模比较正常；④系列式面试是由组织不同层次的人员先后同应聘者进行面谈的面试方法，各个面试人员依个人观点提出不同问题并作出评价，最后进行综合；⑤压力面试是由专业的面谈人员依据工作的重要特征，有意制造紧张，向应聘人员施加压力，测试应聘者如何应对工作压力。典型的压力面试是以穷追不舍的方式向应聘者发问，逐步深入，直至应聘者无法回答，以观察被试的反应，以考查其机智和应变能力；⑥模式化行为描述面试是由面试人员向应聘者描绘出一幅"时间图画"，要求应聘者描述其在这种特定情景下的行为方式，面试人员依据应聘者的行为是进取性的、武断性的还是被动性的，而归纳出其行为模式，并与空缺职位所期望的模式进行比较，得出评价结果。"时间图画"中的行为模式可以是与职业选择有关的，也可以是与事业发展有关的。

与笔试相比，面试的优点是考察范围广泛，适应性强。通过面试，使考官可以直观、面对面地判断出应聘者运用知识分析问题的熟练程度、求职动机、个人修养、思维的敏捷性、语言的表达能力。并且通过应聘者面试过程中的行为举止，可以了解到应聘者的外表、气质、风度、情绪的稳定性等特质。此外，通过面试还可以核对应聘者个人材料的真实性。所以，面试是人员遴选中不可缺少的重要方法。

当然，面试也存在问题，表现为：耗费时间和人力，评分易受考官主观好恶的影响。面试中常见的偏差有：缺乏训练的面试人员往往不能作出客观的评价；面试人员易受光环效应和触角效应的影响。光环效应是指面试人员喜欢或受应聘者吸引，从而对他们持肯定态度。结果是爱屋及乌，对候选人回答的问题采取宽容的态度，而不是客观评价答案本身。触角效应则正相反，面试人员会从应聘者所回答的问题中挑刺；面试人员往往过早下判断，即在见到应聘者的几分钟内就已经作出了判断，即使延长面试时间也不能改变其判断；面试人员过分重视负面资料。面试人员较容易受负面资料的影响。对应聘者的印象从好转坏容易，而不容易由坏转好；面试次序的对比误差，即应聘者接受面试的先后次序会影响面试人员的评分。研究表明，一位中等水平的应聘者若在几位不理想的应聘者之后接受面试，面试人员对他的评价会远远高出其原有标准。

因此，设计有效的面试，需要事先设计科学合理的面试计划，拟写面试提纲；对参与面试的经理、主管或人事干部进行面试技术培训，使他们了解要寻找什么；确保面试人员在面试之前充分了解空缺职位的工作规范及应聘者的申请材料；选择适当的地点作为面试场所，并注意家具的摆放符合面试的环境要求；合理安排面试时间，并使每位应聘者的接受面试的时间基本相同；如果条件允许，面试所提问题中，应包含开放式的有关职位的问题；一般在面试人员提问后，应给应聘者一些时间，允许他们问一些问题并自由发表一些评论；把面试法与其他方法结合使用。

4.3.3　心理测试

心理测试是现代人员挑选录用过程中一种非常重要的技术，在西方国家组织人员的录用中较广泛地采用。许多组织不但用心理测试挑选员工，而且也用来测定哪些员工有比现任职务更高的能力，可予以提升。

心理测试有许多种类型，但在甄选过程中所用的主要是能力测试和人格测试两种，因为这两种测试的结果对预测未来的工作绩效有较大帮助。

（1）能力测试。能力测试分为普通能力测试、特殊能力测试、心理运动机能能力测试和成就测试。普通能力测试主要是测试应聘者的思维能力、想象力、记忆力、推理能力、分析能力、数学能力、空间关系能力及语言能力等。一般通过词汇、相似、相反、算术计算、推理等类型的问题进行评价。在这种测试中得高分者，被认为具有较强的能力，善于找出问题症结，能取得优良工作业绩。需注意的是某种特定的测试也许只对某类特定的工作有效。

特殊能力测试用于特定能力或才能的测试，如空间感、动手灵活性、协调性等，另外还包括一些专业的基础知识，常用的方法有明尼苏达办事员能力测试、斯奈伦氏视力测试、西肖音乐能力测试、梅尔艺术测试、飞行能力测试等。特殊职业能力按职业所在行业划分，应用较为专业。

心理运动机能能力主要包括两大类：一是心理运动能力，二是身体能力。在人员测试中，对心理运动机能能力的测试，一方面可通过体格检查进行；另一方面则是通过设计各种测试仪器或工具来进行。①机械能力与空间能力测试。应用最广泛的机械理解测试是本纳特编制的机械理解测试。应用广泛的空间关系测试包括明尼苏达空间关系测试、明尼苏达机械拼合测试、明尼苏达书面形状测试以及差异能力测试中的空间关系测试。②感知能力测试和运动能力测试。国外常用的运动能力测试还有明尼苏达操作速度测试、克洛弗德小部件灵活性测试等多个量表。③身体体能测试。在我国公务员录用考试中，行政职业能力倾向测验是一门重要科目。行政职业能力倾向测验是职业能力倾向测验的一种。行政职业能力倾向测验是一种标准化的心理测试，它专门用来测查在行政职业上取得成功所必须具备的一系列心理潜能，进而预测应聘者在行政职业领域内的多种职位上取得成功的可能性。

成就测试是考察一个人已经拥有的能力，主要测试应聘者已经具备的有关工作的能力水平。比如测试一名打字员每分钟能打多少字。

（2）人格测试。人格测试是为了解人的人格差异所作的测验。一个人的工作能否做好，不仅仅取决于一个人的能力高低，个性品质也会对工作绩效的好坏起很大的影响作用。因此，把对应聘者的人格测试纳入招聘、甄选过程就十分必要，尤其是对于那些需要比较多人际交流的职位更是如此。人格测试主要包括人的态度、情绪、价值观、性格等方面的特性。应用个性测试主要是为了考察人格特点与工作行为的关系，有助于在对人员的知识、能力和技能考查的基础上，进一步考查其工作动机、工作态度、情绪的稳定性等心理素质。人格测试也因心理学家对人格的不同的定义有不同的测量方法，主要有影射法、个性品质问卷调查法和兴趣盘存法等。

第一，影射法。影射法是让受测者看过一项不明的刺激物之后，如图片、墨迹等，然后要求他们诠释其意义或自己有何反应。因为刺激物相当模糊，所以应聘者所作的诠释，事实上是他们内心状态的一种影射，他们会将自己的情感态度及对于生活的理想要求融入诠释中，由此测试出应聘者的个性品质。此外，属于影射性的测试方法还有：要求应聘者编造或创造出一些东西或故事、图画的构造法、要求应聘者完成某种材料，如句子的完成法、要求应聘者依据某种原则对刺激材料进行选择或排列的选择排列法等。

第二，个性品质问卷调查法。个性品质问卷调查法是通过应聘者对个性品质调查表中的问题进行回答，依据得分统计来判断应聘者的个性品质倾向。调查表中的问题一般包含与行为、态度、感觉、信仰等有关的陈述式问题。典型的调查量表有明尼苏达多项人格测试、加利福尼亚州多项人格测试、吉尔福德-齐默尔曼气质调查表、爱德华兹个人偏爱顺序表、卡特尔的人格因素问卷、艾森克人格问卷等。

第三，兴趣盘存法。兴趣盘存法是将应聘者的兴趣和各种人士的兴趣进行比较，判断应聘者适合从事什么工作。其理论依据是，假如应聘者在兴趣方面与绩效优异的在职人员相同的话，应聘者将来也可能有良好的表现。

总之，人格测试的根本目的是通过对应聘者个性品质的考查，判断应聘者工作动机、工作态度、情绪的稳定性、气质、性格等素质是否与空缺职位的要求相近或相同，若是，就是合适的人选。

心理测试在员工招聘中的优点表现在以下几个方面：

①快捷性。心理测试可以在较短的时间里迅速了解一个人的心理素质、潜

在能力和其他深层的素质要素。

②科学性。国内外很多企业人才测评实践已经证明，心理测试可以在短期内全面、准确、科学地了解一个人的基本素质。

③公平性。通过心理测试，素质水平较高的人才可以脱颖而出，作弊或"走后门"成功的几率相对降低，增加了人才测评工作的公平性。

④可比性。使用同一种心理测试的方法得出的结果具有可比性。

心理测试在员工招聘中的缺点表现在以下几个方面：

①心理测试的低效度。心理测试的结果很容易被伪造，难以符合对测试结果的预期要求。作为标准化的测试，它们并不适用于拥有不同特定的目标、条件或环境的职位，尽管这些职位具有相同的头衔和通用的职责范围。因此，不能把心理测试的结果绝对化，在很多时候，心理测试的信度和效度都是相对较低的。

②可能被滥用。在心理测试的整个过程中，要详细、真实地记录被测者在测试中的反应和行为。由于心理测试是一项专业技术很强的工作，从测试工具的选择到施测、评分及结果解释，只有训练有素的主试者才能胜任，有时由于使用自己不熟悉的心理测试量表，最终导致心理测试可能被滥用。

③可能被曲解。由于测试的情景、被测者焦虑、测试中的某些细小环节很容易造成误差，不能公平、公正地反映每个测试者的素质，最后不能真实地衡量出被测者的真实素质水平，最终导致心理测试被曲解。

4.3.4　行为模拟测试法

亦称情景模拟法，是指通过在一种情景下应聘者所表现出的与职位要求相关的行为方式，来判断应聘者是否适合空缺职位的一种测试方法。比较适合于评价具有某种与职位相关的潜能，但又没有机会表明的应聘者。通常所采用的行为模拟方式有以下几种：

（1）文件筐处理。要求应聘者对文件筐中的各类信件、便笺等进行处理，并作出决定，制订计划、组织资源和安排工作、要求合作、撰写回信和报告。依此测出应聘者的工作主动性、独立性、敏感性、组织规划能力、合作精神、分析判断能力、决策能力等。

（2）分析模拟。分析模拟是给应聘者提供有关某种情况的资料，要求其进行分析并提出合理的行动程序，以此观察应聘者筛选数据，分析问题，进行决策的能力，并进行评价。

（3）面谈模拟。面谈模拟是由应聘者扮演一个角色，评价员扮演与之相对应的角色，来进行与工作相关的某种情景下的模拟行为和对话，依此来评价应聘者的组织能力、领导能力、灵活性、口头表达能力、控制能力及压力下的工作能力等。

行为模拟测试很有价值，因为它们为了解应试者处理具体任务时的能力提供了有关证据。然而，由于测试情景是模拟的而不是真实的，那么有些特定因素会影响候选人的表现。如果他们感到紧张，或是缺乏该职位相关的背景知识和经历，他的应试表现就会比较糟糕。所以，并非所有的遴选都需要采取行为模拟测试法，它一般是作为面试法的补充，另外还要取决于遴选的时间及预算的许可度。

4.3.5 工作抽样法

工作抽样法是指将空缺职位所涉及工作的几个关键环节抽样出来，让应聘者在无预先准备和无他人指导的情况下，进行实地操作，以考查其实际工作能力和绩效。科学的工作抽样比其他甄选方法都有效，因为这种方法所得到的信息更直接、更真实，评价结果也更客观、更公正。

4.3.6 评价中心

评价中心（Assessment Center）它是指将应聘者（若应聘者过多，可经筛选后进行）集中起来，采用多种评价方法进行集体评价，然后从中甄选出合格人员的过程。评价中心是一种综合、全面的测评方式和技术，实质是一个运作概念，而不是地理概念。评价中心的重要作用是对应试者的互动性和在团队中的人际关系进行评价。具体由几个经过良好培训的评价人员进行，一是因为应聘人员多，需多人进行评价，二是可以保证评价结果的公正性。他们中许多人是组织中的专业部门经理。动用多名评价人员的原因之一是希望将过程中的个人偏见影响减少到最低程度。此外，要仔细观察多个应试者的行为和相互作用，也需要多个评价人员的参与。评价要用到各种手段，过程又要求深入。评价的地点可以是一间会议室，也可以是一间特殊的房间。评价中心要求有 10 多名评价人员参与，评价人员一般是在暗中进行评价，也可通过录像进行评价。评价的时间需 2~3 天。

评估中心要借助多种选拔手段以增加作出正确决策的可能性。这些方法包括面试、心理测试、角色实习或任务模拟这类的个人或小组实习，也包括实地测试。评价中心一般包括下列项目：

（1）分内工作。让应聘者实际面对担任空缺职位时所要面对的一堆报表、备忘录、信件、电话以及其他文件，要求应聘者逐一处理。如写信、记备忘录、安排会议日程等。然后，再由经验丰富的评价人员对工作绩效予以评价。

（2）无主持的群体讨论。给一群应聘者一个问题，让应聘者一起进行讨论，并作出群体决策。然后由评价人员对应聘者的沟通技巧、领导能力、个人影响力以及群体接纳程度进行评估。

（3）管理游戏。管理游戏是一种以完成某种"实际工作任务"为基础的标准化模拟活动，通过活动观察与测评被试的实际管理能力。让应聘者各代表一个组织，模拟这些组织在市场上存在着的激烈竞争，然后让应聘者依据所代表的组织的状况作出一系列管理决策，由此来评价应聘者的决策能力、组织能力、沟通能力及领导能力。

（4）客观测试。对应聘者进行一系列的内心测试。

（5）面谈模拟。每位应聘者至少都由一位评价员与其面谈，以发掘应聘者的背景、过去的工作绩效、目前兴趣以及行为激励状态。这是一种特殊的情景模拟，要求被试与另一个下属、同事或顾客进行对等性的谈话。

（6）即席演讲。给被试一个题目，让被试稍做准备后按题目要求进行演讲，以便了解其有关的心理素质和潜在能力的一种测评方法。

评价中心多由大型机构用于招聘关键职位职员，也包括学校的应届毕业生。如果评价中心能有效地向组织输入所需的人才，那么整个选拔过程产生的费用就比较划算。评估中心的另一种作用是向参与测试的应聘人提供应试表现的反馈信息，帮助他们了解自己的优点，克服缺点。总之，评价中心是一种高效的人才选拔手段。需要注意的是，评价中心一般费用较高，比较适合于规模较大的组织。

总之，招聘中的甄选方法有很多，至于选择何种方法，要依组织的具体情况而定，这包括组织的目标、招聘的规模、时间、预算的许可度等影响因素。但有一个问题是所有甄选方法都需注意的，那就是测试的效度和信度。效度是指测试的结果和工作相关的程度，也就是测试的结果能否预测出任职后的工作绩效。信度是指测试的稳定性和一致性，也就是对同一应聘者用内容相似的测验再去测试他，则所得到的分数也应相似。没有效度和信度的测试是不能在招聘甄选中采用的。

4.4　公务员录用制度

所谓公务员的录用，是指国家行政机关按照一定的标准和法定的程序，通过考试等方法，从社会上选拔优秀人才到政府机关担任主任科员以下的非领导职务，并与其建立公务员权利和义务等法律关系的行为。所谓公务员录用制度，就是关于国家录用公务员的各种规范和准则的总称，是指根据国家行政管理的需要，依照法律规定的程序，将符合一定条件的人员录用为公务员，担任某种行政职务的制度。

表 4-2 是美国堪萨斯州劳伦斯市人员的录用过程，对我们很有启发。

表 4-2			堪萨斯州劳伦斯市人员的录用过程			
初级职位（非公共安全）	公共安全职位	部门主管	市政管理者（首席行政官员）	临时职业机会	非全日制的兼职职位	技术性职位
招聘						
• 地方报纸 • 有关 80 个地方性机构的就业招募公告，包括就业服务中心、NAACP 机构，以及 Haskell 印第安人国立大学 • 电子邮件公告牌 • 专有信息电话热线	• 地方和区域性报纸 • 有关 80 个地方机构、法律机构和消防机构的招募公告 • 为招聘妇女和少数民族而作出的特殊努力 • 电子邮件公告牌 • 专有信息电话热线	• 地方和区域性报纸 • 专业协会（全国性的） • 有关 80 个地方机构的招募公告 • 电子邮件公告牌 • 专有信息电话热线	• 地方和区域性报纸 • 专业协会 • 有关 80 个地方机构的招募公告 • 电子邮件公告牌 • 专有信息电话热线	• 关键职位的评价过程	• 地方报纸 • 有关 80 个地方机构的招募公告 • 电子邮件公告牌 • 专有信息电话热线	• 地方和区域性报纸 • 专业协会（全国性的/州的/区域性的） • 有关 80 个地方机构的招募公告 • 电子邮件公告牌 • 专有信息电话热线

续表

初级职位（非公共安全）	公共安全职位	部门主管	市政管理者（首席行政官员）	临时职业机会	非全日制的兼职职位	技术性职位
选录						
• 人事官员筛选申请表 • 由有雇佣权的机构审核数量范围缩小了的申请者 • 在适当的方面进行测试 • 证明书审核 • 小组面试 • 作出工作认可后的体检，包括药物检测 • 人事主管的正式任命	• 书面测试 • 身体适应性评估 • 小组面试 • 主管面试 • 证明书审核 • 作出工作认可后的体检，包括药物检测和警官的心理测试 • 部门主管的正式任命	• 通过人事或办公室选录来筛选申请者 • 由市政管理者来审核已经减少的申请者资格 • 评估实验室 • 委员会面试 • 市政管理者面试 • 证明书审核 • 作出工作认可后的体检，包括药物检测 • 市政管理者的正式任命	• 由顾问/人事部/统治集团委员会/全体统治集团对申请者进行筛选 • 证明书核定 • 统治集团的面试（也可能包括同部门领导的见面） • 工作确认后的体检，包括药物检测 • 统治集团的正式任命	• 在特定时间需要的情况下选录到指定的职位上	• 由部门来筛选申请者 • 管理者的面试 • 证明书核定 • 管理者作出任命	• 由人事部门筛选申请者 • 部门管理者对减少了的申请者进行审核 • 评估实验室 • 委员会面试 • 部门主管面试 • 证明书核定 • 技术资料的测试 • 资格证书的审核 • 管理者或部门主管作出的正式任命
全过程的时间长度						
4~8周	3~4个月	2~3个月	3~5个月	1~5天	3~5周	2~3个月

110

续表

初级职位 （非公共安全）	公共安全 职位	部门主管	市政管理者 （首席行 政官员）	临时职 业机会	非全日制的 兼职职位	技术性职位
培训						
• 在职	• 法律执行 专科学院 • 消防培训 计划	• 在职	• 在职	• 在职	• 在职	• 在职 • 作为维护 资格证书 所必需的 技术培训

资料来源：［美］罗纳德·克林格勒，约翰·纳尔班迪：《公共部门人力资源管理：系统与战略》，中国人民大学出版社，第4版，2001年第288页。

4.4.1　考试录用制度的产生和发展

考试录用作为政府录用人员的一种制度，最早起源于我国古代的科举制度。科举制度即分科举士，形成于我国的隋朝。它同以前各朝代主要通过推荐的方式来选拔政府官员不同，而是通过分门别类的考试来确定官吏的选拔和任用。考试成绩是录用的主要标准，这改变了过去只重门第不重才能的录用弊端，是政府录用制度的一大进步。科举制度被以后各朝代沿袭并发展。唐朝这一制度逐渐趋于完备，唐朝的科举制度分为常科和制科两类。常科每年由礼部定期举行，考试科目有秀才、明经、俊士、进士等多种科目。常科考试合格者，只是具备担任官职的资格，还需经吏部考试合格后，才能授予官职。制科是皇帝根据需要临时下诏举行的，旨在选取非常之才的考试。考试科目多达上百种，制科考试通过者可直接授予官职。宋代时科举制度进一步得到发展，扩大了应试者的范围和取士的数量，考试的规则也更加严密，并且开创了"殿试制度"，即由皇帝亲自主持的考试。考试的内容也由唐代的以诗赋为主改为以经义策论为主。明清时期科举制度发展到鼎盛时期，考试办法也十分完备，分为童试、乡试、会试和殿试。童试是一种基础资格考试，只有通过童试的人员（称秀才）才能参加乡试、会试和殿试，后三试是科举的正式考试。乡试为省一级考试，每两年一次，多在秋季举行，又称秋闱，考中者称举人；会试是中央一级考试，每三年一次，多在春季举行，又称春闱，考中者称贡生；殿试由皇帝亲自主持，在会试后一个月举行，考取者称进士，分三甲录取，一甲仅取三名，赐进士及第，第一名为状元，第二名为榜眼，第三名为探花。二甲取参试人数的三分之一左右，赐进士出身。其余通过者为三甲，赐同进士出身。通过后三级考试者，都可成为级别不同的官员。

科举制度在当时是一种先进的政府官员选拔制度，但由于晚清时期考试内容被限制在"四书"、"五经"之内，并采用八股文体进行考试，限制了人的独立思考和创新意识，再加上社会衰退，假科举之名，行舞弊之实，最终把科举制度引向了末路。

科举制度在中国走向了衰落，但其公开考试、择优录用的精髓却被西方吸收和发扬。

1870年英国政府颁布枢密院令，规定凡未经考试并持有合格证书者，一律不得任事务官职，标志着英国文官制度的初步形成。从此，英国文官中常务次官以下的文官，均须经考试合格后方可录用。1883年，美国也实行了公开考试录用的文官制度。第二次世界大战以后，公开考试制度在世界许多国家的政府人员招募中得到推广，考试录用的范围越来越大，内容和方法也越来越科学。

中华人民共和国成立之后的前30年，我国的干部录用一直是按计划接收国家统一分配的大、中专毕业生和军队转业干部，或从企事业单位有经验的工作人员中推荐选拔。直到1982年，我国原劳动人事部才制定颁布了第一个关于干部录用工作的综合性文件——《吸收录用干部问题的若干规定》，首次提出国家机关、企事业单位吸收录用干部要实行公开招收，自愿报名，进行德智体全面考核，坚持考试，择优录用的考试录用办法。但只适用于从全民所有制和集体所有制单位的工人中吸收干部以及从社会上的城镇知识青年、闲散专业技术人员、自学成才人员中录用干部，而干部录用的主流仍是接受大、中专毕业生和军队转业干部。

1987年，党的十三大决定建立国家公务员制度，强调凡进入业务类公务员队伍，应通过法定公开考试，公开竞争。1988年七届全国人大一次会议再次强调，今后各级政府录用公务员，要按照国家公务员条例的规定，通过考试，择优选拔。同年，开始了一次大规模的招收干部考试工作，主要是为政法、税务、工商行政部门和银行、保险系统招收干部，此次参加考试人员有百余万人，录取了8万人。此次干部录用的考试尝试，开创了干部录用的新局面。1989 年初，中央组织部、人事部联合发出《关于国家行政机关补充工作人员实行考试办法的通知》，要求县及县以上国家行政机关补充工作人员，要贯彻公平、平等、竞争的原则，通过考试考核，择优录用。这意味着考试录用将作为国家机关录用工作人员的主要途径和方法。1989 年，有 37 个国家部委、27 个省、自治区、直辖市进行了干部的考试录用工作，收到良好的效果。1993 年我国颁布的《国家公务员暂行条例》规定，国家行政机关录用担任主任科员以下非领导职务的国家公务员，采用公开考试、严格考核的办法，按照德才兼备的标准择优录用。1994 年，人事部颁布的《国家公务员录用暂行规定》规定了考试录用的程序和原则。至此，考试录用作为国家公务人员的录用制度在我国得到确立。

1998 年，中共中央组织部发布了《关于党政机关推行竞争上岗的意见》，由此推动了通过考试竞争上岗方式选拔领导干部的工作。2001 年 6 月，人事部公布《国家公务员录用面试暂行办法》和《国务院工作部门面试考官资格管理暂行细则》。2002 年 7 月，中共中央颁布实施《党政领导干部选拔任用工作条例》，这些规定有利于建立健全科学的干部选拔任用机制。2005 年 4 月，全国人大常委会审议通过了我国公务员法，该法通过总结近十年来建立、推行公务员制度和开展干部人事制度改革的经验，适当借鉴国外公共人事行政管理的有益经验和办法，形成了科学的、合理的规范，使公务员的管理有法可依、有章可循，进一步推进了机关干部人事管理的科学化、民主化、制度化。但是，中国公务员考试录用制度的规范化、制度化、科学化之路还不算长。

4.4.2　我国公务员考试录用的原则

国家公务人员的考试录用，除必须按照编制、工作需要及德才兼备的标准来选拔人才外，还必须遵循以下原则：

（1）公开原则。公开原则是指录用主管部门将计划招募的职位、资格条件、时间、地点及招募结果，通过各种媒体向社会发出公告，目的在于增加政府部门招募甄选的透明度，接受社会监督，防止人员招募甄选过程中的腐败行为。

（2）平等原则。平等原则指对所有应聘者应一视同仁、平等对待，不得因民族、性别、出身、宗教信仰、婚姻状况等受到歧视和不平等待遇。这一原则在我国政府部门人员招募甄选的实际操作中，还受到一定的限制，如地域条件的限制、婚姻状况的限制等。此外，在公共部门的人员招募中男生与女生也不能做到完全平等。

（3）竞争原则。竞争原则首先是指录用要在全社会范围内公开竞争，通过考试进行。要按照应聘者的素质条件优劣对比进行甄选，不得按照主管人员的主观好恶来取舍。其次，应吸引更多的人员来进行应聘，只有人多，才有竞争，才能从社会中获得精英人才。

（4）择优原则。择优原则指通过各种甄选方法，选择真正优秀的人才到政府中来。这一原则适用社会上任何组织的招募甄选。这里的择优不是盲目的素质越高越好，还要考虑是否符合空缺职位的工作规范要求。

4.4.3 考试录用的方法

依照《中华人民共和国公务员法》的规定，录用担任主任科员以下及其他相当层次的非领导职务的公务员，采用公开考试、严格审查、平等竞争、择优录取的考试方法，而主任科员以上的职位的录用不一定采用考试录用，而主要靠推荐、选拔、调配等方式委任。但在某些省、市，副局长以下的主要领导职位也逐步开始采用考试竞争录用的方法。民族自治地方依照规定录用公务员时，依照法律和有关规定对少数民族报考者予以适当照顾。

（1）特殊职位公务员的录用。

录用特殊职位的国家公务员，经国务院人事部门或者省级人民政府人事部门批准，可以简化程序或者采用其他测评方法，这主要是指以下几种情况：

第一，因涉及国家安全、重要机密等特殊情况不宜公开招考的职位，可通过有关组织推荐、严格考核的方式来录用人员；

第二，因空缺职位所需条件特殊，有条件应聘人员极少，难以形成竞争的；

第三，因空缺职位要求专业特殊，需专门测试其专业水平，而无需进行一般性考试的；

第四，一些技术性操作较强的职位，可通过审查资格证书或考察实际操作水平的方法进行招募录用。

（2）录用人员所具备的条件。

无论是通过公开竞争考试，还是通过简化程序进入政府公务员系列的人员，都必须具备下列条件：

第一，国籍：具有中华人民共和国国籍，享有宪法规定的公民政治权利；

第二，政治条件：拥护中国共产党的领导，热爱社会主义；

第三，品德条件：遵纪守法，品行端正，具有为人民服务的精神；

第四，文化程度：具有与报考职位相应的文化程度；

第五，基层经验：报考省级以上政府工作部门，须有两年以上基层工作经历，若无此条件，应安排到基层工作一至两年；

第六，年龄和身体条件：身体健康，年龄在 35 岁以下，经考试主管机关批准，也可放宽年龄限制；

第七，考试主管机关批准的其他条件，指由用人部门依据特殊职位的要求提出，经考试主管部门批准，在一般资格条件之外增加的条件。

此外，民族自治地方人民政府和各级人民政府民族事务部门录用国家公务员时，对少数民族报考者应当予以照顾。

4.4.4　考试录用的程序

人力资源考试录用是一个在资格审查、初选、面试、考试、测验、体检等不同环节、不断淘汰不符合要求者，最后确定最合适人选的复杂过程。

依据《中华人民共和国公务员法》的规定，国家公务员的考试录用应遵循下列程序：

（1）发布招考公告。发布招考公告是落实"公开、平等、竞争、择优"原则的前提条件。公务员录用主管机关根据国家核定的行政机关的编制及其职位空缺等情况审核编制的一定时间内录用公务员的计划。政府人事部门应在考试前一定期间内，将考试录用的主要信息通过报纸、广播、电视等媒体，发布招考公告，通过公告告知全社会。招考公告包括如下内容：招考范围、招考对象和报考条件；录用单位、职位与计划指标数；考试录用的方法和程序；报名时间、地点及报名时应审查的证件、申请的材料；笔试的科目、时间和地点、面试办法；笔试、面试成绩公布办法；录用程序及方法；其他须向考生说明的事项。

（2）资格审查。主管部门根据《中华人民共和国公务员法》第十一条规定的条件和第二十四条规定的限制条件，审查报考者是否具备报考公务员的基本条件和所报考职位的资格条件要求。职位要求的资格条件一般由招录机关提出，经省级以上考试录用主管部门批准后予以公布。资格审查是第一步，是对求职者是否符合职位基本要求的一种审查。报考者应当同时符合基本条件和职位要求的所有资格条件，向招录机关提交真实、准确、有效的报名申请材料。招录机关对报考人员进行严格审查，有一项条件不符的报考者，不能参加职位的考试。资格审查合格的报考者，由录用主管部门发给准考证，参加考试。

（3）公开考试。资格审查合格的报考者参加公开考试。公开考试的目的是测试报考者的知识水平以及是否具有职位要求的素质和能力。考试采取笔试和面试的方法进行，全面测试基本专业知识，与职位相关的基本能力等。公务员录用考试包括笔试和面试两个阶段。笔试合格者才有资格参加面试。此外，还有情景模拟、实际操作等方式，全面测试应试者的基础知识和专业知识水平，以及适应职位要求的业务素质和工作能力。

（4）严格考核和体检。考察工作按照录用主管部门的统一要求，由招录机关组成专门机构实施。考察人选确定后，首先由招录机关对报考者进行资格复查，查阅有关证书和文件材料等，确认其提交材料的真实性、准确性。然后，对考试合格者进行政治立场、道德品质、工作能力、身体健康状况、实绩、廉洁自律以及是否需要回避等各方面的考察。体检是在考试和考察基础上，对报考者的身体条件与健康状况进行检查，由中央公务员主管部门会同国务院卫生行政部门进行。

（5）提出拟录用人员名单。根据拟任职位的要求，考试、考核和体检结果，主管部门依照择优录用原则，经招录机关领导研究讨论同意，确定拟录用人员名单。拟录用人员名单由公务员主管机关或招录机关通过报纸、网络等形式予以公示。在此期间任何公民发现拟录用人员存在不符合资格条件要求等情形的，可以按照规定向招录机关或者录用主管部门举报。招录机关和录用主管部门接到举报材料后，应认真组织核实，对于确有问题的拟录用者应当取消其录用资格。新录用的国家公务员有一年试用期。试用期满合格的，予以正式任职，不合格的，取消其录用资格。

（6）备案或者审批。公示期满后，按照规定招录机关将拟录用人员名单报录用主管部门审批或者备案，中央机关及其直属机关将拟录用人员名单报中央公务员主管部门审批。根据我国目前的实际情况，县级以下公务员主管部门无权审批拟录用人员名单。备案或者审批同意后，由公务员主管部门印发录用通知，办理具体的录用手续。

根据公务员法及有关配套法规，我国公务员考试录用的基本程序如图4-1所示。

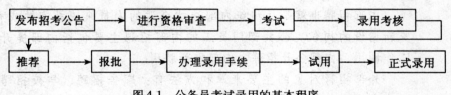

图4-1　公务员考试录用的基本程序

4.4.5　考试录用的组织

公务员考试录用工作是一项十分严肃的工作，既要保持一定的统一，以保证考试工作的权威性，又要考虑各部门的情况，防止治事与用人脱节。公务员考试录用工作，分中央和地方两个大的层次，分别由国务院人事部门和省级人民政府人事部门负责组织。

本章小结

公共部门人力资源招聘录用是指公共部门为达成组织目标，通过招募、甄选、录用等过程，寻找、筛选及录用适当人选补充组织职位空缺的过程。人力资源招聘录用是公共部门人力资源管理的一项基本职能，是人力资源管理的入口管理。人员的招聘与录用是一个复杂、完整而又连续的程序化操作过程，这一程序的每一个组成部分都是为了保证组织人员招聘与录用的质量，确保为组织录用到合格、优秀的人才。

公共部门人力资源招聘是公共部门通过各种途径和方法获取候选人的过程。决定适当的方式以鼓励合格的候选者申请工作是极其重要的。发掘适当的申请人资源和利用恰当的招聘方法，是提高招聘效率和招聘效果的关键。招聘的方式有很多，究竟选择哪种方式要视成本和效益而定。

公共部门人员的招聘有两个前提：一是人力资源规划，它是人力资源需求预测的基础，它决定了人力资源需求预测要招聘的职位、部门、数量、时限和类型等因素；二是工作分析和职位说明书，它为录用提供了主要的参考依据，同时也为应聘者提供了关于工作的详细信息。

内部招聘也就是从组织内部选拔合适的人员来填补空缺或补充新增设的岗位。公共部门员工的内部招聘主要包括内部提升、工作调用、内部公开招募、内部重新聘用。

外部招聘对象的主要来源和方法有：广告招聘、学校招聘、人才交流中心和职业介绍所、猎头公司、转业军人、由现有职员介绍。

人力资源甄选是一个在资格审查、初选、面试、考试、测验、体检等不同环节、不断淘汰不符合要求者，最后确定最合适人选的复杂过程，甄选是人员录用过程中最关键的环节。

现代组织的甄选方法多种多样，常用的具有代表性的有笔试、面试、心理测试、评价中心等。

所谓公务员的录用，是指国家行政机关按照一定的标准和法定的程序，通过考试等方法，从社会上选拔优秀人才到政府机关担任主任科员以下的非领导职务，并与其建立公务员权利和义务等法律关系的行为。所谓公务员录用制度，就是关于国家录用公务员的各种规范和准则的总称，是指根据国家行政管理的需要，依照法律规定的程序，将符合一定条件的人员录用为公务员，担任某种行政职务的制度。

国家公务人员的考试录用，除必须按照编制、工作需要及德才兼备的标准来选拔人才外，还必须遵循以下原则：①公开原则。②平等原则。③竞争原则。④择优原则。

根据公务员法及有关配套法规，我国公务员考试录用的基本程序是发布招考公告、进行资格审查、考试、录用考核、推荐、报批、办理录用手续、试用、正式录用。

关键术语

招聘甄选　内部招募　外部招募　工作抽样法　评价中心
考试录用　科举制

思考题

1. 试述招聘的意义。

2. 内部招募和外部招募相比，各有什么优缺点？

3. 招聘有哪些主要形式？各有什么优缺点？

4. 甄选的方法有哪些？各有什么优缺点？

5. 公务员录用的基本原则和基本程序是什么？

第 **5** 章 公共部门人力资源培训与开发

引导案例

中国地方高官到哈佛接受培训①

根据中国国务院发展研究中心、清华大学和哈佛大学肯尼迪政府学院 2002 年签订的三方协议，从 2002 年起的 5 年内，三方共同开办针对中国政府官员的"公共管理高级培训班"，每年一期，每期培训约 60 名中国中高级干部。另据《环球时报》驻联合国特约记者肖岩报道，国务院发展研究中心为能够得到此次培训的官员确定的条件是，必须是大学本科以上学历、在本岗位至少有两年的工作经验、年龄在 45 岁以下的地市级或司局级以上国家干部，且将以中青年、地方干部为主，而副部级干部年龄则可适当放宽。按照计划，入选学员首先在清华大学接受一个半月的培训，然后入读肯尼迪政府学院。

赛奇是哈佛最有名的中国问题专家之一。这两年来，他主讲的"中国政治经济改革"课程是肯尼迪政府学院学生们最爱听的课程之一。不过，赛

---

① 赵曼：《公共部门人力资源管理》，清华大学出版社，2005 年第 137～138 页。

奇现在忙碌的原因还不仅是教学，他是肯尼迪政府学院与亚洲有关的所有培训项目的负责人，其中最重要的一项就是对中国官员的培训。对此，赛奇表示，据他了解，中国在经过20多年的改革之后，中央政府目前无论在执政经验，还是决策能力上都有了长足的进步，但与此同时，地方官员的问题相对多一些，往往中央三令五申的政策到了地方却无法完全实施或在实施中走了样。在最终确定的60名参训官员当中，11名来自中央国家机关，其余则来自地方政府机关。

教师阵容非常"豪华"。记者在课程表上看到其中有政府学院的院长约瑟夫·奈，有哈佛大学东亚系教授、素有"中国先生"美称的中国问题专家傅高义，还有前克林顿政府的高官，哈佛各学院的著名学者。

哈佛大学所在的波士顿，是美国历史名城，风景秀美，离纽约和华盛顿等美国东北部大城市也很近。但在培训期间，所有中国学员几乎足不出户，连哈佛校园都没看全，波士顿名胜什么样更是没几个学员能说得上来。在政府学院，记者看到了进修班的课程表，即使按一位普通大学生的标准，学员们的作息时间也够紧的，每天上午6点，哈佛还睡梦中时，中国培训班的学员已经起床早锻炼，7时整，早餐开始。上午8时，学员开始在教室里就教授布置的案例展开讨论。而从上午9时到下午5时半，学员们则要上4节各一个半小时的大课。培训内容主要包括如何围绕目标安排财政预算和各部门合作、改革过程中政府职能的转型、公共财政和城市信息化问题。负责具体安排课程的张伯赓说，中国官员在美国的培训重点是学习公共管理的最新理论和工作方法，所有课程被穿插在60个具体案例中展开。此外，非政府组织作为社会管理的第三种力量，也句学员作了介绍。赛奇教授表示，培训内容主要有四项：一是公共管理的战略性分析，即如何围绕目标安排财政预算和各部门合作问题；二是改革过程中政府职能的转型问题；三是公共财政问题；四是城市信息化问题。

据人民日报社下属的《环球时报》报道，中国政府对第一期培训很满意。由于第一期学员"收获颇丰"，不少地方打算派

"一把手"参加培训。报道说，美国的教授们开始时有些担心中国学员的"内向"，"不爱发表意见"，但他们很快就发现自己错了，在讲课中，在他们提出一个观点之后，学员们提出的不同意见竟达五六种之多。学员们对一些问题提出的解决方案有时连教授们都觉得很有启发。

案例讨论

1. 为什么我国政府会选择让高级官员到哈佛学习这一培训途径？

2. 从所报道的哈佛培训及其效果来看，我国公共部门培训存在哪些问题？其未来发展的目标与方向如何？

公共部门人力资源素质和能力的高低，直接决定着政府及其他公共部门的管理能力和管理水平。可以说，当今世界国与国之间、政府与政府之间的竞争，从某种意义上讲，亦是国家公务人员素质和能力的竞争，其素质和能力成为国家软实力的重要组成部分。如何提高公共部门人力资源素质与能力，培训与开发是必不可少的一环。公共部门人力资源培训是公共部门人力资源开发与管理的重要内容。本章首先概述培训与开发的含义、意义、类型；然后论述培训与开发的程序，重点论述需求分析、培训设计与实施和培训评估；最后阐述培训与开发的方法。

5.1 公共部门人力资源培训与开发概述

5.1.1 公共部门人力资源培训与开发的含义

培训与开发在实际使用中常常混为一谈，但严格区分的话，两者并非同一概念，有着不同的含义和侧重点。培训是通过对员工教育或指导使其具备目前工作所需要的能力与知识，所需时间相对较短，阶段性较清晰，内容较少；而开发是通过培训及其他工作改进员工能力水平和组织业绩的一种有计划的、连续性的工作，具有未来导向性，所需时间较长，阶段性较模糊，内容较多。两者的关系体现在培训是人力资源开发的主要手段，但不是唯一的手段，或者说培训是包含在开发中的；人力资源开发不仅与培训密切相关，而且与组织人力资源管理的其他职能有关，尤其与绩效考核有关。

本书中不对培训与开发作严格区分，两个概念可以混用。

所谓公共部门人力资源培训与开发（简称公共部门人力资源培训）是指公共部门根据国家经济和社会发展的需要，按照公共部门自身组织发展及其员工发展的实际需要，采取各种方式对员工进行有目的、有计划、有组织的培养、教育和训练的一系列管理活动，其目的是使员工持续地更新知识，扩展技能，改进工作的动机、态度和行为，使其更加适应并胜任现职工作或进入更高职位，从而促进公共组织绩效的提高和目标的实现。

其基本特征表现在以下四个方面：

第一，公共部门人力资源培训的最终目的是提高公共组织的绩效和更好地实现组织目标。培训是以现职人员为主要对象，以工作为重心的定向训练，其目的是使受训者掌握履行岗位职责所必须具备的知识、能力和技巧，从而更好地实现组织目标。同时，为实现组织的战略目标，组织必须创设良好的工作环境，关心公职人员的需求，充分发挥其主动性和积极性，使他们在达成组织目标的同时也能实现个人的发展。

第二，公共部门人力资源培训的直接目的是提高员工的知识、技能，改进员工的工作态度和行为。

第三，公共部门人力资源培训是员工职业发展的需要和人才开发的需要。培训是终身的和不断进行的过程，伴随员工职业生涯的始终。培训是针对组织工作的实际情况和员工的需要，有计划地实施培养和训练活动。培养和训练的基本途径是学习，通过有针对性的学习，工作人员的相关素质才得以不断提高。有效的培训不仅能够促进组织目标的实现，而且能够提高员工的职业能力，拓展他们的发展空间。同时，培训也是组织人才开发的主要手段，是造就一支优秀的人才队伍的需要。

第四，公共部门人力资源培训是公共组织有计划的系统管理过程。培训不应是一种权宜之计，而应该是计划性、战略性和经常性的活动，组织中工作人员的培训应形成一种制度。同时，培训是公共部门人力资源开发与管理的重要内容，且与组织其他人力资源管理活动密切相关。它既要服务于组织的发展战略，又与其他部门的工作相关联，还涉及其自身的诸多决策活动，如确定培训对象及目标、设计培训内容、区分培训种类、选择培训方式、评价培训效果等，上述活动都需要进行精心筹划。

5.1.2 公共部门人力资源培训的意义

众所周知，组织发展归根结底取决于其员工素质的高低。培训的基本功能在于使受训员工的知识、技能、态度等得到明显改善，由此带来工作效能和效率的提高，产生明显的社会、经济效益和组织文化效应。一般认为，培训在组织发展中的作用体现在以下几个层面：其一，对新员工而言，培训可以促使其更快适应组织及职位要求；其二，对老员工而言，培训可以提高员工的知识和技能，改进员工的工作态度和工作行为，从而进一步提升员工的工作业绩、满足员工职业生涯发展和实现自我价值的需要；其三，对管理者而言，培训可以督促其自主改善管理方法并实现自我提高；其四，对组织而言，培训可以提高组织的工作效率、降低运作成本、创造更好的组织文化并更好地实现组织目标。

公共部门人力资源培训除上述一般作用外，还具有以下特殊作用：

第一，进一步适应国内外形势的发展，不断提高公共管理能力。从国际形势来看，经济全球化进程加快，科技进步日新月异，综合国力的竞争日趋激烈。当今和未来世界的竞争，从根本上说是人才的竞争。中国要在未来激烈的国际竞争中处于优势地位，必须建设一支政治坚定、统揽全局、勇于开拓创新、善于把握机遇、能够稳妥处理国内外事务和驾驭市场经济、善于应对和处理各种复杂局面及问题的公职人员队伍。从国内形势来看，改革开放进入了一个新的发展时期，全面建设小康社会，推进经济结构的战略调整，实施科教兴国战略和科学发展观，完善市场经济体制，处理好改革、发展、稳定的关系，建设社会主义和谐社会等，都对公职人员的素质提出了更高的要求，只有科学的培训，才能持续不断地强化公职人员的自身素质并提高公共管理能力，进而适应国内外形势的发展。

第二，有利于实施人才开发战略，提高公职人员素质。当前，许多国家都正在提出和实施人力资源开发战略。发达国家为了维护在国际社会政治经济上的强势地位，在加紧争夺国外尖端科技人才的同时，也制订了 21 世纪人才计划，加大了教育培训经费的投入，强化了人才培训的一系列措施。我国具有巨大的人力资源优势，通过加大公职人员的培训力度，能够把潜在的人力资源优势转化为现实的人才优势、国力优势和竞争优势。实践证明，培训是人才开发的重要途径，对公职人员素质的提高具有重要作用，是增强公职人员竞争能力的关键环节。

第三，有利于保障国家长治久安，提高执政能力。我国公职人员总体素质良好，一般都受过长期的培养教育和实践锻炼，具备较高的政治素质、业务水平和丰富的实际工作经验。但是，公职人员中还有一些人在知识、技能和态度等方面难以适应新形势、新任务的要求。只有加强和改进公职人员的培训工作，才能不断提高党和政府的执政能力。中共中央组织部在 2006 年 3 月颁布的《干部教育培训条例（试行）》中也明确规定：公职人员的培训要"以增强执政意识、提高执政能力为重点，推动学习型政党、学习型社会建设，为全面建设小康社会、加快推进社会主义现代化提供思想政治保证、人才保证和智力支持"。

第四，有利于公共部门依法行政，提高公共服务能力。依法行政是实施依法治国方略的核心内容，关键在于广大公职人员依法行使职权，不断提高公共服务能力。党的十六大以来，法治国家建设的速度加快，特别是以《中华人民共和国行政许可法》、《中华人民共和国公务员法》等相关法规的出台为标志，依法行政的推行也进入了一个全新的阶段，政策法规培训是公职人员培训的重点内容之一，其目的是加强国家法律法规的教育，提高各级公职人员科学执政、民主执政、依法执政的能力，进而增强公共服务能力，不断提升公共部门的公众形象。

5.1.3　公共部门人力资源培训的类型

一般而言，公共部门人力资源的培训主要可以从培训内容、培训对象、培训层次和培训机构等角度来划分类型。

1. 根据培训内容来划分

培训的具体内容因培训的不同类别（如职前培训和在职培训）而有所不同，而且培训的内容在不同的国家也会有不同的设计。尽管培训的具体内容有差异，但是通过培训内容可以看出将塑造什么样的公职人员，他们汲取什么样的营养，具备什么样的行动和思维范式。

根据培训内容的不同，我国公共部门人力资源培训可划分为以下五个方面：

（1）政治理论培训，这是由中国国情决定的。通过政治理论的学习培养公共部门工作人员较高的思想政治素质，主要是指政治方向、政治立场、政治观点、政治纪律、政治敏锐性、政治鉴别力和政治责任感等。重点进行马克思主义理论教育，落实科学发展观和树立正确政绩观，引导公务员坚定共产主义理想和中国特色社会主义信念，坚持马克思主义的世界观、人生观、价值观和正确的权利观、地位观、利益观，夯实理论基础、开阔世界眼光、培养战略思维、增强党性修养。

（2）职业道德培训。即培养公职人员的职业道德和行为规范，主要包括政治坚定、忠于国家、勤政为民、依法行政、务实创新、清正廉洁、团结协作、品行端正等方面。

（3）政策法规培训。重点加强党的路线方针政策和国家法律法规的教育，进行党和国家的重大部署和要求的培训，提高公职人员科学执政、民主执政、依法执政的能力。只有掌握和熟悉党及国家的有关路线、方针、政策和法律法规，公职人员才能更好地代表国家管理好公共事务，履行好自己的职责。

（4）专业知识培训。是指各类公职人员完成本职工作所需要的专门业务知识，可分为两类：一类是公职人员任职所需的基础理论知识。如法学、行政法学、政治学、公共政策学、管理学、行政管理学、心理学、经济学、社会学等。第二类是专业知识。根据各部门的专业性质和业务需要来定，如人事管理类的公职人员要学习人力资源管理、劳动法等，事务类公职人员要学习与自己从事的机关事务有关的理论知识，像会计学、档案学、秘书学等。

（5）技能训练培训。是以完成工作所需的技能和能力为培训内容，帮助员工掌握从事本职工作的必备技能，如操作能力、沟通能力、人际关系能力、概念技能等。随着改革开放进程的加快，国际经济一体化加速的趋势，公职人员必然要面向世界。因此，公共部门人力资源培训还必须增加国际政治、经济、军事、文化以及与国际接轨等有关的内容，加强外语学习，强化利用计算机互联网的技能训练。

2. 根据培训对象来划分

根据培训对象的不同，可将培训划分为新近人员培训和在职人员培训，而在职人员培训又可进一步划分为在职人员晋升管理岗位的任职培训、专门业务培训和更新知识的培训。

（1）新进人员培训。是对新录用人员进行培训，通过座谈、参观、播放影片、岗位实习、讲授等方式帮助新录用人员了解组织内的规章制度和组织，熟悉工作和生活环境，认知职业道德、掌握基本业务知识和基本业务技能。目的是为了使新进入公共部门队伍的人员，了解自己即将从事的工作内容和工作程序，了解自己任职的组织，掌握一般的工作方法，为正式上岗做准备。

（2）晋升管理岗位的任职培训。它的培训对象是准备晋升管理岗位的在职人员。任职培训的对象是晋升领导处级和局级职务及调换领导岗位的人员，主要培训内容是根据职务级别和部门工作要求，围绕拟晋升新的领导职务所须具备的政策水平、组织领导能力和专业知识能力来确定，其培训目的就是通过培训为在职人员晋升一定领导职务好准备。

（3）专门业务培训。培训对象是从事专门业务工作的公职人员，培训内容是根据各公共组织需要，侧重部门规范知识、岗位技能的训练。培训的目的主要是为了适应专项工作的需要，培训方式多属于脱产培训，集中性、临时性较强。

（4）更新知识的培训。对象为所有公职人员，内容侧重于了解重大社会信息包括新的政策、法律、理论等，掌握新的工作技能和工作手段以及个人修养的提高。根据国家有关政策和法律的规定，有计划、有领导地分期分批进行，一般采取离职培训方式。培训目的主要是为了更新公职人员的知识结构，使其掌握新的知识和技能，以适应形势发展的要求，提高现有公共管理水平。

3. 根据培训层次来划分①

根据公共组织中培训层次的不同，可将员工培训划分为高级培训、中级培训和初级培训。

根据能级对应的原则，人的能力有大小的差别，组织的能级也有高低层次之分，因而，应将不同能力的人放在组织内部不同的职位上，赋予不同的权力和责任，才能实现能力和职位的对应和适应。对于稳定的组织能级结构而言，组织层次越高，人数越少，组织中大量的人员集中于中低层次，因此，组织培训必须根据这一客观状况，分层安排人员培训。通常，初级培训可侧重于与岗位直接相关的一般性的知识和技能的培训；中级培训则可在更新专业知识和技能的基础上，适当增加有关理论课程；高级培训应侧重于学习新理论、新观念和新方法，以适应组织战略性发展的需要。实践中，培训的层次越高，培训的组织形式则越趋于小型化和短期化。如初级培训通常采用正规学校、社会办学

---

① 李和中，常荔：《公共部门人力资源开发与管理》，武汉大学出版社，2007 年第265 页。

的方式实现，而高级培训则通过短训班、研讨班和出国考察培训的方式来实现。

4. 根据培训机构来划分

根据承担培训的机构的不同，我国公职人员的培训可分为部内培训、部际培训、交流培训和院校培训。

（1）部内培训。即由各公共部门内部设立机构组织培训，其培训的时间、课程设置和培训要求均由各部门自己确定。我国政府各部所属的管理学院、培训基地（中心）的培训皆属此列。这种培训按职务或专业举行，专业对口，有较强的针对性，时间、人员都便于灵活安排。

（2）部际培训。指由若干公共部门横向联合举办的培训。这种跨部门举行的培训，或由几个部门共同组织，或由学会或学校帮助组织，培训费用则由各部门共同承担，为同一专业或同一层级的公职人员开设某些共同的课程。

（3）交流培训。即通过人员的交流或学术的交流对公职人员实施的培训。人员的交流培训是指通过人员在政府部门之间、各地区之间、政府部门和企业之间的调任或借调，使公职人员扩大知识面，增长才干，掌握在各种环境中分析问题、解决问题和协调矛盾的能力。交流培训的另一种方式，就是通过各种学术交流、工作研讨、集会演讲乃至个别交谈，就公共管理的某些专题或专门技能进行研讨，不仅使水平较低者得到提高，而且也能使水平较高者扩大视野，从而达到大范围提高公职人员素质，指导实际工作的目的。

（4）院校培训。即由公职人员管理机构或各公共部门选送部分有培养前途的公职人员，或者由公职人员本人依据有关规定，到省级以上党校、政府的高中级行政学院、国内高等院校甚至国外高等院校接受培训或进修。

5.2 公共部门人力资源培训与开发的程序

公共部门人力资源培训与开发是一个系统的过程，这个培训系统可分为三个连续的、周而复始的阶段，即培训需求分析阶段、培训设计与实施阶段和培训评估阶段，在每个阶段又包括若干内容，如图5-1所示。[1]

---

[1]　徐芳：《培训与开发理论及技术》，复旦大学出版社，2005年第48页。

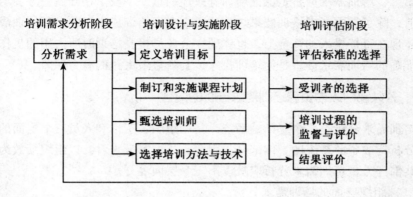

图 5-1　公共部门人力资源培训与开发系统模型

5.2.1　公共部门人力资源培训的需求分析

公共部门人力资源的培训需求分析，是指在培训活动展开之前，由培训组织者运用适当的技术方法，对公共组织的工作要求，公职人员应该具备的知识、技能、行为及其现状等进行系统的评价与分析，以确定员工现有绩效和组织预期的绩效之间是否存在一定差距，进而明确是否需要进行相应的培训来消除这些差距的过程。

现在有很多组织非常重视人力资源培训工作，并积极投资于人力资源的培训，有些组织甚至规定每一个人员每年必须有多少时间用于培训。这虽然是一种很好的倾向，但如果培训并没有针对组织任务和人员的需要，即使培训课程很丰富，参加人员也很多，但培训的实际收效并不一定会很大，甚至可能是对人力、物力、财力的浪费。所以在培训展开之前，做好培训需求分析工作是十分必要的。具体而言，公共部门人力资源培训需求分析具有以下两个方面的意义：

第一，培训需求分析是培训工作的前提和基础。培训需求分析是培训工作的首要环节，与培训活动的其他环节相互联系，密不可分。通过分析公职人员现实绩效与目标绩效之间的差距、公共管理中的问题，明确问题产生的原因，确认培训需求，找出通过培训解决问题的途径，锁定培训目标，寻找实现培训目标最适宜的培训方式和培训手段，最大限度地提高培训的效果。培训需求分析为整个培训活动的顺利开展奠定基础。

第二，培训需求分析是保证培训有效性的重要手段。在开展公务员培训工作之前，除了需要考虑培训效果之外，还应考虑培训成本问题，而培训成本不仅仅体现在直接投入的资金上，也体现在公务员接受培训时所占用的工作时间等。准确的培训需求分析是使培训投入达到效益最大化的有力保障。

1. 公共部门人力资源培训需求分析的内容

培训需求分析是一个复杂的系统，其中组织、工作和人员三个层面的培训需求分析构成了此系统的主体部分。因此，从内容上来看，以组织绩效为焦点的公共部门人员培训需求分析应从以下三个层面展开。[①]

（1）组织层面的培训需求分析。

组织层面的培训需求分析依据公共组织的目标、结构、内部文化、政策、绩效及未来发展等因素，分析和找出组织中存在的问题及其原因，以确定针对此类问题进行培训的必要性和有效性，进而确定组织整体的培训方向。因此，公共部门培训需求分析涉及影响培训方案的有关组织的各个方面，包括对组织目标、组织资源、组织特征以及组织环境的分析等方面的内容。

第一，组织目标的分析。明确组织的发展目标，是确立相应的人力资源战略的依据，也对培训方案的设计与实施起决定性作用。公共组织目标的分析主要围绕组织目标的达成、政策的贯彻是否需要培训，或者组织目标未达成、政策未得到贯彻是否与没有培训有关等展开。比如，新加坡就把公务员的培训需求分析放在国家社会经济发展的大环境中去考虑，围绕公务员职能领域和称职情况开展分类别、分层次的培训。

第二，组织资源的分析。组织资源的分析包括对组织的人力、物力、财力、时间等资源的分析。人力资源的分析包括人员的数量、年龄、知识、技能和态度以及工作绩效等。物力和财力主要是指公共组织对培训的投入，它将影响培训的宽度和深度。时间是培训得以顺利进行的保障，如果时间紧迫或安排不当，就会影响培训的效果。

第三，组织特征的分析。组织特征对培训的成功与否起着重要的作用。它主要是对组织的系统结构、文化及信息传播特征的分析了解。系统结构特征分析即通过审视组织运行系统能否产生预期效果、组织结构是否需要改变以及是

[①] 吴志华，刘晓苏：《公共部门人力资源管理》，复旦大学出版社，2007 年第 223 ~ 225 页。

否有相应的培训需求等。文化特征分析涉及培训工作中的组织哲学、组织理念、组织精神、组织道德、组织风气等不同方面。信息传播特征分析能使培训组织者深入了解组织信息传递及沟通的风格和特征。

第四，组织环境的分析。国际政治经济格局的变幻，国内政治、经济、社会的发展，使公共组织所处环境的变化速度大大加快。为了迎接挑战，适应环境，公共组织必须进行经常性的培训。培训是使公共组织在新环境中提高绩效，增强竞争力，赢得公众信任和支持的有效途径。

（2）工作状况层面的培训需求分析。

工作状况层面的培训需求分析需要确定培训的内容，即员工达到理想的工作绩效所必须掌握的技能和能力，包括系统地收集反映工作特性的数据，并以这些数据为依据，制定每个岗位的工作标准。同时还要明确员工有效的工作行为所需要的知识、技能和其他特性。工作分析、绩效评价、质量控制和服务反馈信息都为这一层面的培训需求分析提供了重要的依据。工作状况层面分析的内容如下：

第一，职位工作职责的分析。它主要包括各项工作任务及其难易程度等。例如，在公共组织中执行部门的工作大多是琐碎而繁杂的，工作时间相对固定，而决策部门的工作相对宏观，责任重大，工作时间弹性大。如果对这两个部门的公职人员进行培训，其内容自然就不同。

第二，职位任职资格的分析。它是指履行工作职责应具备什么样的素质条件，需要掌握哪些相关的知识、技能。重点是分析现有任职资格与预期绩效所要求的任职资格之间的差距，进而确定通过培训能否弥补这一差距以及培训要把员工素质提高到何种程度等。

（3）任职者层面的培训需求分析。

从任职者的角度来考察培训需求，将员工目前的实际工作绩效与公共组织的员工绩效标准进行比较，或者将员工现有的知识技能水平与组织对员工知识和技能的要求进行比照，发现两者之间存在的差距，进而确定哪些人员需要培训及需要何种培训。任职者层面的分析主要是对员工的工作背景、学识、资历、年龄、个性、工作能力绩效等进行分析。它的信息来源包括绩效考核的记录、员工技能测试结果和员工个人填写的培训需求问卷。为了将来评价培训的结果和评估未来培训的需要，对培训需求的分析应该形成一种定期进行的制度。

2. 公共部门人力资源培训需求分析的方法

公共部门人力资源培训需求分析依赖于一定的技术方法，具体方法有很多，如测验法、咨询法、观察法、问卷法、面谈法、团队讨论法、绩效评估法、资料分析法、评价中心法等。每种方法都有其特点及优缺点，表5-1总结了一些公共组织中常用的培训需求分析方法及其优缺点，这有助于公共组织根据实际情况综合运用多种方法，从而作出较准确的培训需求分析。

表 5-1 　　　　　　　培训需求分析的主要技术方法及其优缺点①

培训需求分析的具体技术	特　点	优　点	缺　点
测验法	测验员工的工作熟悉度和认知度，发现员工学习成果的不足之处	1. 结果易量化分析和比较 2. 有助于确认问题的发生原因	1. 结果只能是适用于说明以后四年里的知识能力 2. 无法展现实际的工作行为与态度
咨询法	通过咨询特定的关键人物来了解需求信息	1. 操作简单、费用低 2. 建立和增强与参与者的沟通渠道	获取的信息可能会有一定的片面性
团队讨论法	类似于面对面访谈，用于人物分析、团队问题分析、团队目标设定等	1. 当场汇总不同意见 2. 讨论后最后的决定能够获得支持 3. 建立分享机制	1. 费时 2. 难以量化分析 3. 可能出现讨论不充分
绩效评估法	将现实绩效与绩效标准相比较，找出差距，分析原因	1. 培训需求信息较全面 2. 有助于确认绩效低下的真正原因	1. 绩效考评结果可能不充分，信息不完全 2. 易受到人为因素的干扰

---

① 徐芳：《培训与开发理论及技术》，复旦大学出版社，2005年第112~113页。

续表

培训需求分析的具体技术	特　点	优　点	缺　点
评价中心法	主要适用于管理潜能开发的评价，需要参与者处于模拟的管理情境中完成一系列活动以确定哪些方面需要发展	1. 可对人员的发展潜力进行初步确认 2. 直观判断其发展潜力，减少误差，增加甄选的客观性	1. 费时，成本高 2. 在评价被测试者的潜能的过程中难以有固定的标准可运用
资料分析法	用分析组织资料的方法考察培训需求	1. 通过现有的重要信息和问题，提高客观的依据 2. 资料易获得	1. 信息的时效性差 2. 通常无法找到问题的原因和解决之道
观察法	观察员工在工作中表现出的行为	1. 得到有关工作行为和环境的资料 2. 将评估活动对工作的干扰降到最低	1. 观察员需要具备熟练的观察技巧 2. 被观察者的行为方式可能会受到影响
面谈法	与某些特定人群的面谈	有利于了解员工的感受、问题的原因与解决之道	1. 费时 2. 不易量化分析 3. 需要熟练的访谈技巧
问卷法	使用设计好的调查表格向员工进行调查，对获取的资料进行分析	1. 可短期内向大量的人员进行调查 2. 成本低 3. 易于量化分析	1. 问卷编制周期较长 2. 限制于受访者表达意见的自由，不够具体 3. 回收率可能较低，有些答案不符合要求

5.2.2　公共部门人力资源培训的设计与实施

确定了员工培训需求之后，培训工作就进入设计与实施阶段，也就是要制订培训方案并实施培训。内容包括确定培训目标、选择受训者、制订课程计划、甄选培训师、确定培训的种类和方法等。

1. 确定培训目标

培训目标是基于培训需求分析而确定的，它既是确定培训内容和培训方法的基本依据，又是评估培训效果的主要标准。因此，培训目标的确定必须明确、具体、可测量、可达到且有时间限制。通常，培训目标包括三个层面，第一是知识目标，即培训后受训者将掌握什么知识；第二是行为目标，即培训后受训者在工作中做什么，他的行为有何改变；第三是结果目标，即通过培训要获得什么最终结果，组织的绩效要发生什么变化。

2. 选择受训者

培训对象是培训活动的主要成本因素，必须认真选择、精确计算。因此，培训工作很重要的一个方面，就是确保受训者是确实需要某类培训的人。在选择培训对象时必须考虑员工掌握培训内容的能力，以及他们重新回到工作岗位以后应用所学内容的能力。这不仅是一个特殊的员工激励问题，同时也是一个重要的效率问题。

具体而言，受训者可以从以下人员中确定：

①新进员工；

②工作绩效没有达到工作要求标准的员工；

③需要运用新技术、新设备的员工；

④刚晋升到高一级管理岗位的员工；

⑤组织职能改变需改变专业技术或增加专业知识的员工；

⑥国家新政策、制度推行时会受影响的员工。

3. 制订课程计划

课程计划主要涉及培训内容的设计和各类培训活动的安排，包括课程内容的设计、教材和教学大纲的确定、培训时间和地点的选择及培训经费与设备的准备等。

（1）课程内容的设计。课程设计的指导思想要贯彻和体现培训目标，使培训目标通过一系列的课程内容能够转化为受训者的行为表现并达到一定的绩效标准。如前所述，公共部门人力资源培训内容有五种类型，须依据培训目标来具体设计。

（2）确定教材和教学大纲。受训者的知识背景、工作性质是不同的，选用合适的教材是培训工作取得成功的重要环节。一套好的培训教材应该具备围绕目标、简明扼要、图文并茂、引人入胜等特征。教材可由培训师确定，也可由组织指定；可以是外面公开出售的，也可以是组织编撰的或培训师自己编写的。教学大纲根据培训计划，具体规定课程的性质、任务和基本要求，规定知识与技能的范围、深度、结构、教学进度，提出教学和考试（考核）的方法。教学大纲要贯彻理论联系实际的原则，对实践性教学环节作出具体规定。

（3）培训时间和地点的选择。培训时间的合理分配要依据训练内容的难易程度和培训所需的总时间而定。一般说来，内容相对简单的、短期的培训可以使用集中学习的方法，而内容复杂、难度高、时间较长的培训，则宜采用分散学习的方法，以节约开支，提高效率；培训时间安排可以在工作时间内，也可以在工作时间外，无论作何种选择，基本原则是在保证公共组织的正常运作的同时，力求降低实施培训活动的成本（尤其是受训者的机会成本）。

培训地点一般有两种：教室或会议室，也要根据培训内容来选择和设计。除此之外，还通常要考虑包括视觉效果、听觉效果、温度控制、教室大小和形状、座位安排、交通条件和生活条件等在内的诸多因素。

（4）培训经费和设备的准备。培训经费的来源、投入以及分配使用，关系到培训的规模、水平和质量。公共部门应改变由国家财政单一拨款的局面，争取多渠道筹集培训经费，同时严格经费管理制度，确保经费的合理分配与使用。在培训经费的合理范围内事先准备好培训所需的设备器材，如电视机、投影仪、屏幕、摄像机、幻灯机、黑板、白板、纸、笔等。一些特殊的培训则需要专门的设备。

4. 甄选培训师

培训师的选择是公共组织培训活动的关键环节，培训师水平的高低直接影响到培训的效果，要根据培训项目的内容、所要达成的目标、资源的限制等因素来选聘培训师。培训师的知识经验、培训师的培训技能以及培训师的人格特征是判别培训师水平高低的三个维度。优秀的培训师既要有广博的理论知识，又要有丰富的实践经验；既要有扎实的培训技能，又要有高尚的人格。培训师即可以内部培养，也可从外部培训机构或高校聘请。

5. 确定培训的种类和方法

培训的种类和方法有很多，各自有其优缺点，要视不同培训要求以及各种培训类型与方法的特点而定。常见的培训类型与方法将在第三节论述，公共部门可以根据自身的具体情况以及培训的目的、内容等因素来选用或混合使用不同的培训方式。

在培训方案的实施过程中还应注意以下问题：参加培训的人员的身体和心理上的舒适和满意程度；使用各种培训技巧来引起受训者的兴趣，适应他们不同的学习风格；培训师在培训过程中必须给受训者一定的时间，使其可以实践新获得的技巧；对受训者的培训情况进行反馈，告之受训者的表现并提示其如何纠正不足。具体来说，在培训的不同阶段都有一些针对性的注意事项如表5-2 所示。

表 5-2　　　　　　　　　　　　各培训阶段的注意事项①

培训阶段	注 意 事 项
培训前	制订培训计划；编写培训教材；聘请培训师；安排培训场所；准备培训设施；安排好培训师食宿；安排好受训人员食宿
培训中	保持与培训师的联系；保持与受训人员的联系；观察受训人员的课堂表现；及时将受训人的意见反馈给培训师；保证培训设施的便利使用；保证培训场所的干净整洁；适当安排娱乐活动
培训后	评价受训人员的培训效果；听取培训师和受训人员的改进意见；酬谢培训师；培训总结；跟踪调查受训人员工作绩效；调整培训系统

5.2.3　公共部门人力资源培训的效果评估

培训效果评估就是通过运用评估指标体系进行现状与既定目标之间差距的

---

① 吴志华：《人力资源开发与管理》，高等教育出版社，2004 年第 264 页。

对比分析，找出问题所在，分析原因，不断地改进培训工作，提高培训工作质量。培训效果评估是人力资源开发过程中的重要一环，在某种程度上可以说，不进行培训效果评估就等于没有完成人力资源开发过程。

1. 公共部门人力资源培训效果评估的意义

公共部门人力资源培训是组织的一项人力资本投资活动，它需要投入大量的时间和金钱。既然有投入，就应当讲究产出。培训在耗费组织物力、财力的同时，应该给组织带来效益，包括经济效益和社会效益。但公共部门长期以来一直不重视培训的效果评估，往往在实施培训之后就万事大吉，对于培训到底在多大程度上改变了受训者在实际工作中的行为以及培训到底给公共部门的实际工作绩效带来多大的提高无人关心也无从得知。因此必须重视培训效果评估，充分发挥培训的作用。具体来说，培训效果评估的意义如下：

第一，可以提高培训质量，充分发挥培训的作用。效果评估既是上一次培训活动的总结，又是下一次培训活动的基点，是整个培训工作中承上启下的关键环节。通过对整个培训项目的成本收益或存在的问题进行总结，既可以及时发现和解决问题，又可以为下次培训项目的展开和改进提供有力的帮助，因此培训效果评估不仅可以保证培训系统的完整性，更重要的是，它可以改进培训项目，提高系统运行的效率。

第二，可以降低培训成本。培训既然是投资，就要考虑投资的回报率。企业主要追求经济效益，而公共部门应以社会效益为主要目标，因此，公共服务质量的提高程度与所花成本大小对比就成为培训评估的重要内容之一。如果公共人员通过付出较少的时间和经济成本而提高了素质与工作能力，改善了服务态度，说明培训是有效的；如果花了很多金钱和时间，与花较低的成本取得的效果相同，那么这样的培训就不合算，需要改进。所以说培训效果评估可以起到降低培训成本的作用。

第三，可以强化培训效果。通过培训评估，可以提醒受训者应当达到的受训目标，强化培训内容中的关键信息，从而提高学习效果。事先通知受训者将对培训效果进行评估，还会使受训者在培训过程中更加努力学习。

2. 培训效果评估的相关模型

自从 1967 年美国学者柯克帕特里克提出四层次培训效果评估模型后，其他不少研究者也针对该模型的不足提出了自己的评估模型，主要有：考夫曼和凯勒的五层次评估模型，CIRO 评估方法，高尔文的 CIPP 模型和菲力普斯的五级投资回报率模型。

（1）柯克帕特里克的培训效果模型。

柯克帕特里克的四层次培训效果评估模型是最著名的评估模型。该模型认为评估必须回答四个方面的问题，从四个层次分别进行评估，即从学员的反应、学习、行为和结果进行评估，如表 5-3 所示。

表 5-3　　　　　　　　　　柯克帕特里克四级判别方法①

层次	可以问的问题	衡量的方法
反应层	受训人员喜欢该项目吗？对培训师和设施有什么意见？课程有用吗？他们有些什么建议	笔试
学习层	受训人员在培训前后，知识及技能的掌握方面有多大程度的提高	笔试、绩效考试
行为层	培训后，受训人员的行为有没有什么不同？他们在工作中是否使用了在培训中学到的知识	由监工、同事、客户和下属进行绩效考核
结果层	组织是否因为培训经营得更好了	事故率、生产率、流动率、质量、士气

柯克帕特里克的四层次模型是目前应用最广泛的评估模型，它简单、全面、有很强的系统性和操作性。从反应、学习、行为、结果四个层次上进行了论述，比较全面和具体。实际上，这个模型确实能解释有关培训计划的大多数资料，同时为以后评估模型的发展研究奠定了基础。但是，柯克帕特里克的四层次模型中的反应仅仅是从情感上进行评估的，而缺乏对培训效用大小的重视，而效用型反应与培训结果的转化相关性更大，因此出现了在此基础上的扩展模型。

---

① 赵慧：《企业培训效果评估研究》，华中科技大学硕士学位论文，2006 年第 11～12 页。

（2）考夫曼和凯勒的五层次评估模型。

考夫曼和凯勒扩展了柯克帕特里克的四层次模型，他们认为培训能否成功，培训前的各种资源的获得是至关重要的，因而应该在模型中加上一个层次的评估。并且培训所产生的效果不应该仅仅对本组织有益，它最终会作用于组织所处的环境，从而给组织带来效益。因而他们加上了第五个层次，即评估社会和客户的反应，如表5-4所示。

表5-4　　　　　　　　　　考夫曼和凯勒的五层次评估模型①

层　次	问　题
5. 社会产出	社会和客户的反应、结果和回报
4. 组织产出	对组织的贡献和回报
3. 应用	组织内个人效用和小群体（产品）效用
2. 掌握	个体和小群体技能与胜任力
1b. 反应	方法、手段和过程的可接受度和熟练度
1a. 培训可行性	人力、财力和物力资源投入的质量和可获取性

（3）CIRO评估方法②。

CIRO评估方法是一个由沃尔、伯德和雷克汉姆发明的四级评估方法。这种方法描述了四个基本的评估级别，是由情景（Contextual）、投入（Input）、反应（Reaction）和结果（Outcome）的首字母组成的。这种方法认为评估必须从情景、投入、反应和结果四个方面进行。

第一，情景评估。是指获取和使用关于当前操作环境的信息，以便确定培训需求和培训目标。这种评估实际上是进行培训需求分析。在此过程中，需要

① 赵慧：《企业培训效果评估研究》，华中科技大学硕士学位论文，2006年第12页。

② 赵慧：《企业培训效果评估研究》，华中科技大学硕士学位论文，2006年第12～13页。

评估三种目标：最终目标（组织可以通过培训克服或消除的特别薄弱的地方），中间目标（最终目标所要求的员工工作行为的改变）和直接目标（为达到中间目标，员工必须获取的新知识、技能和态度）。

第二，投入评估。是指获取和使用可能的培训资源来确定培训方法。这种评估涉及分析可用的内部资源和外部资源，确定如何开发这些资源，以便有最大的可能性来达到预定目标。

第三，反应评估。是指获取和使用参与者的反应来提高培训过程。这个评估过程的典型特征是依赖于学员的主观信息。如果用系统和客观的方法对这样的信息进行收集和利用，他们的观点将会非常有用。

第四，结果评估。是指收集和使用培训结果的信息。该评估被认为是评估最重要的一个部分。它包括四个阶段：界定趋势目标、选择或构建这些目标的测量方法、在合适的时间进行测量和评估结果以改善以后的培训。

（4）高尔文的 CIPP 模型。

CIPP 模型与 CIRO 相似，是由情景（Contextual）、投入（Input）、过程（Process）和成果（Product）的首字母组成的。该模型也由四个方面的评估内容所构成：第一是情景评估，旨在确定相关的环境，鉴别需求和机会，并且对特殊的问题进行诊断；第二是投入评估，可以提高如何最佳使用资源以成功实施培训的信息。投入评估的信息有助于制订培训项目计划和培训设计的一般策略，通常投入评估的结果包括制度、预算、时间安排、建议书和程序等方面的内容；第三是过程评估，可以向负责培训实施的人员提供反馈，它可以监控可能的失败来源或给预先的决策提供信息；第四是成果评估，对培训目标结果进行测量和解释，包括对预定目标和非预定目标进行衡量和解释，这个级别的评估既可以发生在培训之中，又可以发生在培训之后。

总之，情景评估有助于形成目标，投入评估帮助计划培训项目，过程评估引导培训实施，结果评估有助于回顾决策。

（5）菲利普斯的五级投资回报率模型。

菲利普斯的五级投资回报率模型在柯克帕特里克的四层次模型上加入了第五个层次：投资回报率。它是从反应和已经计划的行动、学习、在工作中的应用、经营效益和投资回报率五个层次进行评估的。菲利普斯认为评估工作最后在于测量"投资回报率"，即具体比较培训项目所带来的货币利润与其他成本，只有在进行这一层次后，这个评估过程才是完整的。如表5-5所示。

表 5-5	菲利普斯的模型①
评估层次	简单描述
1. 反应和已经计划的行动	测评参与者对计划的反应，突出具体的实施计划
2. 学习	测评技能、知识和态度的改变
3. 在工作中的应用	测评工作中行为的变化和培训内容的具体应用
4. 经营效益	测评培训项目对经营的影响
5. 投资回报率	比较收益的货币价值与培训的成本，通常以百分比表示

目前，对组织培训的投资回报率还没有普遍的认可标准，而且对投资回报率的评估是一个困难且成本较高的过程。

以上培训效果评估模型中都有着柯克帕特里克经典培训效果评估模型的影子。柯克帕特里克的四级评价模型产生最早，同时又是使用最广泛的一种模型，但它的研究范围只局限于企业内部，没有注意到企业是社会经济的重要组成部分，企业的培训必将直接或间接地影响到社会的发展。菲利普斯的模型仅仅是在最后加上了投入产出的分析而已，而考夫曼和凯勒的五层次评估模型、CIRO 评估方法和高尔文的 CIPP 模型则在评估实施过程的两头作了文章，即将培训需求分析的一部分以及培训对外界的影响纳入评估范围之中，中间则几乎保持不变。

3. 公共部门人力资源培训效果评估的内容②

培训评估的主要目的是保证培训的顺利进行，确保培训目标的实现，获得培训效益。结合上文介绍的评估效果模型以及我国公职人员培训的实际情况，培训效果评估的五个层面具体如下：

（1）反应层面。受训者的反应是培训效果评估需要考虑的首要因素。反

---

① 唐晓嵩：《我国公务员培训效果评估问题研究》，大连理工大学硕士学位论文，2006 年第 24 页。

② 吴志华，刘晓苏：《公共部门人力资源管理》，复旦大学出版社，2007 年第 253～255 页。

应即是指受训者对培训项目，包括培训材料、培训师、设备、方法等的评价。受训者反应评估从三个方面进行：一是培训内容方面，如培训内容是否有用、清晰、有趣，培训教材、速度是否适当等；二是有关培训师的情况，如控制教学内容、驾驭课堂气氛的能力等；三是相关后勤保障情况，如受训者的生活条件、教学设备和环境等。反应评估一般采用调查表、面谈、公开讨论等形式获取信息。这个层面的评估易于进行，是最基本、最普遍的评估方式，便于掌握培训信息，找到解决问题的方法。但其不足也是显而易见的，受训者的知觉、兴趣、价值观的差异，会使评估带有较强的主观色彩。此外，为了使反应评估更好地进行，还需要特别注意信息的收集、评估目标的设计、评估标准的确定、受训者的反馈等问题。

（2）学习层面。在培训中传授的内容包括知识、技能和态度，学习层面的评估主要测量受训者知识原理、工作经验、工作态度和技能的获得程度。学习评估侧重于两个方面：一是受训者的学识增长情况，可通过书面考试和诊断性测试来进行；二是受训者的技能增长情况，可通过观察、角色扮演、模拟环境、工作实例、表现测试等多种方法进行。此外，对受训者综合能力的评价，还可以利用项目研究和论文写作等予以考察。学习评估一般采用考试、演示、讲演、讨论、角色扮演等多种方式获取信息，其中比较广泛使用的是考试，即在对受训者学习成绩评价的基础上，判断培训的成效。学习评估的优点是：对受训者的压力督促他们更加认真学习，对培训师的压力使其更加负责和精心地准备课程。其缺点在于，评估的压力也有可能降低培训的参与度，致使培训难以展开。

（3）行为层面。受训者工作行为的改变是培训活动的直接目标。行为改变是测量受训者在培训项目中所学习的知识、技能和态度的转化程度，以及其工作行为有无改善。行为评估侧重于受训者能否将培训中所获得的学识和行为转化为良好的工作表现，进而评价培训最终目标是否达成。行为评估可采用直接观察、主管人员评价、同事评价、服务对象评价、比较等多种方式获取信息。行为评估的优点是可以直接反映培训课程的效果，取得高层领导和直接管理者对培训的支持。但这种评估时间和精力的耗费都比较大，评估标准和内容的科学性难以把握，员工的工作表现复杂等问题都制约着其评估的有效性。

（4）结果层面。由于培训的最终目标是提高组织的绩效，所以结果评估是培训评估中最重要也是最困难的评估。结果评估侧重于组织效益的评估，它用来评估培训方案给组织带来的绩效改进。组织效益的评估是一项系统的工程，涉及质量、数量、生产率、投资回报率等因素。结果评估有利于组织确定生产力提高与成本降低的幅度，以及组织目标的实现程度。一般采用两种方法：一是客观指标测量法，包括工作准确率、顾客满意度、工作完成率、工作准时率等；二是主观衡量法，由于不可能量化所有的指标并通过客观方式体现出来，因此主观衡量也是评价绩效的一种重要方式。虽然公共部门也在不断寻求测量指标的量化，但基于公共部门产出的特性，主观衡量法使用较多。

（5）成本有效性。培训成本是培训效果评估的中心内容。培训成本一般包括培训需求分析费用、教师费用、场地费用，以及组织为培训者在培训期间支付的工资、福利费用等。培训收益因不同的培训项目而有所不同，较易得到的指标包括工作准确率、数量和质量、出勤率提高等带来的收益等。但培训成本的有效性是由扣除了计划成本的问题成本来决定的，问题成本是指组织使用没有接受培训的人员所承担的实际经济损失，包括设备故障、工资福利、监督和质量控制、人事费用等。因此，即使一项培训被确定是有效的，仍然要探究它的成本是否低于问题本身的成本，或低于其他可供选择方案的成本，否则就不具备成本有效性。

4. 公共部门人力资源培训效果评估的程序

培训评估活动的开展要遵循一定的程序，否则得出的结果很可能不科学、不客观。一般而言培训效果评估的程序如下：

（1）确定培训评估目的。在培训项目实施之前就必须把培训评估的目的明确下来。多数情况下，培训评估的实施有助于对培训项目的前景作出决定，对培训系统的某些部分进行修订，或是对培训项目进行整体修改，使其更符合组织的需要。

（2）选择评估主体。评估主体解决的是"由谁评估"的问题，对于任何一个评估主体而言，由于自身特定的评估视角和认知态度的不同，所作出的评估都会对评估效果的有效性产生强烈的影响。为保证评估结果的客观性，应该构建多主体评估模式，由受训人员、培训机构及专家组成。

（3）选择评估对象。由于培训需求呈不断增长的态势，因而实施培训的直接费用和间接费用也在持续攀升，因此，不一定所有的培训活动结束后都要进行效益评估。评估主要应针对新开发的项目、新教员的课程、新的培训方式、外请培训机构进行的培训、出现问题和投诉的培训等情况进行评估。

（4）选取评估指标。建立一套层次清晰、关系合理的评估指标体系，就是解决"评估什么"的问题，它是保证培训效果评估成功的前提。指标体系可以依据前文所述评估内容来构建。

（5）确定评估方法。培训效果的评估是一项复杂的管理活动，需要针对不同的评估层次和内容，选择不同的方法来进行评估。评估方法主要有资料收集、访谈、问卷调查、现场观察、测试比较法等，为了防止评估的主观随意性，一般应尽量将多种方法结合起来使用，最大限度上做到主观评估与客观评估的有机统一。

（6）收集整理信息。运用适当的方法对不同对象收集定性和定量的信息，并根据不同的评估内容的需要进行信息归档，数据分析。

（7）撰写培训评估报告。培训主管在统计分析上述调查表的基础上，再结合受训者的结业考核成绩，对此次培训项目给出公正合理的评估报告。评估报告一般由培训背景说明、培训概括、培训评估的实施情况、培训评估信息的分析、培训评估结果与培训目标的比较、培训项目计划是否调整或相关建议等部分组成。

（8）调整培训项目。在对收集到的评估信息进行认真分析的基础上，培训主管就可以有针对性地调整培训项目了，是终止此培训项目还是继续，需不需要做调整，哪些地方需要调整等。

西方国家除了注重对培训本身的评估和管理以外，还把培训评估与公务员的业绩考核、职位晋升结合起来，综合评定。欧盟国家把公务员的培训结果与考核晋升紧密结合。欧盟总部对公务员的培训效果进行监控，要求公务员培训结束后写出培训报告，半年以后进行一次检查，并且还通过调查问卷的形式，向参训者的领导、同事了解培训结果的应用情况；比利时安特卫普省规定，要从低一级晋升到高一级，必须接受100小时以上的与工作相关的培训，而且须考试合格获得培训证书；法国公务员培训与法国的公职制度紧密相连，投入讲求产出，培训就要使用，这可以说是法国公务员培训制度的鲜明特色。培训后给职位，对长期培训班的毕业生，培训成绩决定毕业后的命运。其中，国立行政学院培训排名第一的优秀毕业生可以一步登上政府副司局级职位；培训后也可换岗或升职；培训后必须在公职部门为国家工作10年，否则需要偿还培训费用，可以说这种制度在法国已经取得了明显的实际成效；在加拿大，政府一旦为公务员出资培训，公务员就必须接受政府的严格考核，一方面是由政府人力资源管理部门来进行考核，另一方面由培训承办者来进行考核，培训单位根据公务员在培训中的表现提出不同的评定结果，作为公务员管理机关考核公务员的依据。公务员必须在接受培训后，写出详细的培训过程、培训收获及培训心得，要求公务员在培训后能提出今后工作改进的方案报领导审阅，领导将根据公务员的报告对公务员进行长期的监督与考核，基本做到长效管理与日常管理相结合。

5.3 公共部门人力资源培训方法

培训要达到理想的教学效果，就必须选择合适的教学方法。公共部门人力资源培训属于成人教育，成人本身的特点，决定了成人教育与大、中、小学正规教育有不同之处，因此在培训中注重成人学习的特点；除此之外，在培训方法的选择上，组织者必须充分考虑各种方法的优势和不足，进而联系组织的具体实际作出抉择。随着组织形式和管理方法、管理理论的进一步发展，人员培训方法还会不断增加和更新，这就要求培训工作者随时注意学习和掌握这些新的培训方式及方法，并与传统方法和技术有机结合、综合利用，以求获得最佳培训效果。

5.3.1 公共部门人力资源培训采用的具体方法

近年来，在沿用传统的课堂讲授法、案例教学法、研讨法等培训方法的同时，我国也开始注意将行为科学理念和情景教学方法引入公务员的培训，并探索出了一系列新的培训方法。按照传统和新型两个角度，我们选择常用的、有代表性的方法进行介绍。

1. 传统培训方法

传统培训方法包括课堂讲授法、案例分析法、研讨法、自学等。

（1）课堂讲授法。顾名思义，是指由培训师通过逻辑的、体系化的语言表达在课堂上传授知识的方法。它是一种以培训师为中心的教学方式，学员在学习中是相对被动的，与培训师之间缺乏必要的交流与反馈。虽然在今天它受到了这样或那样的批评，但仍然是大多数培训的首选方法，原因在于这种方法组织简单、易操作、经济、有利于知识的传播以及讲课教师的习惯性。为提升课堂讲授的培训效果，培训师应遵循的原则如下：

第一，选择合适的内容进行讲授。如对于系统知识和理论体系的传授，课堂讲授法的优势是其他方法不可替代的，它可以在较短的时间内使学员把握知识和理论的精华。

第二，采用灵活多样的教学方式。改变传统的单向的满堂灌，通过引导、自学、提问等形式，给学员更多的学习自主权和积极性。

第三，做好充分的教学准备。培训师要对讲授的问题理解全面而准确，不应以偏概全；要把握讲授提纲，而不是照本宣科；要深入浅出，力求生动。

第四，适当调整教室布置。传统的课堂布置是学员前后分排就座，目的是便于培训师实施管理。现代培训中可针对性地采用环形、V形、U形、臂章形教室安排，增强培训师与学员的互动，以此提高培训的效果。

（2）案例分析法。案例分析法是以具体的案例（问题）为载体，让学员亲身体验分析解决，它以学员为主体，让学员主动参与，分析与解决案例中存在的问题，在分析解决中有效地培养和提高学员分析解决问题的能力、与人共事的能力及创新意识。这种培训方法在公职人员培训中极受欢迎。

案例法的优势在于：它提供了具体的、复杂的问题环境和背景，鼓励学员有针对性地思考和分析，有助于提高他们分析问题和解决问题的能力；在个案研究的学习过程中，利于学员获得相关管理知识；多向交流使学员获得不同的经验和观点，拓宽思路，增强沟通与协调能力。其局限性表现在：对案例的选择和编写具有较高要求；要求培训师对案例分析过程有良好的控制能力；耗费时间较长。

（3）研讨法。研讨法是通过培训师与受训者之间或受训者之间的双向讨论来分析和解决疑难问题的一种方法。在培训中，是仅次于课堂讲授法而广泛使用的培训方式。要使研讨法有效地进行，需要做到以下几点[①]：一是每次讨论要建立明确的目标，并让每一位受训学员都了解这些目标；二是要激发受训学员讨论问题的兴趣，并启发他们积极思考；三是设计和公布研讨会议程表（包括时间限制），并于每一阶段结束时检查进度；四是可将大班分成若干小组，促进小组内学员之间的沟通，使每个学员都有表达自己观点的机会。

研讨法的优点在于：受训学员能够主动提出问题，自由表达个人观点，有助于激发学习兴趣；鼓励学员思考，有利于能力的开发；双向互动的过程有利于取长补短，互相学习，有利于知识和经验的交流。但研讨法也有一定的局限

---

① 李和中，常荔：《公共部门人力资源开发与管理》，武汉大学出版社，2007年第265页。

性：第一，对培训师的素质要求较高，不仅要善于组织讨论，而且要能激发学员的讨论热情，启发他们积极思考。第二，讨论课题选择的好坏将直接影响培训的效果。第三，受训人员自身的水平也会影响培训的效果。第四，不利于受训人员系统地掌握知识和技能。研讨法多用于巩固知识，培训学员分析、解决问题的能力和人际交往能力。

（4）自学。成人培训不同于普通学生教学的最大的一个特点，就是成人具有一定的自我学习能力，对于长时间单调的培训师讲授易产生厌烦感。自学是学员按照教学计划的要求，独立地阅读有关资料，认真思考深入理解有关内容，自我总结，自我提高，从而达到自我教育的目的。这种方法的优势在于：操作简单、成本低，学员能从中得到自我控制学习进度、自我检测学习成果的乐趣与成就感。这种方法的不足在于监督性比较差，所以培训组织部门可以规定，在自学一段时间后，员工需要写出心得报告，也可以进行问卷调查，还可以要求员工写出所学资料的纲要；对学员的自学与自控能力有较高的要求。多用于对新进员工培训组织规章制度、了解组织发展历史、了解组织文化等，也可用于相对简单的新知识培训。

2. 新型培训方法

随着现代科技和社会的发展以及企业管理员工培训的手段与方法的革新与发展，公共部门人力资源培训方法也发生了变化，引入并实践了诸多新型方法。新型培训方法包括视听技术法、角色扮演法、公文事务处理训练法、管理游戏法、拓展培训和破冰法等。

（1）视听技术法。即利用现代视听技术（幻灯、电影、录像、录音、多媒体等工具）进行培训。视听材料生动形象，利用视觉与听觉的感知方式，给受训者以直观的感受，比较容易激发其动机和兴趣；视听材料还可以重播、慢放或快放，从而更好地适应受训者的个体差异和不同水平的要求。视听法的缺点是受训者的反馈与实践较差，且制作和购买的成本高，内容容易过时。它多用于针对新员工的培训，以及组织概况、传授技能等培训内容。在现代培训中，如果将讲授法、视听法同其他参与性较强的方法结合起来运用的话，会提高这些方法的有效性。

（2）角色扮演法。即让受训者处于模拟工作环境中，要求他模拟实际工作职位所承担的职责处理各种工作事务。角色扮演法的操作程序是：首先要求受训者在事先设计好的一个模拟真实的情景中扮演不同的角色，并进入角色情景去处理各种问题和矛盾。受训者扮演的角色往往是工作中经常碰到的人，如上级、下属、同事、公众等，处理的事务也常常是实际工作中可能遇到的具体问题。其次在表演结束后，其他受训者作为"观众"，需对扮演者完成任务的情况加以分析、评价，最后评论完后还可以再轮换表演。这种角色间的交往和博弈过程有助于受训者体验各类人物的心理感受，处于他人的位置考虑问题，从而培养其多角度看待问题的思维能力和自我控制的能力，提高人际关系技能；且使受训者尽快熟悉工作环境和工作流程，掌握必要技能，迅速适应实际工作的要求。而且由于信息传递多向化，这种培训方式反馈效果好、实践性强、费用较低。其难点和关键点在于如何设计和具体实施角色扮演过程。多用于专门技能的培训，如人际关系技能，还可以在决策、管理技能、访谈等培训中使用。

（3）公文事务处理训练法。也称"一揽子事件法"，在实际工作中，公职人员往往每天都有一大堆的文件和事务需要处理，而时间又有限。公文事务处理训练法就是为解决这一问题而设计的培训方法，它能指导公职人员如何快速有效地处理各种文件和日常事务。在受训中，各参加者都有一大堆有待处理的文件和事务，且必须在规定的时间内完成这些文件的阅读、批示和事务的处理。培训者提供的文件和事务一般没有什么条理，有些需要紧急处理，有些需要常规处理，这就要求公职人员进行分析研究、分清轻重缓急、统筹规划、合理安排时间。规定时间到了之后，由培训者和公职人员一起对每个人的处理结果进行比较、评价和总结。这种方法适用面窄，但有针对性，对受训者专项能力的提高效果显著。

（4）管理游戏法。管理游戏培训可以分为普通游戏和商业游戏两种基本类型。普通游戏是指一些经过精心设计、看似与其他游戏相差无几的活动，其实内含许多与管理或员工工作有密切关系的活动。普通游戏很受受训者的欢迎，参与积极性高，因此培训内容与技能很易掌握，对其结果的分析涉及工作的延伸；商业游戏需要受训者作出一系列决策，每次作出的决策不同，下一个场景也将变化，可以看做案例分析的动态变化。商业游戏效果良好，受训者参与度高，实用性强，但由于设计费用昂贵，推广受到限制。这一培训方法的关键在于管理游戏的设计，一个好的管理游戏能够使学员在行为中不自觉地展现自己在实际组织或群体中所扮演的角色并有所感悟，这要比单纯地讲授知识收效更大。除此之外，培训师还应尤其注意事后的归纳与总结，因为游戏后的启示要比游戏本身更为重要。

（5）拓展训练。[1] 又称外展训练，原意为一艘小船驶离平静的港湾，义无反顾地投向未知的旅程，去迎接挑战。拓展训练通常利用崇山峻岭、瀚海大川等自然资源，通过精心设计的活动达到"磨炼意志、陶冶情操、完善人格、熔炼团队"的培训目的。通过拓展训练，受训者将逐步认识到自身的潜能，增强自信心，改善自身形象；克服心理惰性，磨炼战胜困难的毅力；开发想象力与创造力，提高解决问题的能力；认识群体的作用，增进对集体的参与意识与责任心；改善人际关系，学会关心他人，更为融洽地与群体合作。值得注意的是，偶尔的拓展培训难以改变受训者身上存在的长期的积习，只有经常和反复的训练才能有效改变受训者的行为模式。同时，要组织好这类培训对培训机构的要求也较高。

（6）破冰法。也称"热身活动"，即通过一些大家共同参与的趣味活动，以启动学员的学习热情。这种方法的优点在于能够用非工作行为打破学员的思想顾虑和防备心理，创造一种便于交流的氛围，引导他们进入自由交谈的培训情景中来；同时也有利于为学员提供展现个人才智与合作精神的机会，建立起自己的学习小组。这种方法一般用于培训的开始阶段，其关键在于"破冰"资源的精心设计和"破冰"活动的精心组织，要做到既使活动体现出趣味性和便于参与性，又不能有任何压力，不能使学员处于尴尬的境地，更不能低级趣味或过于儿童化。

5.3.2　培训方法的选择

培训方法的选择在培训过程中至关重要，它直接关系到公共部门人员培训工作的成败。现代培训方法多种多样，加之不同的培训方法各有利弊，其应用范围也各不相同，这就使得培训方法的选择尤为关键。大量的培训实践表明，选择科学的培训方法必须注意以下几点[2]：

首先，在选择培训方法时，要把培训目标的考量放在首位。培训组织者要首先确定培训能够产生的学习成果，选择一种或几种最有利于实现培训目标的培训方法，再结合开发和使用已选择的培训方法的成本，作出最佳选择，以最大限度地保证培训成果的转化。

---

[1]　吴志华，刘晓苏：《公共部门人力资源管理》，复旦大学出版社，2007 年第 242 页。

[2]　谢晋宇：《人力资源开发概论》，清华大学出版社，2005 年第 201 页。

其次，应根据受训者的不同特点来决定需要采用的培训方法。在选择培训方法时，要区分职位的差别，不同的职位运用不同的培训方法。比如，对组织来说，一线员工和管理职位的员工，培训方法应有很大的差异。即使是管理层的培训，也应分出层次，针对高层、中层和基层管理者进行的培训应选择不同的方法。如果在培训方法上分不出彼此，针对不同员工进行的培训效果也不会理想。

再次，根据公共部门的培训预算成本来进行选择。公共部门培训方法的选择依赖于预算经费的支持，预算经费紧张时培训组织者应该选择讲座法，这样既可以节省资源，又可以使培训在较大范围内进行。当资金条件比较好时，则可以考虑使用角色扮演、情景模拟等方法。

最后，在选择培训方法时，培训组织者还要考虑不同培训方法的优缺点、使用范围和效果等因素。表5-6表明不同的培训方法在获得知识、改变态度、解决难题、人际沟通、参与许可、知识保持等方面的效果存在差异，排列的次序越高，说明这种方法越有效。

表5-6　　　　　　　　　　　　　不同培训方法的效果比较

培训方法	获得知识	改变态度	解决难题	人际沟通	参与许可	知识保持
案例分析	2	4	1	4	2	2
讨论会	3	3	4	3	1	5
讲课（讲座）	9	8	9	8	8	8
商业游戏	6	5	2	5	3	6
电影	4	6	7	6	5	7
程序化教学	1	7	6	7	7	1
角色扮演	7	2	3	2	4	4
敏感性训练	8	1	5	1	6	3
电视教学	5	9	8	9	9	9

资料来源：Terry L. Leap and Michael D. Crino：Personal，*Human Resource Management*，Macmillan，1989，p. 291。

在通过不同层面对比选择培训方法时，值得强调的是，各种培训方法的培训目标之间有交叉和重叠。比如，通过讲座法和角色扮演法的比较可以看出，后者较前者更加重视给受训者提供实践机会和反馈信息，因而较前者更有利于培训成果的转化。即使培训组织者不受预算经费等因素的限制，也应尽量选择相对便宜又有效的角色扮演、情景模拟等方法。实际上，没有一种培训方法是万能的，也没有一种方法将永远是最佳的。对培训组织者来说，重要的是根据培训目的、内容、对象时间以及地点的不同，选择不同的方法或者一组最佳的方法组合。在培训方法选择的过程中，培训组织者要重点了解不同的方法的优缺点及其在应用中应注意的问题。

西方国家普遍采用现代的培训方法，讲究根据不同的学员、不同的培训目的和内容，选择实用且有效的培训方法。对公共部门人员培训而言，提出要基于问题而学习，基于项目而学习，基于行动而学习，十分重视培训对象的参与，尽量采用互动的方式来培训。比如，瑞士联邦铁路总局的团队辅导法，法国的关于现实政治、经济生活中面临的重要问题的小组研究法。在英国和日本，政府将能力培训作为一种公务员培训方式。采用的方式有：一是范例式培训。它要求受训者在一些或源于自身经历或源于培训者介绍的范例探究的基础上实行"经验共享"。二是方法取向培训。它要求受训者在听取培训者的简短理论介绍后，即刻获得可迁移的学习和认知方法，并能举一反三，将理论知识应用于实际。三是行动取向培训。它要求受训者在培训结束时制订一份"个人行动计划"，追踪检验培训实施效果。它突出地强调了培训结果，即受训者受训后实际具有的职业操作能力。在新加坡，公务员培训以受训者为中心，突出启发参与式，并着眼于多样化，如讲授过程中结合使用讨论式教学法、案例分析教学法、情景模拟角色扮演教学法、"游戏式"教学法、流动参观考察教学法等，使得培训者与受训者在教中学，学中教，教学现场生动活泼，轻松易接受。另外，新加坡还重视公务员培训的环境气氛和硬件建设。培训过程中广泛采用投影仪、电视、录像等现代化教学手段，教师编写电子教材，充分利用电脑教与学，对培训环境的场地选择、色调、温度，甚至课桌的摆设也根据培训的需要经常变换组合，极大地提高了培训工作的效率和科学化管理水平。

本章小结

公共部门人力资源培训与开发（简称公共部门人力资源培训）是指公共部门根据国家经济和社会发展的需要，按照公共部门自身组织发展及其员工发展的实际需要，采取各种方式对员工进行有目的、有计划、有组织的培养、教育和训练的一系列管理活动，其目的是使员工持续地更新知识，扩展技能，改进工作的动机、态度和行为，使其更加适应并胜任现职工作或进入更高职位，从而促进公共组织绩效的提高和目标的实现。公共部门人力资源培训是公共部门人力资源开发与管理的重要内容。它对于员工个人素质提高、组织发展和国家的发展都具有重要作用。

公共部门人力资源的培训主要可以从培训内容、培训对象、培训层次和培训机构等角度来划分类型。

公共部门人力资源培训与开发是一个系统的过程，这个培训系统可分为三个连续的、周而复始的阶段，即培训需求分析阶段、培训设计与实施阶段和培训评估阶段，在每个阶段又包括若干内容。

公共部门人力资源的培训需求分析，是指在培训活动展开之前，由培训组织者运用适当的技术方法，对公共组织的工作要求，公职人员应该具备的知识、技能、行为及其现状等进行系统的评价与分析，以确定员工现有绩效和组织预期的绩效之间是否存在一定差距，进而明确是否需要进行相应的培训来消除这些差距的过程。培训需求分析是一个复杂的系统，其中组织、工作和人员三个层面的培训需求分析构成了此系统的主体部分。

确定了员工培训需求之后，培训工作就进入了设计与实施阶段，也就是要制定培训方案并实施培训。内容包括确定培训目标、选择受训者、制订课程计划、甄选培训师、选择培训方法等。

培训效果评估就是通过运用评估指标体系进行现状与既定目标之间差距的对比分析，找出问题所在，分析原因，不断地改进培训工作，提高培训工作质量。培训效果评估是人力资源开发过程中的重要一环，在某种程度上可以说，不进行培训效果评估就等于没有完成人力资源开发过程。

自从 1967 年美国学者柯克帕特里克提出四层次培训效果评估模型后，其他不少研究者也针对该模型的不足提出了自己的评估模型，主要有：考夫曼和凯勒的五层次评估模型，CIRO 评估方法，高尔文的 CIPP 模型和菲力普斯的五级投资回报率模型。

公共部门人力资源培训的方法包括培训方法和新型培训方法。传统培训方法有课堂讲授法、案例分析法、研讨法、自学等；新型培训方法有视听技术法、角色扮演法、公文事务处理训练法、管理游戏法、破冰法和拓展培训等。

培训方法的选择在培训过程中至关重要，它直接关系到公共部门人员培训工作的成败。现代培训方法多种多样，加之不同的培训方法各有利弊，其应用范围也各不相同，这就使得培训方法的选择尤为关键。

关键术语

公共部门人力资源培训与开发　培训需求分析　培训设计
培训实施　培训效果的评估　培训方法

思考题

1. 简述公共部门人力资源培训与开发的含义。
2. 简述公共部门人力资源培训与开发的意义。
3. 公共部门人力资源培训需求分析的内容有哪些？
4. 一份人力资源培训方案包括哪些要素？
5. 简述公共部门人力资源培训效果评估模型。
6. 常用的公共部门人力资源培训方法有哪些？
7. 如何有效地选择公共部门人力资源培训方法？

第 **6** 章 公共部门人力资源绩效管理

引导案例

××省劳动和社会保障厅目标责任制考核实施意见

为全面贯彻落实"学习实践科学发展观"整改重点工作的要求,建立科学有效的考评制度和竞争激励机制,准确地评价各处室、直属单位的工作实绩,调动全体工作人员的积极性和创造性,进一步提高工作效率和服务水平,更好地促进我省劳动和社会保障事业科学发展,特制定本实施意见。

一、考核范围

厅机关各处室,各直属单位。

二、考核内容

目标责任包括"公共目标"和"业务工作目标"两部分,由厅考核小组统一制定,厅长办公室审定。

(一)公共目标

指各处室、单位共同需要完成的目标任务。考核内容包括思想政治建设、作风纪律建设、党风廉政建设、精神文明建设,满分30分。

(二)业务工作目标

指各处室、单位根据全省劳动保障工作目标任务，按照职责分工承担的年度业务工作目标任务。考核内容包括完成年度业务工作目标的任务数量、质量和效果情况，以及工作思路、开拓进取、求实务真、扎实工作，依法行政、服务水平，团结协作、顾全大局，爱岗敬业、工作勤奋等方面的情况，满分70分。

三、考核方法和程序

目标责任制考核结合年终总结和年度考核进行。厅成立目标责任制考核小组，在厅党组领导下，负责全厅目标责任制考核工作的组织实施和检查监督。考核小组由厅机关人事教育处、办公室、机关党委、纪检监察室有关人员组成。

（一）处室、单位述职

在一定范围内召开会议，各处室、单位负责人汇报本单位年度业务工作目标任务完成情况以及思想建设、组织建设、作风纪律建设、廉洁自律等情况，既要肯定成绩，总结经验，又要查找不足，分析原因。

（二）单位互评

各处室、单位根据平时了解掌握的情况和各处室、单位述职情况，按照目标责任制考核标准对各处室、单位进行评价打分。单位互评采取无记名方式进行。

（三）征求各市劳动保障局意见

下发《××省劳动和社会保障厅目标责任制考核征求意见表》，对厅机关处室、有关直属单位，从思想作风、工作作风、服务水平、廉洁自律等方面分别征求意见。与各市没有直接工作联系的厅直属单位不征求意见。

（四）厅领导考评

厅领导根据平时了解掌握的情况和各单位述职情况，按照目标责任制考核标准对各处室、单位进行评价打分。评价打分采取无记名方式进行。

（五）考核小组汇总记分

1. 考核小组将厅领导考评意见（占40%）、各单位互评意见

（占 40%）、各市劳动保障局反馈意见（占 20%）汇总后计算各处室、单位得分（按积分规则，各类分别去掉一个最高分和一个最低分）；没有向各市劳动保障局征求意见的按厅领导考评意见占 50%、各单位考评意见占 50% 计算得分。

2. 计算附加分。各单位年底前将本年度奖惩情况报厅考核小组，考核小组审核后作为加、减分的依据。

（1）加分。处室、单位受到表彰奖励的酌情给予加分。受中央、国务院表彰的加 3 分；主要业务工作受省部级表彰的加 1 分；单项工作受省部级表彰的，工作被劳动和社会保障部召开专门会议推广的，被劳动和社会保障部或省委、省政府以正式文件转发的，在劳动和社会保障部或省委、省政府召开的会议上作典型发言的加 0.5 分。

（2）减分。因某一方面或某项工作受到省部级通报批评或处分的减 5 分，因行政复议案件被上级行政机关撤销或者行政诉讼案件败诉的减 5 分。受到主管部门或单位通报批评或处分的减 3 分；工作人员受到通报批评或受到党纪政纪处分的，所在处室（单位）减 3 分；因行政执法过错引起上访、投诉的减 2 分；工作不力或失误造成较大损失、造成不良影响的，由考核小组提出意见，经厅长办公会研究酌情减分。

减分事项在考核中隐瞒不报的，对责任单位或责任人所在单位加倍减分。

四、考核结果使用

目标责任制考核每年进行一次。基本得分与附加分之和为各处室单位的年终考核总得分。考核结果经厅党组审定后，将处室、单位按得分高低分别排名。

目标责任制考核结果作为确定年度先进集体和向上级推荐先进集体的主要依据。

附件：1. 目标责任制考核公共目标考核标准
2. 目标责任制考核业务工作目标考核标准

附件 1　　　　　　目标责任制考核公共目标考核标准

项目 30分	内　容	评分标准			
		很好	较好	一般	较差
思想组织 建设9分	1. 领导班子成员有强烈的责任心、事业心，认真贯彻执行党的路线方针政策，团结协作，形成合力 2. 坚持政治理论学习制度，落实党支部"三会一课"制度 3. 积极参加各种学习教育活动，思想政治工作扎实有效	8~9分	6~7分	3~5分	0~2分
作风纪律 建设7分	1. 坚持政务公开，按照承诺高标准完成工作 2. 根据工作需要，经常深入实际、深入基层、深入群众调查研究、指导工作，解决问题 3. 严格遵守国家的法律法令，遵守党规党纪，自觉执行各项规章制度	6~7分	6~7分	6~7分	6~7分
党风廉政 建设7分	1. 积极组织党风廉政建设和反腐倡廉的学习教育活动 2. 联系实际认真落实党风廉政建设责任制 3. 自觉遵守廉洁自律的各项规定，不接受可能影响执行公务的礼金、礼品、有价证券和宴请	6~7分	4~5分	2~3分	0~1分

续表

项目 30分	内　容	评分标准			
		很好	较好	一般	较差
精神文明 建设7分	1. 认真落实"文明机关"、"文明单位"的有关要求 2. 文明办公，热情服务 3. 办公场所整洁有序 4. 积极参加捐助、义务劳动等社会公益活动 5. 艰苦朴素，厉行节约，爱护公共财产	6～7分	4～5分	2～3分	0～1分

附件2　　　　　　**目标责任制考核业务工作目标考核标准**

项目 70分	内　容	评分标准			
		很好	较好	一般	较差
工作思路 清晰、勇 于开拓创 新12分	1. 能够科学理解把握上级有关政策精神 2. 按照科学发展观和构建和谐社会要求，制定符合实际的工作思路和切实可行的措施 3. 对分管业务工作的基本情况、主要问题和在全国的位次心中有数 4. 根据上级有关要求，结合工作实际，主动地、创造地开展工作	10～12分	7～9分	4～6分	0～3分
求真务实、 扎实工作 12分	1. 联系实际贯彻上级指示、党组决议，不照搬照抄 2. 注重抓落实，工作有部署、有检查、有总结，不留死角 3. 召开会议，下发文件，开展活动有内容、有目的、有成效	10～12分	7～9分	4～6分	0～3分

续表

项目 70分	内　容	评分标准			
		很好	较好	一般	较差
依法行政服务水平高12分	1. 拟定的文件严谨、规范、有针对性，政策性、可操作性强 2. 依法行政，工作效率高，按照规定程序和要求完成工作任务 3. 工作人员熟悉负责的业务工作和政策，能及时准确地解释处理问题 4. 能够及时发现并解决问题	10～12分	7～9分	4～6分	0～3分
团结协调顾全大局11分	1. 全体工作人员团结协作，形成干事创业的良好氛围 2. 在安排工作，人财物调配等方面顾全大局，局部利益服从全局利益 3. 积极主动协调内外部关系，争取上级或有关部门支持，支持配合其他处室单位的工作	9～11分	6～8分	3～5分	0～2分
爱岗敬业工作勤奋11分	1. 以工作和事业为重，思想稳定，工作安心 2. 吃苦耐劳，乐于奉献，圆满完成工作任务，不计得失 3. 遵守工作制度和办公秩序	9～11分	6～8分	3～5分	0～2分
完成季度工作目标任务12分	1. 根据厅党组总体部署，年初制定完整合理的目标任务和措施 2. 较好地完成全年的目标任务	10～12分	7～9分	4～6分	0～3分

资料来源：2009 年某省劳动和社会保障厅内部资料。

案例讨论

1. 公共部门绩效管理的组织实施机构及其职责。

2. 公共部门绩效考核的程序包括哪几个步骤。

3. 公共部门绩效考核的意义有哪些。

6.1 公共部门人力资源绩效管理概述

绩效概念最初源于企业的管理，20 世纪初最早由美国政府机构引入公共部门。1928 年成立的美国全国市政标准委员会在公共部门绩效测量的操作与方法层面进行了积极的实践性探索；1938 年克拉伦斯·E. 里德利和赫伯特·西蒙的经典著作《市政活动的测量》，为公共部门绩效评估提供了巨大的理论动力与指导。

绩效管理进入公共部门后，最初仅仅应用于财务管理领域。20 世纪六七十年代后，逐渐向公共产品以及所承担的公共责任转变。20 世纪 80 年代初欧美国家掀起的、以提高公共绩效为核心的新公共管理运动促使公共部门人力资源绩效管理在世界各国广泛兴起。在新公共管理活动中，绩效评估作为一种克服官僚主义、改进公共部门绩效的有效工具，在西方发达国家逐渐推广，并变得普及、规范和技术化。绩效评价的重点也从经济、效率转向了效益和顾客满意，公共部门的服务质量日益受到关注。

6.1.1 公共部门绩效与效率的区别

绩效的概念最早提出是在企业当中，在管理主义思想的影响下，"绩效"逐渐代替了"效率"这一概念。在公共部门语境下，不同的学者对于绩效的含义有不同的理解。

刘旭涛认为："绩效可以理解为，系统表征管理领域中的成就和效果的一种概念和工具。"[①]

方振邦认为，理解绩效应注意以下三个方面：绩效是一个过程的概念，它

[①] 刘旭涛：《政府绩效管理——制度、战略与方法》，机械工业出版社，2003 年第 3 页。

与评价的过程相联系；研究绩效问题必须考虑时间因素；绩效反映在行为、方式和结果三个方面。①

尤孝云等认为，绩效是指"从过程、产品和服务中得到的输出结果，并能用来进行评估和与目标、标准、过去结果以及其他组织的情况进行比较。"

卓越对绩效和效率这两个概念进行了详细的分析，他指出绩效是一个与效率有联系又有区别的概念。首先，效率是传统行政管理的核心命题，是政府如何管好自身的内部机制，通过组织、领导、人事、体制等体现出来；绩效也注重公共管理的内部机制，但更关注公共部门与社会、公民的关系，以社会、公民的满意评价为最终标准。其次，效率讲求投入与产出的比率关系，具有明显的数量特征；绩效不仅要求数量指标，而且重视质量品位。再次，效率是一个经济概念，注重节约成本；绩效不单单是一个经济范畴，还具有伦理、政治的含义。最后，效率提高主要依靠制度规范等刚性机制，而绩效还要涉及管理作风、管理态度等柔性机制。②

可以说，效率是一个单向度的概念，而绩效却是一个综合性的范畴。公共绩效可以定义为公共部门在积极履行公共责任的过程中，在讲求内部管理与外部效应、数量与质量、经济因素与伦理政治因素、刚性规范与柔性机制相统一的基础上，获得的公共产出最大化。正如美国行政学家英格拉姆所说："有许多理由说明为什么政府不同于私营部门。最重要的一条是，对许多公共组织来说，效率不是所追求的唯一目的。比如，世界上许多国家中，公共组织是'最后的依靠'。它们正是通过不把效率置于至高无上的地位来立足于社会。"③

6.1.2　绩效管理的概念

在范畴的扩展方面，绩效理念最初在公共部门的确立体现在财政预算或公共项目等方面的评估。从 20 世纪 80 年代后期开始，绩效评估不再单独使用，

---

① 方振邦等：《关键绩效指标与平衡记分卡的比较研究》，《中国行政管理》，2005 年第 5 期第 82 页。

② 卓越：《公共部门绩效评估初探》，《中国行政管理》，2004 年第 2 期第 71 页。

③ 英格拉姆：《公共管理体制改革的模式》，国家行政学院国际合作交流部，1998 年第 62~63 页。

而是出现了系统性的绩效管理。绩效评估被纳入绩效管理的框架中，并被视为绩效管理的中心环节和关键要素。

在此，借鉴厦门大学卓越老师的定义，绩效管理通常是指公共部门在积极履行公共责任的过程中，在讲求内部管理与外部效应、数量和质量、经济因素与伦理政治因素、刚性规范与柔性机制相统一的基础上，为获得公共产出最大化的过程①。

绩效管理是一个管理系统，它通常由三个部分组成，即：①绩效界定；②绩效考评；③绩效反馈。其中，绩效界定要说明的是哪些绩效对组织来讲是重要的；绩效考评则是根据对组织来讲具有重要性的绩效内容，运用一定的技术方法来衡量和评价员工在这些方面到底做得怎么样；绩效反馈则是向员工——被考评者提供绩效考评信息，以便与他们共同讨论达成这种绩效的原因，设计绩效改进计划，并提出下一阶段的绩效目标，协助员工为达到这一新的工作绩效而努力。绩效考评只是绩效管理的一个环节。

6.1.3 绩效管理的目的

通常，绩效管理有下述几个主要目的。

1. 为实现组织的战略目标的目的

对任何组织来讲，组织的战略目标是且永远是组织各种管理的归宿和终极目标。绩效管理，作为一个与达成组织战略目标密切关联的管理系统，通过界定为实现组织战略目标所需要的结果、行为以及员工的个人特征，进而将这些结果、行为和特征与绩效测评系统和反馈系统相结合，来引导和激励员工最大限度地展现这些特征和从事这些行为，通过员工个人预期绩效结果的达成，来最终实现组织的整体目标。

2. 为达到组织的管理目的

在现代组织中，组织的管理目的往往是多元的，如薪酬管理决策、加薪决策、晋升决策、保留—解雇决策以及员工职业生涯规划设计，等等，在这些管理决策中，都要用到绩效管理信息，以便提高决策活动的有效性。而在现实中，作为绩效信息来源的多数管理者则将绩效管理活动视为一个为履行自己工

---

① 卓越：《公共部门绩效管理》，福建人民出版社，2004 年。

作职责而不得不经过的令人烦恼的工作环节，执行中不认真负责、不认真对待，往往视绩效考评和绩效管理为儿戏，为简化环节而为所有员工均打高分，或者搞"轮流坐庄"，你好我好大家好，为考评而考评，结果，绩效管理难以发挥其应有的作用。

3. 为进行员工培训和人力资源开发的目的

绩效考评和绩效反馈是发现并指出员工所存在的弱点、不足及其原因的有效方法。而通过与员工面对面地讨论其绩效不佳的原因，还可帮助员工找出好的解决办法。如果导致绩效不佳的原因是知识欠缺和技能不足方面的，则可通过培训和开发的手段加以改进和提高。

4. 为在公共组织及其管理者与员工间搭起沟通的桥梁，改善公共组织内部关系的目的

在绩效考评结束后，主管人员与员工间通过在良好关系基础上的绩效面谈或沟通，不仅能够帮助员工及时改进个人绩效，而且能够解除彼此间的误会，弱化甚至消除员工与管理者乃至组织间存在的矛盾，有助于建立起彼此间信任和相互理解的关系，这对提高公共组织的凝聚力和竞争力是十分必要的。

5. 为组织进行岗位调配、人员升降、实施员工奖惩、确定薪酬的目的

通过科学的、全面的、严格的绩效管理，可以从中发现哪些员工更加适合哪些职务或职位，从而根据组织的需要予以调配和升降；且根据绩效考评的结果来奖励员工，不但能使员工感到公平和心服，其工作积极性、主动性和创造力也会随之增强，而且也是执行奖惩的依据，是纠正员工行为、提高员工工作绩效的不可或缺的手段；根据员工的绩效来计发薪酬，体现出按劳分配、多劳多得的分配原则，能充分调动员工的积极性。

6.1.4 公共部门绩效管理的原则

1. 实事求是原则

实事求是原则是绩效评估中必须遵循的根本原则。只有实事求是，才能给予被评估者恰如其分、客观公正的评价，真正做到知人善任，使绩效评估成为激励员工奋发向上的有效手段。

2. 客观公正原则

客观公正原则是贯穿整个绩效管理全过程的重要原则。所谓客观，是指在对公职人员进行绩效考核的过程中，必须注重事实、注重调查研究，不以偏概全，要全面真实地反映公职人员的政治、业务和工作情况，并对其实事求是地作出评价。所谓公正，是指对公职人员进行考核的时候严格按照既定的标准和程序进行考核。考核客观公正，才能使考核结果符合公职人员的实际情况，从而给人力资源管理的其他环节提供确切的科学依据。

3. 民主公开原则

民主公开是指在员工绩效评估中要扩大群众参与度，增加评估工作的透明度。《国家公务员暂行条例》明确规定："年度考核先由个人总结，再由主管领导人员在听取群众意见的基础上写出评语、提出考核等次的意见，经考核委员会或者考核小组审核后，由部门负责人确定考核等次"，"对担任国务院工作部门司局级以上领导职务和县级以上地方各级人民政府工作部门领导职务的国家公务员的考核，必要时可以进行民意测验或民主评议"。坚持民主公开原则，有利于员工正确评价自己和他人的工作表现和工作实绩，有利于开展合作性竞争，有利于促进各级领导干部的思想作风建设，有利于加强绩效评估中的群众监督，有利于密切人际关系。

4. 严格准确性原则

考核过程必须严格、准确。考核的结果如果不严格、不能反映被考核人的实际情况，则考核就会失去意义。轻者挫伤工作人员的积极性，重者还会造成人际关系的紧张，甚至造成人才流失。在实际考核过程中，要把组织的目标、考核的标准、工作分析等与考核的实际内容紧密联系起来。为达到考核的严格准确，要做到以下几点：

（1）考核制度要严格。要制定严格、严密的考核规章制度和实施细则，包括考核的时间、主体、类型、周期等，并严格加以执行。

（2）考核标准要科学。在进行评估前必须制定一整套与工作有关的、切实可行的、科学的绩效评估标准。一般而言，绩效评估标准要严密、合理、客观，要能涵盖公共部门人力资源的绩效，且标准的制定符合以下几个条件：符合信度和效度标准，客观全面、一致性、软指标和硬指标相结合。这套标准不仅要公之于众，而且还要记录在案，并规定使用年限。

（3）考核方法要科学。对公职人员的绩效考核的方法很多，应该根据考核对象和考核内容的特点进行选择，对诸多方法可以综合运用，但是注意要有所侧重。不管采用哪种方法，其宗旨都在于达到考核的客观性、正确性。

5. 立体考核原则

立体考核，也叫多面考核，就是运用多种方式，从多层次、多角度、全方位进行考核。具体内容包括领导评价、同级评价、下级评价和自我评价等。这既有定性考核，又有定量考核；既有上级考核，又有下级考核；既有同级考核，又有自我考核；既有本单位人员的考核，又有外单位人员的考核。坚持立体考核原则，有利于达到绩效评估客观公正的目的。

6. 可行性原则

这里的可行性一词主要有两方面的意思，一是考核工作能够组织和实施，考核成本控制在可接受的范围内；二是考核标准、考核程序和考核主体能得到被考核者的认同。我们知道，在进行绩效考核的时候，总是存在着经费的限制，不可能离开可行性这个原则去追求尽善尽美的考核方式。此时，选取一种合适的考核方式就变得至关重要。

7. 定性和定量评估互补与结合的原则

对工作人员工作情况的测量与评定二者间不仅具有统一性，还具有互补性。评估过程中工作人员工作的数据虽然能够说明一定的问题，但仍具有局限性。评定可以对这些数量的结构和价值加以解释，从而赋予这些数据以重要的意义。在进行工作评定时，对于一些简单的工作，较易于进行定量的测量，而一些层次较高的创造性工作，应该更多地给予定性的质量评定。从我国和其他国家公共部门考核过程的经验来看，要使得考核工作真正取得效果，必须走定性和定量相结合的路子，在二者的互补中解决这个问题。

8. 公平原则

从某种意义上讲，绩效考评中的公平原则是对客观公正和民主公开原则的扩展和进一步强调。所谓公平，是指在绩效考评的各个环节均应尽可能做到不偏不倚，一碗水端平。绩效考评中的公平通常包含三方面含义：一是过程公平。所谓过程公平，是指在绩效考评过程中，从考评指标体系建立、权重确定到资料收集、分析和绩效评定，始终应保证客观公正、民主公开，不偏不倚。二是结果公平。所谓结果公平，是指在运用某一绩效考评系统进行员工绩效考评时，应确保实际高绩效员工能获得高绩效的评价结果，而实际低绩效员工则获得较低的绩效评价结果，同时高绩效与低绩效间应拉开一定距离。三是人际公平。所谓人际公平，是指在绩效考评过程中，应始终本着客观公正、一视同仁、不偏不倚的原则和标准来对待所有被考评者，既不搞打击报复，也不拉帮结派，能够比较好地处理公与私、个人情感与员工绩效间的关系。公平原则是保证公共部门员工绩效考评有较高满意度的重要原则。

9. 注重实绩原则

注重实绩也就是要重视对被考评者实际工作表现和工作业绩，包括工作数量和质量、工作难易程度、工作效率或效益和工作表现等的考评。我国公务员法第五章第 33 条规定："对公务员的考核，按照管理权限，全面考核公务员的德、能、勤、绩、廉，重点考核工作实绩。"工作实绩是公共部门对其人员实施奖惩及职务升降的主要依据。注重实绩原则体现了择优用人、高绩高薪的现代管理理念。

10. 对事不对人原则

对事不对人原则是现代人力资源管理对员工绩效考评提出的基本要求，同时也是指导公共部门绩效考评的基本原则。对事不对人是指公共部门员工绩效考评的对象是任职者所任职位或职务的职责和任务完成得怎么样以及任职者在工作过程中的行为表现如何，而不是员工本身，这是员工绩效考评与员工素质测评的显著差别之一。而在实际操作过程中，一些组织或部门往往不能很好地贯彻这一原则，把员工绩效考评的关注点放到对员工本身的考评上，在考评时对员工品头论足，不仅挫伤了员工的工作积极性，而且导致了不必要的矛盾和冲突，绩效考评不仅没有起到凝聚人心、激发员工士气、提高组织或部门员工满意度的作用，反而成了个别领导打击报复"异己者"的工具，引起员工的极大不满。对事不对人原则将员工与其任职时的工作表现区别开来，抓住了员工绩效考评的关键，既有利于绩效管理效率的提高，也有利于员工绩效改进及其自身发展。

6.2　公共部门人力资源绩效评估指标体系

6.2.1　评估的类型

从不同的设定角度，按照不同的界定标准，公共部门绩效评估可以分为不同类型。

（1）按照评估指标可比性，可分为通用指标评估与业绩指标评估。通用指标指的是在公共部门范围内，至少是在政府组织范围内，各个部门、各个组织有一个统一的评估指标体系。业绩指标是指每一个特定的政府组织根据自身的职能要求设定的特定的指标。

（2）按照评估内容，可分为综合指标评估与单项指标评估。综合指标是指对某个政府组织的职能进行全面的指标设定；单项指标是指对某个政府组织的某一项或某几项特定职能进行指标设定。综合指标和单项指标评估涉及的评估对象既可以是单个政府组织，也可以是某几个政府组织，还可以是一定层级范围内所有的政府组织。

6.2.2　绩效评价的指标分类

1. 工作业绩评价指标、工作能力评价指标和工作态度评价指标

根据绩效评价的内容分类，绩效评价的内容包括工作业绩评价、工作能力评价、工作潜力评价和工作态度评价四类。但是，对于工作潜力的评价往往都是根据工作能力进行推断的。因此，我们这里把绩效评价的内容分为工作业绩评价、工作能力评价、工作态度评价三类。

（1）工作业绩评价指标。所谓工作业绩，就是员工工作行为所产生的结果。对业绩的考核结果直接反映了绩效管理的最终目的，即提高组织的绩效以实现既定的目标。在设计工作业绩评价指标时，可以将业绩具体化为完成工作的数量指标、质量指标、完成率、控制率、工作效率指标和成本费用指标。

（2）工作能力评价指标。工作能力包括领导能力、沟通能力、客户服务能力等，根据不同序列和层次会有不同，工作能力评估着眼于关注未来，但这些指标的改变往往不是短期内可以提高的。在设计绩效评价指标体系时，加入工作能力的评价指标才能真正反映出员工的整体绩效。

（3）工作态度评价指标。工作态度包括工作积极性、热情、责任感、自我开发等较抽象的因素。众所周知，不同的工作态度会产生截然不同的工作结果。但是，工作态度的评价因素除了主观性评价之外，却没有更好的评价方法。

2. 德、能、勤、绩划分法

"德"决定了一个人的行为方向、行为的强弱以及行为的方式等。"德"的标准不是抽象的，不同时代、行业和层次对德有不同的标准。"能"一般包括动手操作能力、认知能力、沟通协调能力、组织指挥能力以及决策能力等。不同的职位对不同能力的要求各有侧重。"勤"在这里主要指一种工作态度，它主要体现在员工的日常工作表现上，如工作的积极性、主动性、创造性、努力程度以及出勤率等。"绩"在这里包括工作完成的效益、效率等。对"绩"的考评应是组织绩效考评工作的重点。

3. 任务指标、职责指标和能力指标

任务指标是指在考评期内被考评人的关键工作或重要任务的完成情况。例如，对于技术人员可以是考评期内的新技术的研究开发任务。对于考评期内没有关键任务的员工，可以将考评的重点放在职责指标和能力指标上。职责指标实质上是组织关键绩效指标的分解，即把一个大指标分解成多个小指标。指标的分解过程是递进的，直到有较为客观的可操作性强的具体指标为止。能力指标则是基于能力是员工个人的产出、效率或行为的基础而设置的，实质上是一种人员的素质测评体系。

4. 软指标和硬指标

（1）硬指标。所谓硬指标指的是那些可以统计数据为基础，把统计数据作为主要评价信息，建立评价数学模型，以数学手段求得评价结果，并以数量表示评价结果的评价指标。

使用硬指标进行绩效评价能够摆脱个人经验和主观意识的影响，具有相当的客观性和可靠性。当处理硬指标的评价结果时，如果需要完成复杂或多变的计算过程，还可借助电子计算机等工具来进行，并能够有效地提高评价的可行性和时效性。

但是，当评价所依据的数据不够可靠，或者当评价的指标难以量化时，硬指标的评价结果就难以客观和准确了。另外，硬指标评价的过程往往较为死

板，在评价的过程中缺少人的主观性对评价过程的影响，一方面是评价结果具有客观准确性的原因，另一方面也产生了缺乏灵活性的弊端。毕竟统计数据本身并不能完全说明所要评价的事实情况。

（2）软指标。软指标指的是主要通过人的主观评价方能得出评价结果的评价指标。在行为科学中，人们用专家评价来指代这种主观评价的过程。所谓专家评价就是由评价者对系统的输出作出主观的分析，直接给被评价对象进行打分或作出模糊评判（如很好、好、一般、不太好、不好）。这种评价指标完全依赖于评价者的知识和经验来作出判断和评价，容易受各种主观因素的影响。所以，软指标的评价通常由多个评价主体共同进行，有时甚至由一个特定的集体共同作出一个评价结论，以彼此相互补充，从而产生一个比较完善的结论。

之所以将软指标评价称为专家评价，是因为这种主观评价在客观上就要求评价者必须对所要评价的对象所从事的工作相当内行，能够通过不完整的数据资料，在利用大量感性资料的基础上看到事物的本质，作出准确的判断。

运用软指标的优点在于，这类指标不受统计数据的限制，可以充分发挥人的智慧和经验。在这个主观评价的过程中往往能够综合更多的因素，把问题考虑得更加全面，避免或减少统计数据可能产生的片面性和局限性。另外，当评价所需的数据很不充分、不可靠或评价指标难以量化的时候，软评价能作出更有效的判断。因此，能够更广泛地运用于评价各种类型的员工。随着新科学的发展和模糊数学的应用，软指标评价计数获得了迅猛的发展。通过评价软指标并对评价结果进行科学的统计分析，我们能够将软指标评价结果与硬指标评价结果共同运用于各种判断和推断，以提高绩效评价结果的科学性和实用性。

但是，软指标同时也具有不可忽视的弱点。对软指标进行评价的结果容易受评价者主观意识的影响和经验的局限，其客观性和准确性在很大程度上取决于评价者的素质。对软指标进行评价得出的评价结果往往缺乏稳定性，尤其在民主气氛不足的环境中，个人专断性的主观判断经常造成严重的不公平，引起被评价者对评价结果的强烈不满。

（3）硬指标和软指标的结合。在实际评价工作中，我们往往不会是单纯使用硬指标或软指标进行评价，而是将两种方法的长处加以综合应用，以弥补各自的不足。在数据比较充足的情况下，以硬指标为主，辅以软指标进行评价。在绩效评价中，对于硬指标的评价往往也需要一个定性分析的过程。因此，我们在建立指标体系的时候，应尽量将指标量化，收集相关的统计资料，提高评价结果的精确度。同时还要考虑评价对象的具体情况，将硬指标和软指标的评价技术有效地结合起来使用。

绩效评价中人们更多地使用的是软指标的评价方法，人的主观判断在很大程度上影响着绩效评价的结果。需要注意的是，软指标和非量化指标并非一个概念。软指标和硬指标的区分强调的是评价方式上的区别，而量化指标和非量化指标则强调评价结论在表现方式上的区别。我们可以进一步认为，绩效评价中人们更多地使用软指标的评价方法来对各种量化指标和非量化指标进行评价。至于量化指标和非量化指标的区分，在此不予赘述。

5. "特质、行为、结果"三类绩效评价指标

通常，人们在设计绩效评价指标时主要有三种思路，即"特质、行为和结果"。通常综合运用这三类指标进行绩效评价指标体系的设计，是一种较为常见的方式，如表6-1所示。

表6-1　　　　　　特质、行为、结果三类绩效指标比较

	特　质	行　为	结　果
适用范围	适用于对未来的工作潜力作出预测	适用于评价可以通过单一的方法或程序化的方式实现绩效标准或绩效目标的岗位	适用于评价那些可以通过多种方法达到绩效标准或绩效目标的岗位
不足	1. 没有考虑情景因素，通常预测效度较低 2. 不能有效区分实际工作绩效，员工易产生不公正感 3. 将注意力集中在短期内难以改变的人的特质上，不利于改进绩效	1. 需要对那些同样能够达到目标的不同行为方式进行区分，以选择真正适合组织需要的方式，这一点是十分困难的 2. 当员工认为其工作重要性较小时意义不大	1. 结果有时不完全受被评价对象的控制 2. 容易诱使评价对象为了达到一定的结果而不择手段，使组织在获得短期效益的同时丧失长期效益

注：改编自杨杰、方俐洛、凌文辁：《对绩效评价的若干基本问题的思考》，《自然辩证法通讯》，2001年第2期。

170

有些西方学者指出，在这三类绩效评价指标中选择的最好方式就是：将评价指标名称冠以"特质"的标签，评价指标的定义和尺度则采用行为导向和结果导向相结合的方式。

6.2.3 指标体系设计的原则

一般来讲，一套科学、有效的绩效考评指标应该符合以下基本原则：

（1）绩效指标应能明确而具体地反映员工的绩效内容，简明易懂，既不能模棱两可，让人难以把握，也不能过于抽象，让人感到费解。

（2）绩效指标所代表的内容应能通过数量、质量或行为强度得到反映，即绩效指标是可以衡量的。

（3）绩效指标具有可实现性，是可以通过工作行为和工作业绩加以体现的。

（4）绩效指标应该具有可观察性和可证明性，既不是假设性指标，也不能是那些不可观察或证明的指标。

（5）绩效指标应该具有时效性特点，能够体现公共部门员工工作的效率。

（6）绩效指标体系中的各指标或指标群应具有明确的考评界限，应尽可能避免多个指标考评内容的相互交叉或重复。

6.2.4 建立以 KPI 为核心的绩效指标体系

1. 关键绩效指标体系及其类型

关键绩效指标（Key Performance Index，KPI）是用来考评或管理被考评者主要绩效的可量化或可行为化的标准。可量化与可行为化是筛选关键绩效指标的基本标准。一般来讲，关键绩效指标就是对组织战略目标有增值或起决定性作用的绩效指标，它是连接个体绩效与公共组织战略目标的桥梁。通过在关键绩效指标上达成承诺，公共部门员工与其领导可以进行工作期望、工作表现和未来发展等方面的沟通，也就是说，关键绩效指标还是公共组织进行绩效沟通的基本方面。

基于组织战略导向的 KPI 指标体系实际的基本程序为：确立组织目标，例如要提高公共部门服务的效率等；确立组织业务重点，例如要保证公共部门服务的质量和及时性等；确立组织关键绩效领域，例如对公民投诉的处理等；确立关键绩效指标，例如对公民投诉处理的周期等；各级部门、岗位关键绩效指标分解与汇总。表 6-2 列出了关键绩效指标体系与一般绩效指标体系的区别。

表 6-2   关键绩效指标（KPI）体系与一般绩效指标体系的区别

	关键绩效指标（KPI）体系	一般绩效指标体系
假设前提	假定人们会采取一切必要行动努力达到事先确定的目标	假定人们不会主动采取行动以实现目标；假定人们不清楚应采取什么行动以实现目标；假定制定与实施战略与一般员工无关
考评目的	以组织战略为中心，指标体系的设计和运用是为达成组织战略目标服务的	以控制为中心，指标体系的设计和运用来源于控制的意图，为更有效地控制员工的行为服务
指标的产生	在组织内部通过自上而下地对组织战略进行层层分解后产生	通常是自下而上根据个人以往的绩效和目标而产生的
指标来源	基于组织战略目标和竞争要求的各项增值性工作或具有决定性作用的工作	来源于特定的程序，即对过去行为和绩效的修正
指标构成及其作用	通过财务与非财务指标的结合，来体现关注短期效益、兼顾长远发展的原则；指标本身不仅传达了结果，也传递了产生结果的过程	以财务指标为主，非财务指标为辅。注重对过去绩效的评价，且指导绩效改进的出发点是过去的绩效存在的问题，绩效改进行动与战略需要脱钩

资料来源：付亚和，许玉林编著：《绩效考核与绩效管理》，电子工业出版社，2004 年第 80 页。

通常，关键绩效指标有四种类型：数量型、质量型、成本型和时限型。数量型关键绩效指标，也就是可以通过数量多少来描述的那些关键指标，如产量、利润等。质量型关键绩效指标则指用来描述员工工作"做得怎么样"的那些关键指标，如破损率、独特性、准确性等。成本型关键绩效指标是用来反映成本消耗情况的关键指标，如单位产品或服务的成本等指标。时限型关键绩效指标反映的则是时间概念或效率意识，如及时性、某事项完结耗时等指标。不同类型指标反映员工工作绩效的不同侧面，应尽可能结合起来使用。

2. 不同的绩效指标对应不同的绩效考评标准

绩效指标与绩效标准是对应的。绩效指标说明的是从哪些方面对工作绩效和工作表现进行衡量，解决的是需要"考评什么"的问题。绩效标准指的是员工在各个指标上分别应达到什么样的水平或程度，解决的是员工在其现任职岗位上"做得怎么样"或"完成了多少"的问题。

在设定绩效指标时，一般需考虑两类标准：基本标准和卓越标准。所谓基本标准，是指公共组织期望员工达到的绩效水平，这一标准是每个员工经过努力都能达到的。基本标准的作用在于判断被考评者的绩效是否能满足公共组织的基本需要，它是绩效工资颁发的重要依据。卓越标准是指公共组织未对被考评者要求的、但有可能达到的绩效水平。卓越标准是并非每个员工都能达到的标准，只有其中一小部分人可以达到，通过设定卓越标准可以引导员工树立更高的努力目标。卓越标准是没有上限的。卓越标准是颁发奖金、分红乃至职位晋升等的重要依据。

3. 运用关键绩效指标进行绩效考评时经常遇到的问题

在对关键绩效指标进行审核时，往往会发现在设定绩效指标时经常出现的问题，如表 6-3 所示。

表 6-3　　　　　　　　绩效考评指标设计时常见的问题及其解决办法

常见问题	问题举例	解决或纠正办法
错误的增值	• 对于一个为客户提供特定服务的被考评者，没有任何工作产出能表明使客户满意的结果是什么	• 增加缺失的产出性指标 • 删除与工作目标不符的工作产出 • 识别这些活动的结果对组织的增值贡献，并把这些指标作为增值产出
描述工作产出的项目过多	• 列出了很多项反映工作产出的指标	• 合并同类项，把一些工作产出归并到更高层的类别中去
绩效指标无法被证明或考评	• 考评工作质量 • 与其他个体或团队发生关系的行动	• 决定谁可对该项工作结果进行质量判断 • 识别出考评者作出判断的关键因素，列举出考评者通过观察到哪些行为来说明绩效达到期望的标准

续表

常见问题	问题举例	解决或纠正办法
考评指标不够全面	• 对某项工作产出可以从数量、质量和时限等几个方面进行衡量，而在关键绩效指标中仅给出了数量指标和标准	• 设定针对各个方面的全面的绩效考评指标
对绩效指标的跟踪和监控耗时过多	• 在电话铃响第三次之前接听电话 • 正确回答客户问题的比率	• 采用抽查的方法跟踪被考评者行为 • 如果跟踪"正确率"比较困难，则可跟踪错误率
绩效指标缺乏超越的空间	• 绩效标准中使用"零错误率"、"100%"、"从不"、"总是"、"全部"等	• 如果100%正确的绩效标准确实必须达到，就将其保留；否则，就应修改绩效标准，以留下可超越标准的空间

资料来源：付亚和，许玉林编著：《绩效考核与绩效管理》，电子工业出版社，2004年第96~97页。

另外，在进行关键绩效指标设计时，还经常会遇到下列问题：

（1）绩效考评结果不很清晰。这是公共组织绩效考评指标设计时经常会遇到的问题。因为对公共部门来讲，绩效结果经常是无形的，不像生产性企业那样容易确定，从而给绩效指标和考评标准的设计带来了很大困难。

（2）有些时候，即便已经知道了员工的绩效应该从哪些方面去衡量，但仍不知道怎样去衡量。因为不是所有绩效都是可以通过具体数字来衡量的，实际中经常会遇到"创造性"、"责任心"这类不易量化的指标。

（3）团队组织在公共部门中作用的增大，使团队绩效考评变得越来越重要，然而，团队通常是由许多个体组成的，而团队又往往是跨部门的，对绩效的考评既要考评团队，又要考评绩效，这就使得绩效指标设计及绩效考评工作变得复杂起来。如何避免指标设计中团队绩效指标与个体绩效指标的冲突，是绩效指标设计中一项颇具难度的工作。

（4）不注重关键绩效指标的审核，从而造成绩效指标和绩效标准与组织目标不一致，或者难以落实操作。关键绩效指标设计实际上是一个反复修正的过程，它必须随着公共组织战略目标的变化而不断变化。在实际操作中，如果不注意对关键绩效指标体系的认真审核，就很可能导致关键绩效指标和绩效标准与公共组织战略目标不一致的问题，绩效考评对组织战略目标的实现难以起到强有力的助推作用。

6.3　公共部门人力资源绩效评估技术与方法

6.3.1　选择绩效评估方法的原则

绩效评估有很多种方法，各有利弊，况且每种方法都有其特定的使用范围，在绩效评估实践中，不存在一种完美无缺的评估方法。美国人力资源专家韦恩·卡恩曾经指出："绩效评估过程是一个同时包含人和数据资料在内的对话过程。这个过程既涉及技术问题，又牵连着人的问题。"为客观评价被评估对象，评估组织必须根据实际情况，在评估实践中选择合适的评估方法。

总的来说，合适的评估方法要符合以下几个原则：

（1）最能体现组织的战略目标和评估目的，能对员工的工作起到良好的引导和激励作用。

（2）能比较客观公正地评价员工的工作，减少主观因素带来的缺陷。

（3）实用、便捷、易操作，相对节约成本。

6.3.2　绩效评估的方法

1. 个人判断考核法

个人判断考核法是指由主管领导者个人对下属工作人员的工作进行评价判断的方法。此种方法的优点在于简单易行，部门领导人员对下属较为了解，可以结合工作的实际情况对工作人员加以评价。但这种凭领导者个人印象和经验进行评价判断的方法缺乏客观依据和标准，容易受领导者的个人好恶、主观情绪甚至成见等不利因素的影响。领导者本人水平的高低也直接影响着他对被考核者的评判，这就妨碍了考核结果的客观公正。因此，个人判断考核法与其他方法结合起来使用比较妥当，而不仅仅是以领导者个人的判断作为考核的最终结果。

2. 民意测评法

民意测评法是指由部门工作人员共同参与的考核评价方式。此种方法的步骤是：首先，确定考核要素，每个要素均分为优、良、及格、不及格几个等级，然后制成考核表，由被考核者对自己在一定时期内的工作情况进行归纳总结，汇报并作出自我评价；其次，由部门工作人员填写考核表，根据被考核人的情况和考核表上的考核要素对被考核人员进行逐项评价打分，并给出被评价人的平均分数；最后，由考核机构中的人员对工作人员的评价打分进行汇总，确定被考评人员考评的最后分数和所归入的档次。

此种方法的优点是对被考核人员的评价具有广泛性，使考核结果趋于客观。但这种方法的采用要建立在评价者真正了解工作人员工作情况的基础上，而且要保证进行评价者能够以认真严肃的态度去进行评价。

3. 共同确定法

共同确定法主要用于职称的评定，是由考评小组对申报某职称者是否符合该职称的条件加以评定的方法。具体步骤是：首先，由本人进行述职，由基层学科评价小组根据规定的条件，针对职称申报人的情况进行评议，在此基础上考评小组推荐符合条件者；其次，由学科职称评定委员会根据基层考评小组上报的材料和推荐意见评议投票；最后，由职称评定总委员会审定。该种方法主要是指基层考评小组的审议评定方式，通常基层评定小组由 7~9 名学科专家组成，每人对评议者进行评价打分，然后确定一个平均分数，据之确定是否予以推荐。

4. 关键事件法

关键事件法（critical incident method）是主管对下属与工作相关的优秀事迹和不良行为进行记录，并在考评期内进行回顾考评的一种方法。在运用关键事件法的时候，负责考评的主管人员将每一位员工在工作活动中表现出来的非同寻常的好行为或非同寻常的不良行为记录下来，形成一个书面报告，然后在每 6 个月左右的时间里，主管人员和员工根据所记录的关键事件面对面地讨论、评价员工的工作绩效。

关键事件法强调的是代表最好或最差的关键事迹。关键事迹选定的方法一般包括以下几种：

（1）年度报告法。这种方法的一种形式是一线管理人员保持考评期内员工关键事件的连续记录。年度报告中特别好或特别差的事迹就代表了员工在考评期内的绩效；在考评期内没有或很少记录的员工所做的工作是令人满意的，他们的绩效既不高于也不低于标准绩效。

（2）关键事件清单法。年度报告法可以进一步完善为一个与员工绩效相联系的关键行为的清单来进行绩效考评。这种方法将对每一项工作给出 20 ~ 30 个关键项目。考评者只用简单地检查员工在某一项目上是否表现出众，出色的员工将得到较多的检查记号，一般员工将得到较少的检查记号。在实际运用中，关键时间清单法也常常给不同的项目加以不同的权重，以区分组织对某些项目的重视程度。

（3）行为定位评级法。这种方法是行为考评法与量表评级法的结合，往往用量表对绩效作出评级，并根据关键事件和量表值作出定位。

关键事件法是其他考评方法的一种补充方法，其优点是可以向员工提供其绩效评价结果的确切证据；保证对员工的评价是整个考评期内的全貌，而非近期的表现；动态地对员工的重要事迹进行记录，可以使管理者掌握员工是通过何种途径消除不良绩效的实例等。如果考评者能够长期观察员工的工作行为，对员工的工作情况十分了解，同时也很公正和坦率，那么这种评价方法是很有效的。但是，由于这种方法得到的工作报告是非结构化的，在衡量指标上缺乏统一的规范，而且是对不同员工的不同工作侧面进行描述，无法在员工之间、团队之间和部门之间进行工作情况的比较，因此很容易发生评价误差。另外在采用这种方法时，考评者使用自己制定的标准来衡量员工，员工没有参与的机会，因此不适合于人事决策。

5. 量表法

（1）图解式评定量表法。图解式评定量表法（graphic rating scale）又称图尺度考评法，是工商界和行政管理界最简单、运用最为广泛的绩效考评方法之一。图解式评定量表法实质上是以绩效考评为主，涉及工作行为表现等个人特征内容。其基本步骤是针对每一项评定的重点或考评项目，预先设立基准，包括以不间断分数段的尺度和依据等级间断分数表示的尺度，前者称为连续尺度法，后者称为非连续尺度法。实际运用中，往往以后者为主。然后在进行工作绩效考评时，再针对每一个员工从每一项考评要素中找出最能反映其绩效状况的分数。最后将每一位员工所得到的分值进行加总，即得到了该员工的最终工作绩效考核结果。

图解式评定量表法可实现量化考评，不仅可以对员工的工作内容、责任和行为特征进行考评，而且向考评者展示了一系列被认为是成功绩效所必需的个人特征，如合作能力、适应能力等，并可用最终评分值作为奖金系数，可操作性较强。然而，量表的设计以及量表维度的选用和确定，需要较多的前期工作准备；而且量表不能有效地指导行为及行为改进，即不能清楚地指明员工必须做什么才能得到某个确定的评分。此外，由于多数负面绩效和反馈一般应集中在具体行为上，而非图解式评定量表法所描述的是模糊的个人特征，因此图解式评定量表法往往缺乏一个良好机制以提供具体、建议性的反馈。也有一些人认为，图解式评定量表法所作出的评定只不过是"主观的判断"，并认为这种考评方法不适合于晋升决策，因为在这一过程中可能会存在潜在的偏见。

（2）行为锚定等级评价量表法。行为锚定等级评价量表法（behaviorally anchored rating scale）是一种基于关键行为的评价量表法，它通过对关键事件中特别优良或特别恶劣的行为的等级性量化，从而获得更公平的绩效评价效果的绩效评价方法。行为锚定等级评价量表法的另一字母缩写为 BES，即 Behavioral Expectation Scale。具体来说，绩效评估者为每一项工作开发出一系列可能的标准，然后对每一个等级运用关键事件进行行为描述，因此，它结合了关键事件法和图解式评定量表法的优势。为了满足于工作相关性的效度要求，必须要通过工作分析来证实这些以绩效为导向的描述。

行为锚定等级评价量表法的实施步骤如下：第一步，获取关键事件。要求对该工作比较了解的人员，如工作承担者和一线主管等，通过工作分析对代表优良绩效和不良绩效的一些工作行为或关键事件进行描述。第二步，建立绩效评价等级。从关键事件中提取、采纳出几个有效的绩效因素种类，并对这些要素的内容进行界定。第三步，对工作行为和关键事件进行重新分配。挑选组织中另外的管理人员或专家对原始的工作行为及关键事件进行重新认定，并将两次对工作行为和关键事件的评定种类相同的工作行为和关键事件作为组织最终认定的关键事件。第四步，对认定的关键事件进行评定，以判断这些行为能否有效地代表某一工作绩效要素的标准水平。第五步，建立工作绩效考评体系。对于每一个绩效考评的因素，都建立一个关键事件组，作为个人特征判定的"工作锚"。

行为锚定等级评价量表法具有以下优点：首先，由于给定的关键事件可以为考核者提供判断的直接依据，考核结果比较明确、客观。其次，由关键事件构成的"行为锚"是由工作者与上级共同制定的，因而在评价时容易取得共识，从而取得合理结果。再次，该方法具有良好的沟通效果，减少了因为考评打分理由不明确而引起的纠纷，减少了公职人员对考核结果的异议。最后，公职人员可以对照"行为锚"上的关键事件评价自己的行为，有利于考核反馈和改进工作，从而提高绩效。

然而，这种方法存在以下缺陷。首先，是在考评中使用的行为是定位于作业而不是定位于结果。这就给考评主体提出了一个潜在的难题，即他们不是对必须实现期望目标的员工，而是必须对正在执行作业的员工进行考评。同时，由于典型行为的描述文字数量总是有限的，不可能涵盖被考评者实际中的各种各样的行为表现，而且文字描述常常不能与现实行为表现完全吻合，因此，在实际考评中，考评主体很可能对既定的行为锚定评价量表持有异议，而不严格按照既定的评分标准进行考评，又会影响量表的可信度。

（3）评价量表法。评价量表法是应用最广泛的绩效评估方法。这种方法指在量表中列出需要考核的绩效指标，将每个指标的标准分成不同的等级，每个等级都对应一个分数。考核时，考核主体根据员工的表现，给每个指标选择一个等级，汇总所有等级的分数，就可以得出员工的考核结果。如，评估中级管理人员的工作业绩时，一般设定的评估项目有：政策水平、责任心、决策能力、组织能力、协调能力、应变能力和社交能力等，对每项设立评分标准，划分为几个等级，最后把各项得分加权相加，即得出每个人的绩效评分。

其优点是实现量化评估，且最终评分值可作为奖金系数，操作性强；缺点是量表的设计，尤其是纬度的确定需要花费较多的精力。

6. 比较法

（1）序列法。也称序列评定法或排序法，即对一批考核对象按照一定标准排出一定的顺序。这种方法的优点是简便易行，并具有一定的可信度。其缺点是，考核的人数不能过多，以 5～15 人为宜；而且只适用于考核同类职务的人员，对从事不同职务的人员则无法比较，从而大大限制了应用范围。

序列法在实施过程中主要包括如下步骤：

第一步：拟定考核项目。考核项目的数量和内容，应当根据考核职务的具体状况进行设计。

第二步：评定小组就每项内容对被考核人进行评定，并排出序列。第一名排序为 1，第二名排序为 2，依此类推。

第三步：把每个人各自考核项目的序列相加，得出各自的排序总分数，以总序数最小者为成绩最好，即总体情况的第一名。排序的结果，又分为简单排序和分级排序两种做法。前者是根据序数的多少，从小到大排成第一名到最后一名的排名序列；后者是按序数得分的多少划分为几个等级。

需要指出的是，上述方法是各个项目的简单相加法。由于各个项目有着不同的重要性，更好的做法是将不同的项目确定不同的权重，然后进行加权计算。

（2）交替排序法。交替排序法是一种将最好和最差的员工进行交叉比较的绩效考评方法。在交替排序法中，主管按绩效表现从好到坏一次给出员工排序，这种绩效表现既可以是整体绩效，也可以是某项特定工作的绩效。其操作方法是：第一，将需要进行评估的所有员工名单列举出来，然后将不是很熟悉因而无法对其进行评价的人的名字划去；第二，运用图表来显示：在被评价的某一特点上，哪位员工的表现是最好的，哪位员工的表现又是最差的；第三，在剩下的员工中挑出最好的和最差的。依此类推，直到所有必须被评价的员工都被排列到表格中为止。这种绩效排序比较适用于中小型组织，当组织员工的数量比较多时，以这种方法区分员工绩效就比较困难。

（3）配对比较法。配对比较法（paired comparison method）是一种比交替排序法更为有效的工作绩效考评法。配对比较法的配对比较的次数是 $[n(n-1)/2]$，其中 n 为比较的人数。因此，其配对的工作量较大，往往是用于员工规模较小的组织。其基本步骤如下：第一步，列出员工要素评价对比表。第二步，把每位员工按照所有的评价要素，如工作数量、工作质量以及创造性等，分别与其他员工进行配对比较。第三步，通过双方比较，用符号"＋"表示"优于"，"－"表示"差于"（注意纵向、横向比较的选择）。第四步，把每个员工所得单项"＋"号相加，获得"＋"号最多者，即为单项最好者；把所有单项成绩相加，即为总成绩，即可评出全面最优者。

配对比较法的特点是需要进行多次的比较。如果被考核的对象人数有 n 个，根据排列组合公式，就需要进行 $n(n-1)/2$ 次比较。例如，被考核人数是 5 人，就要做 $n(n-1)/2 = 5 \times (5-1)/2 = 10$ 次比较；被考核人数是 10 人，就有 $n(n-1)/2 = 10 \times (10-1)/2 = 45$ 次比较。

配对比较法的优点是，由于考核者在考核过程中很难判断每个被考核者的最终成绩，因而能克服考核者的主观因素，准确性较高。其缺点是，考核的手续繁琐，工作量较大。

（4）强制分配法。强制分配法（Forced Distribution Method）与"按照一条曲线进行等级评定"的意思相同。为了避免由于大多数员工都得到比较高的等级而没有真正把绩效优秀的员工区分出来，可以使用强制分配的方法，对每个等级的人按比例作出限制。一般来说，各个等级的比例分布应该接近正态分布。例如"杰出"、"很好"、"好"、"需改进"、"不令人满意"五个等级的比例分布按照强制分配法设定如表 6-4 所示。

表 6-4　　　　　　　　　　　　**五个等级的比例分布**

等级	杰出	很好	好	需改进	不令人满意
比例	10%	20%	45%	20%	5%

强制分配法的比例规定只是一个对总体比例的控制，具体到各个部门，可以有一定的上下浮动。采用强制分配法，可以防止滥评优秀人数或被考核者得分十分接近的结果，且比较简单，能明确筛选出绩效低下的员工，对员工有较强的激励和鞭策功能。这种方法的问题在于：不适用于组织规模较小的团体，只适用于规模较大、工种繁多的组织；员工的绩效可能不适合于被分配进设定的等级。如果大部分员工的绩效都比较好，一定要把 30% 的员工归于"较差"或"差"等就不尽合理。

7. 目标管理法

目标管理法（management by objectives）是管理者与每位员工一起确定特定的可检测的目的，并定期检查这些目标的完成情况的一种绩效考评方法。作为目前较为流行的考核方法，是一种综合性的绩效管理方法，而不仅仅是单纯的绩效考核技术手段。目标管理法是由美国著名管理学大师彼得·德克鲁在《管理实践》一书中提出的。德克鲁认为："每一项工作都必须为达到总目标而展开。"衡量一个公职人员是否合格，关键要看他对于组织目标的贡献如何。

目标管理是一个循环系统，其具体内容包括三个方面：主管人员必须根据组织的发展目标，与员工共同制定一套可以量化考评、与组织目标兼容的个人工作目标；定期与员工讨论他们目标的实现情况，并进行必要的帮助和辅导；对预定的工作目标进行评价、反馈与修正，并根据组织新的共同目标确定下一阶段的工作目标。这个循环系统从设定组织共同目标开始，经过循环螺旋上升，最终又回到组织新的共同目标。

目标管理法在实施过程中主要包括如下步骤：

第一步：确定工作职责范围。

第二步：确定具体的目标值。

第三步：审阅确定目标。

第四步：实施目标。这一阶段是目标管理的推进阶段。

第五步：小结。在目标管理预定时间的期末，执行者要提供一份工作完成情况报告，包括所取得的主要成绩、存在的问题、对实际结果与预期结果之间偏差的陈述等。

第六步：考核。运用目标管理方法考核，关键要看公职人员的目标完成情况，要找出达到目标的成功原因或者没有达到目标的失败原因，为下一次制定目标奠定基础。此外，还要制订计划，来帮助公职人员改进下一阶段的工作。

目标管理的优点较多，主要有：评估目标明确，并能有效地结合个人目标和组织目标；体现出高度的民主性；促进良性沟通，加强上下级之间的联系；具有创新导向和不断改进的特征，因而是有生命力的考核方法。但是，它的缺点也是明显的，如某些工作难以设定短期目标因而难以实行该方法；在一些情况下公职人员在设定目标时偏松等。

8. 标尺定位法

标尺定位法是使用一定的衡量尺度，对被考核者的工作情况、业绩以及个人品质进行考察。标尺定位法的基本特点是，注重从事工作的公职人员本人的情况。该方法之所以称为"标尺定位"，是因为它根据工作类别选定公职人员共有的品质或特性，再运用 5 个或 7 个点的等份尺度来对公职人员打分。对于一般公职人员，考核的内容有学习能力、主动性、合作能力、专业知识、技术水平等；对于具有决策职能的公职人员，考核的内容有创造力、计划能力、领导能力、表达能力等。

在实行标尺定位法时，对考核的品质特性名称一定要明确，并应当对其进行简要的书面评述，以达到运用的一致性。标尺定位法中的尺度可以是连续的，也可以是不连续的，位于标尺上的点则指示出相应的分值。考核者将被考核者个人情况与这些特性标准相对比，在这一标尺上认为合适的点上画圈、打分。对所有的特性打分完毕，也就能计算出总分了。由于标尺定位法的方法论依据是"个人与工作标尺进行比较",因而它可以用于对同一单位不同职业类别的公职人员比较。

标尺定位法的优点是:使用者易于理解和掌握;尺度的建立相对容易;如果考核后附有注释,可减少考核误差。标尺定位法的局限是:"品质"因素方面的项目要求考核者必须具备心理学和行为学的知识;考核者必须接受一定的培训才能使用该方法;这种方法不能完全消除考核者的主观成分。

9. 指标法

(1)关键绩效指标法(Key Performance Index,KPI)。关键绩效指标是现代各类组织中受到普遍重视的问题,关键绩效指标考核法又称 KPI 法是指运用关键绩效指标进行信号绩效考评的方法。使用此法的关键是建立合理的 KPI 指标。一般来说,KPI 指标的制定,是通过研究组织内部各种工作流程的情况,找出其中的关键参数,通过对这些参数的衡量,制定评价绩效最重要的若干项绩效指标,这就形成了 KPI 指标。

KPI 法的思路,基于"抓主要矛盾"的"二八原理"。即在一个组织的价值创造中,20% 的骨干人员创造 80% 的价值,而在每一个人员身上,也是 80% 的工作任务是由 20% 的关键行为完成的。因此,应当抓住 20% 的关键行为,对之进行分析和衡量,使之成为有效考评的灵魂。如果试图对公职人员的每一项具体行为都加以考核,不仅操作起来很困难,并且由于主次不分,而无法取得好的效果。

KPI 法在实施过程中主要包括如下步骤:

第一步:由绩效管理部门将组织的整体目标及各个部门的二级目标传达给相关公职人员。

第二步:各部门将自己的工作目标分解为更详细的子目标。进行分解时,尽可能地将每一个目标的内容都指标化、具体化。确立关键业绩指标时,应把握以下三点:一是指标应当简洁明了,容易被执行者理解和接受;二是指标应当可以控制,可以达到;三是指标一般应当比较稳定。

第三步:对关键绩效指标进行规范定义。

第四步:根据考核制度及有关规定由各相应的部门进行考核,得出考核评价结果。对考核评价结果,要应用于工作的有关方面,从而达到改进管理、提高效益的目的。

(2)综合平衡记分卡法(Balanced Scorecard,BS)。平衡记分卡也叫"综合记分卡",是1992年以后产生的一种新的战略性绩效管理系统和方法。平衡记分卡包括财务和非财务的指标两大类。

设定财务类指标即从财务的角度分析,公众或上级部门对我们要求如何?我们如何达成公众的意愿?目标在于从股东利益出发达到投资者设定的财务要求。

客户满意度指标则是一套衡量客户对产品和服务满意程度的评价体系,客户类指标和财务类指标同样具有缺点,即反映的是组织过去的绩效,同属"滞后类"指标。

内部营运类指标指对组织在高层次实现其业务流程(如主体需求,研发产品,完成需求,支持营运等)的能力考评,如产量、质量、服务速度或精确性等方面。设定内部营运类指标即从内部营运角度思考,我们必须从哪些方面进行控制和提高?我们必须从哪些方面领先?

学习发展类指标是指对满足组织学习、变革和发展需求的能力的考评。设定学习与发展类指标即从组织的学习和发展角度思考,我们能否持续提升并创造价值?学习发展类指标通常从员工、信息系统和组织三个角度来考察组织的学习和发展能力。

在公共部门越来越重视工作的效率、质量以及成本的背景下,平衡记分卡考评指标体系的综合性优势值得公共领域中的组织借鉴。

10. 定量考评方法

(1)要素评定法。要素评定法也称功能测评法或测评量表法,它是把定性考核和定量考核结合起来的方法。该方法的优点,一是内容全面;二是定性考核和定量考核相结合;三是能体现多角度立体考核的原则;四是使用计算机处理测评结果,手段先进。其缺点,一是繁琐复杂;二是考核标准说明是定性语言,高度概括,较难掌握,因而在实践中容易出现打分中间化的倾向。因此,这种方法还有待进一步完善。

要素评定法在实施过程中主要包括如下步骤:

第一步:确定考核项目。这些项目又可以划分为若干要素(即指标)。所考核的项目和要素指标,因考核对象的职业领域或职务层次的不同而不同。

第二步:将每个要素(指标)按优劣程度划分为若干等级,一般为3~5级。3级为"优秀、称职、不称职";4级为"好、较好、一般、差";5级为"优秀、良好、一般、较差、差"。然后,给每个等级打相应的分数,并以定性语言、简洁的文字写出每一等级的标准说明,供考核者掌握。在此基础上,制定出统一的考核标准表和测评量表。

第三步：对考核人员进行考核，使其掌握考核标准，熟悉操作方法。

第四步：开始进行考核活动，用测评量表法给考核者打分。考核一般包括上级领导者考核、同级同事考核、下级考核和本人的自我考核4个方面。

第五步：对所取得的考核原始资料分析、调整和汇总。调整有两方面的原因，一是由于参加考核的人员由于各方面原因对被考核者的了解程度不同，因此，他们所打分数的重要程度也不同。二是每个考核要素在整个指标体系中的重要程度也不同。为此，需要制定第二套权数折算量表。具体方法是：按有关要素的重要程度分别规定其比重（即加权）。然后把每个被考核者各个要素的数据输入计算机，由计算机程序对数据加以处理，计算每个要素加权后的分数，最后，汇总得出每个被考核者的总评成绩。

（2）关联矩阵法。关联矩阵法与要素评定法有相同之处，都是量化的考核方法。区别在于关联矩阵法在要素量化评定的基础上引进了权重体系，使考核的结果更准确，更具有说服力。

关联矩阵法的具体步骤如下：

第一步：确定评价指标体系和权重体系。所谓指标体系即评价要素体系，评价要素体系又可有不同层级的指标。例如，德、能、勤、绩可为一级指标，德、能、勤、绩各项之下又可有二级指标，绩又可区分为完成工作的数量指标，完成工作的质量指标，开拓项目的情况，立功、嘉奖等。

第二步：确定考核要素的权重体系。例如，德、能、勤、绩四项一级指标共100分，各项指标所占的权重比例可确定为：德20%，能30%，勤10%，绩40%。进而明确各项二级指标的权重，考核一级指标体系和权重体系如表6-5所示，考核二级指标体系和权重体系如表6-6所示。

表6-5　　　　　　　　考核一级指标体系和权重体系

考评指标体系	考评权重体系
德	20%
能	30%
勤	10%
绩	40%

表 6-6　　　　　　　　　　　考核二级指标体系和权重体系

工程研究人员的权重体系	指标体系	工程技术人员的权重体系
15%	知识总量	15%
30%	创造能力	15%
15%	工作态度	20%
10%	计划能力	10%
10%	判断能力	10%
10%	分析能力	10%
10%	解决实际问题的能力	20%
100%	总比例	100%

注：此表为工程研究人员和工程技术人员评估的能力指标体系和权重体系。

第三步：确定总分。在对工作人员各项指标进行评价的基础上得出总评分，并对工作人员的考核结果加以论证。

关联矩阵法是一种较为科学的评估方法，采用此种方法有利于对工作人员进行较为公允的评价。但这种方法在设计过程中需要有专业人员的参与，以使各项指标权重关系的确定科学合理。

（3）AFP 方法。AFP 方法是三种方法的综合：A 表示 AHP，即层次分析法；F 代表 Fuzzy，即模糊评价法；P 表示 Pattern Recognition，即模糊识别法，是目前非工程类专业背景的人事人员运用比较广泛的方法。AFP 方法将三者结合在一起，互相弥补，形成一个完整的整体。它不仅可以科学地确定指标体系的结构、权数、识别、筛选极端意见，还可使评分根据实际情况变化。AFP 方法可以进行直接绝对评分、两两比较相对评分、模糊评分或三种方法的混合评分。

6.4　绩效管理的实施

绩效管理的实施过程主要涉及制订绩效计划、绩效沟通与指导、绩效考评、绩效诊断与监控、绩效反馈，再回到起点——新的绩效计划等环节。具体的流程如图 6-1 所示。

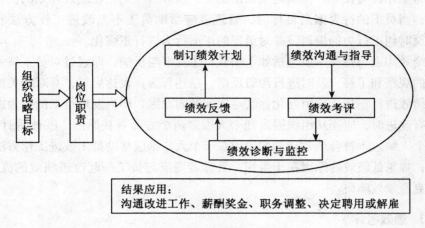

图 6-1　绩效管理流程图

1. 制订绩效计划

制订绩效计划是一个确定组织对员工的绩效期望目标并得到员工认可的过程。绩效计划必须清楚界定组织期望的绩效目标、达到该目标期望员工表现出的行为和技能以及员工在达到这一目标的过程中可以得到的授权支持和帮助等内容。因此，绩效计划的制订实质上是一个组织目标由上及下逐步分解到个人目标并得到员工认同的目标制定过程，也是整个绩效管理过程的起点和基础。

绩效计划的目标主要来源于四个方面：组织战略或部门战略；员工所在岗位的岗位职责；上一期工作改善和绩效改进的要求；内外部客户要求。

绩效计划目标的确定，必须遵循 FEW 原则。F 代表的是 focus on main area，即员工绩效计划的目标应集中在主要的方面，不宜包括一些日常的工作。E 代表的是 employee join in，即绩效计划以及目标的制订必须有员工的参与，这是使绩效计划得到员工认可的基础。W 代表的是 weight trade，即绩效计划中所列出的目标项，应在重要性、紧迫性等方面进行区分，并在考评指标的权重上得到体现。

2. 绩效沟通与指导

绩效沟通与指导是连接制订绩效计划和绩效考评的中间环节，直接决定组织绩效计划的最终实现程度。绩效沟通是指下级在执行绩效计划的过程中，管理者将工作行为及时、持续地反馈给员工。绩效指导是指在绩效计划的执行过程中,当员工的行为偏离目标时,管理者应帮助员工不断改进工作方法和技能,及时纠正行为的偏离,并对员工的正面行为进行正强化。

绩效沟通与指导一般包括如下步骤:①观察与反馈,即通过对员工绩效与行为的观察和了解,及时进行沟通反馈,描述行为,表达后果,并对相关的行为或绩效进行正强化或负强化。②寻找问题的原因,即当发现员工的行为或绩效没有改进时,应当从组织因素和个人因素两个方面寻找原因。③改善计划,如果个人绩效不符合绩效计划的原因在于个人,则应帮助员工改进工作方法和技能;如果低绩效的原因在于组织,管理者则应与员工一起改进绩效的流程,共同克服绩效障碍。

3. 绩效考评

绩效考评是对绩效计划实际执行情况的总结和复核。绩效考评应建立在员工充分参与绩效计划的制订以及持续的绩效沟通与指导的基础上,要努力营造一种不是为了区分出员工中谁的绩效低下,而是为了帮助他们共同提高绩效的考评氛围,同时不要在数字上斤斤计较,因为真正有助于提高绩效的不是绩效考评,而是绩效管理中沟通与指导的水平和质量。

绩效考评是一项技术性很强的工作,其技术准备包括拟定、审核考评指标、考评标准、选择或设计考评方法、培训考评人员等内容。

组织可以根据内部的具体情况,来选择德、能、勤、绩模式;任务指标、职责指标和能力指标模式或者目标维度、顾客维度、过程维度、组织与员工维度指标模式。考评标准的确定一般采用"标杆管理",即参照本领域内处于领先地位组织的绩效标准来设定。考评的方法可以是图解式评定量表法、关键事件法、行为锚定等级评价量表法、强制分配法、目标管理法或上述几种方法的结合。

4. 绩效诊断与监控

绩效诊断与监控是指在绩效考评工作完成之后,组织应根据绩效计划的完成情况,对组织的绩效计划制订、绩效沟通与指导以及绩效考评等环节的实施情况进行诊断、分析与调整。绩效计划无法按时完成的原因有两类:一是个体因素,如个人的努力程度不够、技能不足等;二是组织因素或系统因素,如工作流程不合理、管理体系不流畅等。绩效诊断应当首先找出组织和系统因素,然后再考虑个人因素。一旦查出真正原因，组织和员工就应齐心协力排除，并在下期的绩效计划中予以调整。

5. 绩效反馈

绩效反馈即将绩效考评的意见反馈给被考评者。一般有两种形式，一是绩效考评意见认可；二是绩效考评面谈。所谓绩效考评意见认可，即考评者将书面的考评意见反馈给被考评者，由被考评者予以同意认可，并签名盖章。如果被考评者不同意考评者的考评意见，可以提出异议，并要求上级主管或人力资源部门予以裁定。

绩效考评面谈，则是通过考评者和被考评者之间的谈话，将考评意见反馈给被考评者，征求被考评者的看法。绩效面谈并非要对所有员工一视同仁，而是应该有重点地选择面谈对象。绩效面谈工作中需要重点关注的对象往往通过"绩效反馈格"来确定。同时，在绩效考评面谈中，考评者还应就被考评者的要求、建议以及新一轮工作计划的制订等问题与被考评者进行广泛的沟通，从而开始下一个绩效管理的循环。

本章小结

绩效评估是人力资源管理的一项重要活动，通过绩效评估，使得员工确定努力的方向，对照目标找到存在的不足，从而改善个人绩效达到改善组织绩效的目的。

绩效管理通常是指公共部门在积极履行公共责任的过程中，在讲求内部管理与外部效应、数量和质量、经济因素与伦理政治因素、刚性规范与柔性机制相统一的基础上，为获得公共产出最大化的过程。

绩效管理是一个管理系统，它通常由三个部分组成，即：①绩效界定；②绩效考评；③绩效反馈。其中，绩效界定要说明的是哪些绩效对组织来讲是重要的；绩效考评则是根据对组织来讲具有重要性的绩效内容，运用一定的技术方法来衡量和评价员工在这些方面到底做得怎么样；绩效反馈则是向员工——被考评者提供绩效考评信息，以便与他们共同讨论达成这种绩效的原因，设计绩效改进计划，并提出下一阶段的绩效目标，协助员工为达到这一新的绩效目标而努力。

从不同的设定角度，按照不同的界定标准，公共部门绩效评估可以分为不同类型。

一套科学、有效的绩效考评指标应该符合一些基本原则。

关键绩效指标（Key Performance Index，KPI）是用来考评或管理被考评者主要绩效的可量化或可行为化的标准。可量化与可行为化是筛选关键绩效指标的基本标准。

绩效评估有很多种方法，各有利弊，况且每种方法都有其特定的使用范围，在绩效评估实践中，不存在一种完美无缺的评估方法。为客观评价被评估对象，评估组织必须根据实际情况，在评估实践中选择合适的评估方法。

绩效评估的方法包括个人判断考核法、民意测评法、共同确定法、关键事件法、量表法、比较法、目标管理法、标尺定位法、指标法、定量考评方法。

绩效管理的实施过程主要涉及制订绩效计划、绩效沟通与指导、绩效考评，绩效诊断与监控、绩效反馈，再回到起点——新的绩效计划等环节。

关键术语

绩效　绩效管理　指标体系　绩效评估方法　绩效管理实施过程

思考题

1. 绩效的含义是什么？
2. 绩效评估的目的有哪些？
3. 绩效评估的意义体现在哪里？
4. 绩效评估的方法有哪些？试就其中一个方法以实例说明。
5. 绩效管理的实施过程有哪些环节？
6. 你对目前我国机关单位的绩效评估有何评价和建议？

第 7 章 公共部门薪酬管理

引导案例

湖南省郴州市招聘高级政府雇员

从人力资源和社会保障部获悉，湖南省郴州市面向国内外公开招聘高级政府雇员，包括市政府副秘书长等职位，年薪标准为 50 万元，福利待遇齐全，政府提供免费住房。

地方政府聘用高级雇员并非首例。此前浙江温州试行过特殊专业的公务员高薪聘任制，江苏扬州公开向社会招聘政府雇员等，这些尝试与实践作为政府选人用人的新机制，有利于改善公务员的人才结构，增强政府管理公共事务与提供优质服务的效能。因而，湖南省郴州市面向国内外公开招聘高级政府雇员且开价较高，同样值得关注。

应该看到，由于如何给这些高级雇员定薪缺少相应的制度和法律依据，像这类高薪招聘政府雇员的政府行为在社会上引起了不小的反响。从公共部门人力资源管理的视角来看，政府应从适用职位、岗位、待遇报酬以及奖惩考核、辞退解雇等方面对雇员招聘进行严格规范，使之制度化、程序化和常态化，并与现行的公务员法以及一系列公务员管理细则接轨,为创新公务员管理制度,构建服务型政府提供样本。

资料来源:新民晚报,2008 年 12 月 3 日。

案例讨论

1. 评价某些地方政府高薪聘用政府雇员的行为的积极面与消极面。

2. 用公共部门薪酬管理的理论分析这一高薪招聘行为。

7.1 公共部门薪酬管理概述

7.1.1 公共部门薪酬及其构成

随着社会的发展,薪酬的内涵从最初单一的工资扩展到包含福利、奖金和津贴等内容,从注重外在的经济性报酬到体现内在的非经济性报酬,内容不断丰富,趋向完善。美国著名薪酬专家乔治·T. 米尔科维奇所界定的薪酬内涵是:员工作为雇佣关系的一方所得到的各种形式的财务回报、有形服务与福利。① 其实质是一种等价交换过程,是一种公平的交易或交换关系,是员工在向组织让渡其劳动或劳务使用权后获得的报偿。

1. 公共部门薪酬②

薪酬在营利性的企业部门与非营利性的公共部门具有不同的含义。在营利性的企业部门,薪酬是企业生产或其他经济活动中投入的活劳动的货币资金表现形式,是产品最终成本的构成因素。在非营利性的公共部门,薪酬是对员工在不同职位或岗位上的工作绩效给予的各种形式的支付和回报。

狭义的薪酬主要是指个人获得的以工资、奖金、实物或福利及以服务形式支付的劳动回报之和。全面薪酬则包括经济性的报酬和非经济性的报酬。

薪酬在支付对象和形式上都经历了一个不断体系化、全面化的演变升级过

---

① [美] 乔治·T. 米尔科维奇:《薪酬管理》,中国人民大学出版社,2008 年第6～7页。

② 赵曼:《公共部门人力资源管理》,华中科技大学出版社,2008 年第182～187页。

程。从最初的工资（wage）到薪水（salary），再从报酬（compensation）到全面薪酬（rewards），其区别不仅仅在于名称上的改变，而是支付结构和水平的巨大差异。

例如，工资是以周或小时计算的基本薪酬，享受工资的员工加班需要付给加班费用；而薪水通常以年薪或月薪的形式发放，享受薪水的员工平常加班则没有加班费用；报酬是工资＋奖金＋福利的结构，全面薪酬则是有形报酬（经济性报酬或外在报酬）和无形报酬（非经济性报酬或内在报酬）的综合。全面薪酬构成见表 7-1。

表 7-1 全面薪酬构成

薪酬形式	外在报酬	内在报酬
经济性报酬	直接报酬：基本工资、加班工资、津贴、奖金、补贴、利润分享 间接报酬：健康与安全福利、非工作时间报酬及为员工提供的服务	无
非经济性报酬	私人秘书 良好的办公条件 诱人的头衔 友好和睦的同事关系 领导者的个人品质与风格 组织中的知识与信息共享	参与决策 挑战性的工作 感兴趣的工作或任务 上级、同事认可与内部地位 学习与进步的机会 多元化活动 就业的保障性

非经济性报酬和内在报酬的引入，可以提高组织薪酬激励的总体效果，但对其进行量化考察和分析的难度较大，在管理实践中也较难把握。因此，本章以后分析所指的薪酬主要是指薪酬体系中的经济性报酬或狭义的薪酬。

2. 公共部门薪酬的构成

一般而言，公共部门薪酬由直接薪酬和间接薪酬构成。直接薪酬包括基本薪酬和可变薪酬，间接薪酬包括基本福利和非工作时间薪酬，如图 7-1 所示。

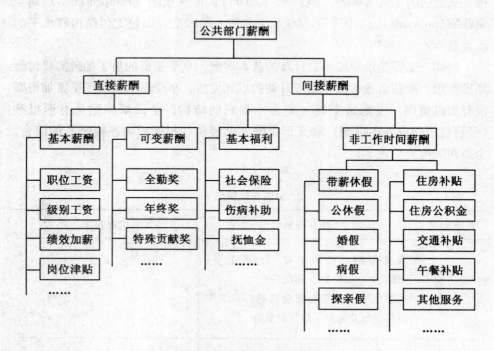

图 7-1　公共部门薪酬的构成

（1）直接薪酬。

①基本薪酬。基本薪酬即根据员工所承担或完成的工作，或根据员工所具有的完成工作的技能和能力，而向员工支付的稳定性报酬。基本薪酬是一个员工从公共部门那里获得的较为稳定的经济报酬，因此这一薪酬的组成部分对于员工来说是至关重要的。它不仅为员工提供了基本的生活保障和稳定的收入来源，而且往往是薪酬变动的一个主要依据。基本薪酬的变动主要取决于以下三个方面的因素：一是总体生活费用的变化或通货膨胀的程度；二是其他企业单位雇主支付给同类人员的基本报酬水平的变化；三是员工本人所拥有的知识经验技能的变化以及由此而导致的员工绩效的变化。此外，公共部门所处的行业、地区以及所在产品市场的竞争程度等，都会对员工的基本薪酬水平构成影响。

员工基本薪酬的变化中，最重要的一种增长方式是与员工的绩效有关的加薪，根据员工的实际工作绩效确定的基本薪酬的增长被称为绩效加薪。由于这是一种用来承认员工过去的令人满意的工作行为以及业绩增长的方式，因此绩效加薪往往是与绩效管理制度紧密联系在一起的。

②可变薪酬。可变薪酬即各种奖金，是薪酬系统中与绩效直接挂钩的部分，侧重点在于激励员工表现、保持组织期望的某种行为和绩效。可变薪酬的目的是在绩效和薪酬之间建立起一种直接的联系，而这种联系可以是员工个人的业绩，也可以是员工群体、团队甚至整个公司的业绩。由于在绩效和薪酬之间建立了这种直接的联系，因此，可变薪酬对于员工具有很强的激励性，对于组织绩效目标的实现起着非常积极的作用。在通常情况下，我们可以将可变薪酬划分为短期和长期两种。短期可变薪酬一般都是建立在非常具体的绩效目标的基础上，而长期可变薪酬的目的则在于鼓励员工努力实现跨年度或多年度的绩效目标。

（2）间接薪酬。

间接薪酬主要是针对组织内员工的一系列有关安全健康、社会保险、退休养老、带薪休假及住房补贴等方面提供的福利与服务，目的在于提高员工对工作的满意度和忠诚度。之所以被称为间接薪酬，是因为它与基本薪酬和可变薪酬存在一个明显的不同，即福利与服务不是以员工向组织供给的工作时间和业绩来计算薪酬的组成部分。

从间接薪酬的性质来看，间接薪酬可以分为两类：一类是政府立法规定应由组织实施的法定福利项目，另一类是组织根据自身情况有选择性地提供给员工的福利项目。从福利内容来看，可分为健康与安全福利、非工作时间报酬及为员工提供的服务等。

7.1.2　公共部门薪酬管理体系

1. 公共部门薪酬管理及其模块①

（1）薪酬管理。

薪酬管理是指公共组织根据员工提供的劳动或服务，来确定他们应当得到的报酬总额，以及报酬结构和形式的过程。在这一过程中，涉及薪酬的战略性管理，即如何建立战略性薪酬体系；薪酬的公平性管理，即如何提高组织内部的薪酬满意度；静态的薪酬管理，即如何设计基本薪酬和福利；动态的薪酬管

---

① 赵曼：《公共部门人力资源管理》，华中科技大学出版社，2008 年第 192～195 页。

理，即如何设计组织的绩效薪酬等四个层面。按照管理的内容来划分，这四个层面又可以进一步细化为薪酬计划、薪酬水平管理、薪酬制度管理、福利管理及薪酬诊断管理等五个环节的问题。薪酬管理的层次，如图7-2所示。

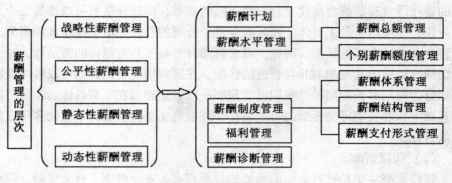

图7-2　薪酬管理的层次

（2）薪酬管理的模块。

根据薪酬管理的内容、层次和环节，以及薪酬管理中的现实问题，可以将薪酬管理的内容进一步模块化。

①薪酬体系管理模块。薪酬体系管理主要是对组织的薪酬体系由哪些部分构成，以及各部分之间的比例关系确定的管理。首先，组织必须明确组织薪酬体系的构成，如基本薪酬、绩效薪酬、间接薪酬等；其次，组织必须明确各类薪酬，如基本薪酬和绩效薪酬、固定薪酬和浮动薪酬、直接薪酬和间接薪酬之间的比例关系，是6∶4、7∶3、8∶2的比例关系，还是别的比例关系。上述比例关系与组织文化、组织战略、岗位性质等因素息息相关。如果组织提倡竞争文化、成功者文化，则各类薪酬之间浮动的比例宜高不宜低；如果组织采用稳健性的发展战略和保守型的经营模式，则各类薪酬之间浮动的比例宜低不宜高。同时，岗位性质和职位层次也会影响薪酬的浮动比例，组织中绩效结果容易量化部门（如营销类、生产类）的浮动比例应高于绩效不容易计量的部门（如管理类、后勤类等），高层和中层员工的薪酬浮动比例往往也会高于基层员工。最后，组织还必须明确每一类薪酬的确定依据是什么。以基本薪酬为例，组织在进行薪酬体系设计和管理时，需要明确组织的薪酬是以工作为基础（职位工资制），还是以人的技能为基础（技能工资制或能力工资制）。

　　②薪酬水平管理模块。薪酬水平管理主要是对组织中各部门、各职位及整个企业平均薪酬数额或水平的管理。首先，为了保持组织对核心员工及外部优秀人才的吸引力，组织必须根据组织战略和薪酬外部市场调查结果，确定本组织合适的薪酬战略和薪酬水平定位，如整体薪酬水平是领先于市场策略、市场跟随策略，还是低于市场策略。其次，在确定了某一种薪酬策略后，在组织内部不同员工之间，是对所有员工采用同一策略，还是对组织高层员工、中层和基层员工分别采用不同的薪酬策略；是基本薪酬采用这种薪酬策略，绩效薪酬和间接薪酬采用其他策略，还是三者都采用一种薪酬策略，以达到在激励效果既定的情况下，人工成本最小的目标。再次，薪酬水平管理模块还需要确定组织薪酬总额及个体薪酬总额的正常增长机制，如前者与物价指数、组织效益挂钩，后者与个体的学历、资历、业绩挂钩等。最后，薪酬水平管理模块还应该对组织的薪酬预算、控制方式及合理避税等方面作出设计和规定。

　　③薪酬结构管理模块。薪酬结构管理主要是进行两个层次的管理，其结果将对员工的流动率和工作积极性产生重大影响。薪酬结构管理的层次之一是组织内部的不同职位所得到的薪酬之间的相互关系，如生产类、销售类、职能管理类、研发类、后勤类之间，这些不同的职位类别之间的薪酬关系如何确定才能做到横向平衡。薪酬结构管理的层次之二是确定组织内部同一职位类别内部，如职能管理类内人力资源管理类、行政管理类、财务类之间的薪酬的相互关系。如果这种关系处理不当，该层次上引发的横向不公平感会更明显和直接，对员工的工作积极性影响也更大。

　　④薪酬形式管理模块。员工得到的总薪酬的组成部分，通常包括直接薪酬和间接薪酬，薪酬形式管理往往需要决定总薪酬的各个组成部分的支付形式和支付周期。首先，薪酬是以什么样的形式支付，是货币、股票，还是实物、培训、带薪休假或健康保险，不同层次（高层、中层、基层）的员工对此需求的排序存在重大差异。其次，薪酬支付的周期，是周薪、月薪，还是年薪制，组织中的不同年龄段的员工对此的需求也存在一定的差异。

　　⑤薪酬模式管理模块。薪酬体系管理只是确定了组织内部各种薪酬可能存在的组合形式，在薪酬设计的实际操作中，现代组织一般实行"组合薪酬制"或"结构薪酬制"，即对组织内部的生产人员、销售人员、专业技术人员、高层管理人员等不同类别的人员实行不同的薪酬体系和形式组合。例如，适应于生产人员的"基本工资＋计件工资"制度，适应于销售人员的"佣金制"，适应于管理类人员的"基本工资＋岗位工资＋绩效工资"制度，适应于特殊人

才的"薪酬特区"制度等。组织需要对上述类别人员不同的薪酬模式作出详细界定，对每一类薪酬构成内部高层、中层、基层员工之间的薪酬层次与等级差距、薪酬如何与绩效考核结果挂钩作出具体规定。

2. 公共部门薪酬管理的原则①

确定公共部门人力资源的薪酬水平是公共部门人力资源开发与管理的一项重要工作。在制定公共部门人员的薪酬时，一般应考虑以下几项原则：

（1）劳动、资本、技术和管理等生产要素按贡献参与分配原则。

劳动、资本、技术和管理等生产要素按贡献参与分配原则是中国在全面建设小康社会过程中薪酬制度的基本原则。此原则是个人消费品分配的基本原则，也是指导薪酬管理工作的最基本原则，它既适用于营利性部门，也适用于非营利性部门。

（2）比较平衡原则。

所谓比较平衡原则是指在确定和调整政府机关和公共事业单位工作人员的工资水平时，应参考企业职工的工资水平，以及不同行业与部门同类人员的工资水平，力求使公共部门人员的工资水平与社会其他行业的工资水平保持基本一致或大致平衡。这也是世界上大多数国家公共部门人力资源薪酬管理遵循的一条原则。所谓同类人员，指的是企业中与政府机关或公共事业单位工作人员职务相当、学历相当、资历相当的人员。这是处理政府机关和公共事业单位与其他系统工资关系的重要原则。

（3）定期增资原则。

定期增资原则是指国家建立正常的工资晋级制度，定期增加公共部门工作人员的工资标准。贯彻定期增资原则，是社会经济发展规律的体现。随着国民经济的发展和劳动生产率的提高，公共部门工作人员的工资水平也应不断提高。由于政府部门和国家事业单位工作人员所提供的劳动量难以精确计量，因此，要通过国家的相关规定来保证他们工资收入的增长，政府必须在财政预算中按法律规定保证必要的经费用于增资。

（4）物价补偿原则。

所谓物价补偿原则，是指国家根据物价指数的变动适时调整工作人员的工资标准，使工资增长率等于或略高于物价上涨率，以保证公共部门工作人员的

---

① 李德志：《公共部门人力资源管理与开发》，科学出版社，2008 年第 135～136 页。

实际工资水平不会由于物价上涨而下降。

（5）法律保障原则。

中国虽然还没有全面进行工资方面的立法，但《中华人民共和国公务员法》第 78 条对中国公务员的工资已作出了明确的法律规定："任何机关不得违反国家规定自行更改公务员工资、福利、保险政策，擅自提高或者降低公务员的工资、福利、保险待遇。任何机关不得扣减或者拖欠公务员的工资。"

（6）工资福利比例适当原则。

工资在国民收入分配中占有主导地位。福利（广义）只是辅助分配形式。尽管福利具有工资所不具备的某些优越性，但也有与宏观经济管理目标相背离的弊端。比如，过多的福利发放会拉大社会成员的个人收入差距；福利是较典型的隐形收入，现有的税收手段难以对其进行有效追踪检查，工资向福利的转化会导致大量税源流失，影响国家财政收入；给公共部门人员提供适当的福利具有激励其工作积极性的正面效应，但发放福利过多，会适得其反，削弱其工作积极性。因此，必须确保工资在国民收入分配格局中的主体地位，福利只能是对工资的必要补充，而且应该逐步将福利货币化。

3. 公共部门薪酬管理的影响因素

公共部门人力资源报酬的高低取决于多种因素，大致可以分为内部因素和外部因素。影响公共部门薪酬管理的内部因素包括以下内容：

（1）职务是制定公共部门工资标准，确定工资水平的基本依据。在一般情况下，职务的高低与工资呈正比关系。职务既包含权力，又负有相应的责任。权力是以承担相应的责任为基础的，责任是由权力产生的。因此职务高，权力大，责任重，其报酬水平也高。

（2）贡献大小。公共部门的薪酬总是要根据其所提供的劳动数量和质量来给予回报，打破了传统的大锅饭现象。为部门和社会服务是公共人力资源得到工资性收入的基础，然而劳动数量和质量则是报酬水平差异的关键。

（3）自身的差别。即使是受过同等教育的人，也可因年龄、工龄甚至是性别不同而有所差异。因为年龄和工龄越长，意味着贡献多、经验足、能力强，其报酬水平也相对地高。这也是为了补偿员工过去的投入和减少人员流失，以降低公共部门人力资源流动成本，稳定公共部门员工队伍。

（4）受教育程度。这是人力资源基本素质的一种体现，它与技术水平和工作的复杂程度相联系。一般情况下，公共部门员工的学历越来越高，代表了其自身的投资越多，故在确定其职务的最初工资级别时，受教育程度是一个关键因素。员工受到的教育程度高，说明他的素质相对较高，而技术水平的高低则直接影响到工作任务的完成。因此，员工的受教育程度也一定程度上决定了其薪酬的高低。

（5）工作性质，包括工作责任大小、复杂程度、劳动强度、危险程度、时间长短、工作环境及其对职员的吸引力等。在一般情况下，繁、难、险、差的工作吸引力差，需要付出的劳动多，因此薪酬就相对高些。例如，有些工作具有危险性，妨害人体健康，甚至危及人的生命，要求从事这类工作的人需要很强的胆识、体力等，这就决定了他们的报酬高于在安全舒适的工作环境中工作的雇员。①

影响公共部门薪酬管理的外部因素包括以下内容：

（1）劳动力市场情况。这一因素反映了劳动力供需状况。这一状况将影响到公共部门招聘和留住有才能的员工的工资水准。当劳动力供大于求时，某行业或部门的职位空缺较少，员工可以接受较低的薪酬水平；反之，就要提供较高的薪酬。同时，在公共部门内部由于实行平衡比较原则，也会适当调整薪酬水平。

（2）各部门间的差别。由于公共部门本身的性质而导致它们各有其特点，薪酬的确定标准和水平也就各不相同，除了国家制定的有关公共部门的工作人员的薪酬规定，各部门也会根据实际情况，在调查研究的基础上作相应的调整。由于受到这方面的影响，国家的公共部门之间的工资才有差别，工资的确定也不同。

（3）地区经济发展水平。它直接影响到公共部门人员基本的生活费用支出。地区经济发展水平高，生活消费水平会提高；经济发展水平低，消费水平低，现行工资率水平也就低。

（4）国家政策与法规。公共部门人力资源的薪酬作为国民收入再分配，国家有时刺激消费，有时抑制消费，进而采取不同的再分配政策，这将直接影响到公共人力资源的薪酬水平，对薪酬的确定起着决定性的影响作用。

（5）其他行业的报酬水平。公共部门的薪酬确定要参照其他行业的薪酬水平，尽管不可能与其他行业的报酬水平完全一致，但要以其他行业的工资、

---

① 杨体仁，祁光华：《劳动与人力资源管理总监》，中国人民大学出版社，1999年第312～313页。

报酬水平为参考，这样才能体现公平、公正。

（6）职业价值和传统习俗。社会对某一职业的认可与该工作的社会价值对工作的报酬也起到一定的影响作用。在通常情况下，从事职业价值高的工作和得到社会传统认可的工作的公共组织人员所得到的薪酬会高些；反之，则低一些。在制定薪酬政策与标准时，薪酬水平还会受到决策者的主观因素的影响，其中的重要原因便是职业价值和传统习俗。①

7.2 公共部门薪酬制度

公共部门确立合理的薪酬制度是薪酬管理的核心，而薪酬制度的设计和维持又是复杂的。毕竟员工的能力和绩效可能很难准确衡量，但是工资和福利却是明显可见的。公共组织薪酬制度设计应理顺收入分配关系，构建科学合理、公平公正的薪资分配体系，以吸引新员工，留住在职员工，充分发挥员工的积极性、主动性和创造性。

就中国现行公共部门薪酬制度而言，主要包括公务员薪酬制度与事业单位工作人员薪酬制度。

7.2.1 公共部门薪酬制度设计的基本过程②

典型的薪酬制度设计过程分为 7 个步骤，如图 7-3 所示。图中的实线框表示各步骤的名称，虚线框说明各步骤对应的主要内容和活动。

1. 付酬原则与策略的确定

这是组织文化的一部分，对薪酬制度设计的各个环节均有重要的指导作用。它包括对员工本性的认识（人性观）、对员工总体价值的评价、对管理人员及高级人才所起作用的估计等核心价值观。要形成真正按贡献大小决定收入分配的共识，并在它的指导下制定薪酬分配的政策与策略，如薪酬等级之间的差距，工资、奖金和福利费用的构成比例等。

---

① 李欣，安向阳：《市场经济条件下合理调整国家机关公务员工资水平的思考》，《社会科学战线》，1999 年第 6 期。

② 陈天祥：《公共部门人力资源管理及案例教程》，中国人民大学出版社，2008 年第 255～257 页。

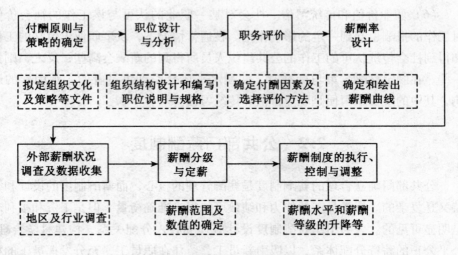

图 7-3　薪酬制度的建立过程

2. 职位设计与分析

这是薪酬制度建立的依据，其操作程序和方法在本章之前已经介绍过，这里不再重复。

3. 职务评价

这是保证内部公平的关键一步，评价要有必要的精确性，以具体的金额来表示每一职务在组织中的相对价值，它反映了组织对各职务任职者的要求。但是，这些表示职务相对价值的金额，并不是各个任职者的真正薪酬额。员工的真正薪酬额要经过第 5 个步骤，实现外部公平，再经过第 6 个步骤之后才能完成。

4. 薪酬率设计

经过职务评价之后，可得到表明每一职务对组织相对价值的顺序、等级、分数或象征性的金额，使组织内所有职务的薪酬都按同一的贡献率原则定薪，保证组织薪酬制度的内部公平性。但这是理论上的价值，它必须转换成实际的薪酬值，才有实用价值。这就需要进行薪酬率的设计。

所谓薪酬率，是指一个组织的结构中各项职位的相对价值及其对应的实付薪酬间的一种关系。这种关系以某种原则为依据，形成一定的规律。这种关系和规律通常以"薪酬曲线"来表示，这样更直观、更清晰、更易于分析和控制，也更易于理解。

5. 外部薪酬状况调查及数据收集

外部薪酬状况调查主要是对本地区、本行业、尤其是主要竞争对手的薪酬的调查，目的是要保证组织薪酬制度的外部公平性。调查的数据来源及渠道首先是公开发布的资料，如国家和地区统计部门、劳动人事部门、工会等公开发布的资料，图书馆及档案馆中的统计年鉴等工具书，人才交流市场与有关组织、有关高等学校、研究机构及咨询单位等的调研成果。其次，可以通过抽样调查等方式获取第一手的资料。最后还可以通过招聘过程了解外部薪酬状况的一些数据资料。

6. 薪酬分级与定薪

在职务评价之后，组织根据其确定的薪酬曲线，将众多类型的职务薪酬归并组合成若干等级，形成一个薪酬等级（或称职级）系列，就可以确定组织内每一职务具体的薪酬范围，保证员工个人的公平性。

7. 薪酬制度的执行、控制与调整

薪酬制度建立后，把它付诸实施并进行适当的控制和调整，真正发挥其应有的功能，是一个长期而复杂的工作，需要根据制度的运行状况和组织管理环境的变化而进行灵活处理。

7.2.2　中国公务员薪酬制度[①]

公务员薪酬制度是公务员制度的重要组成部分。改革公务员工资制度，理顺公务员收入分配关系，构建科学合理、公平公正的收入分配体系，关系广大公务员积极性、主动性和创造性的发挥，关系全面建设中国特色社会主义事业的大局。从某种意义上说，薪酬制度是公务员制度的"灵魂"。

---

① 李德志：《公共部门人力资源管理与开发》，科学出版社，2008 年第 137～141 页。

1. 公务员现行薪酬制度的法律法规依据

（1）《中华人民共和国宪法》。《中华人民共和国宪法》第42条规定："中华人民共和国公民有劳动的权利和义务。国家通过各种途径，创造劳动就业条件，加强劳动保护，改善劳动条件，并在发展生产的基础上，提高劳动报酬和福利待遇。"

（2）其他法律法规或实施办法。《中华人民共和国公务员法》第十二章、《国务院关于改革公务员工资制度的通知》（国发〔2006〕22号），人事部、财政部《关于印发〈公务员工资制度改革实施办法〉的通知》（国人部发〔2006〕58号）、《关于印发〈公务员工资制度改革和事业单位工作人员收入分配制度改革实施中有关问题的意见〉的通知》（国人部发〔2006〕88号）。

2. 公务员薪酬制度改革过程

自1949年以来，中国公务员的工资制度经历了若干次调整和变革，其中，最主要的是1985年、1993年和2006年的三次改革。先后实行过供给制、职务等级工资制、结构工资制和职级工资制。

（1）供给制。中华人民共和国成立初期，国家机关曾采用过供给制和工资制并存的分配形式。所谓供给制，是指按照工作和生活的基本需求，免费供给工作人员生活必需品的分配形式，是一种战时军事共产主义的分配制度。中华人民共和国成立初期在国家经济处于较为困难的特殊情况下曾实行了这种分配制度。随着国民经济的恢复和发展，供给制逐渐为职务等级工资制所取代。

（2）职务等级工资制。职务等级工资制是中国于1956年实行工资制度改革建立的工资制度，即以国家机关工作人员的思想品德、个人才能和资历为依据，将担任同样职务的国家机关工作人员分别纳入不同的工资级别，领取与工资级别相应的工资待遇。职务等级工资制的层级结构为"一职数级，上下交叉"，每个级别为一个工资档次。在1956年，中国的国家行政人员分为30个工资等级，后减少为25个等级。但是当时由于没有建立起正常的工资晋级制度，许多人虽然职务和责任发生了很大变化，但工资级别却很长时间得不到调整，致使劳酬不符的现象十分突出。

（3）结构工资制。针对职务等级工资制中存在的问题，1985年中共中央、国务院颁发了《国家机关和事业单位工作人员的工资制度改革方案》，进行了1949年以来的第二次全国性工资制度改革，也是改革开放以来，中国第一次影响较大的公共部门工资制度改革，确立了中国国家机关和事业单位以职务工资为主的"结构工资制"。结构工资分为基础工资、职务工资、工龄工资和奖励工资四个部分。改革后的高低工资差为 10 倍多（不包括工龄工资和奖励工资）。

（4）职级工资制。1993 年中国又进行了一次重要的工资制度改革，依据 1993 年施行的《国家公务员暂行条例》，建立了中国公务员"职级工资制"。公务员工资由职务工资、级别工资、基础工资和工龄工资四个部分组成。这次改革后的高低工资差为 6 倍多（不包括工龄工资）。并以此为基础确立了包括国家机关、事业单位、国有企业的不同形式的工资管理制度。

2006 年中国对 1993 年的职级工资制实施了新的改革。这就是中国公务员现行的职级工资制度。

3. 公务员现行的职级工资制度

（1）职级工资的构成。自 2006 年 7 月 1 日起全面实施以级别工资为主体的职级工资。它由以下四个部分构成。

①基本工资由职务工资和级别工资构成。职务工资主要体现公务员的工作责任大小。一个职务对应一个工资标准，领导职务和相当职务层次的非领导职务对应不同的工资标准，如表 7-2、表 7-3 所示。

表 7-2　　　　　　　　**非领导职务序列与领导职级的对应关系**

非领导职务序列	领导职级
巡视员	厅局级
助理巡视员	副厅局级
调研员	县处级
助理调研员	副县处级
主任科员	乡科级
副主任科员	副乡科级
科员	—
办事员	—

表 7-3　　　　　　　　　　　　　公务员职务工资标准　　　　　　　　（单位：元/月）

职　　　务	工　资　标　准	
	领 导 职 务	非领导职务
省部级正职	2510	
省部级副职	1900	
厅局级正职	1410	1290
厅局级副职	1080	990
县处级正职	830	760
县处级副职	640	590
乡科级正职	510	480
乡科级副职	430	410
科　　　员		380
办　事　员		340

资料来源：《吉林政报》，2006 年第 24 期，第 18 页。

　　级别工资主要体现公务员的工作实绩和资历。公务员的级别由原来的 15 个调整为 27 个。每一职务层次对应若干个级别（如表 7-4 所示），每一级别设若干个工资档次（如表 7-5 所示）。公务员根据所任职务、德才表现、工作实绩和资历确定级别和级别工资档次，执行相应的级别工资标准。

　　②津贴是指公务员按照国家规定享受地区附加津贴、艰苦边远地区津贴、岗位津贴等。

　　③补贴是指公务员按照国家规定享受的住房、医疗等补贴、补助。

　　④年终一次性奖金是指公务员在年度考核中被确定为优秀、称职的，按照国家规定享受的年终一次性奖金，奖金标准为本人当年 12 月份的基本工资。

　　（2）职级工资制的正常晋升。现行公务员职级工资的正常晋升主要有以下几个途径：

　　①通过晋升职务增加工资。凡得到职务晋升的公务员，从其职务晋升的次

表 7-4 职务与级别对应关系

级别	职务									
	省部级正职	省部级副职	厅局级正职	厅局级副职	县处级正职	县处级副职	乡科级正职	乡科级副职	科员	办事员
4										
5	省									
6	部									
7	级	省								
8	正	部								
9	职	级	厅							
10		副	局							
11		职	级	厅						
12			正	局	县					
13			职	级	处					
14				副	级	县				
15				职	正	处				
16					职	级	乡			
17						副	科			
18						职	级	乡		
19							正	科		
20							职	级	科	
21								副		
22								职	员	办
23										事
24										员
25										
26										
27										

资料来源:《吉林政报》,2006 年第 24 期,第 18 页。

表7-5　公务员级别工资标准

（单位：元/月）

级别 \ 档次	1	2	3	4	5	6	7	8	9	10	11	12	13	14
4	2290	2426	2562	2698	2834	2970	3106	3242	3378					
5	2070	2202	2334	2466	2598	2730	2862	2994	3126	3258				
6	1870	1996	2122	2248	2374	2500	2626	2752	2878	3004	3130			
7	1700	1818	1936	2054	2172	2290	2408	2526	2644	2762	2880			
8	1560	1669	1778	1887	1996	2105	2214	2323	2432	2541	2650			
9	1438	1538	1638	1738	1838	1938	2038	2138	2238	2338	2438			
10	1324	1416	1508	1600	1692	1784	1876	1968	2060	2152	2244			
11	1217	1302	1387	1472	1557	1642	1727	1812	1897	1982	2067	2152		
12	1117	1196	1275	1354	1433	1512	1591	1670	1749	1828	1907	1986	2065	
13	1024	1098	1172	1246	1320	1394	1468	1542	1616	1690	1764	1838	1912	
14	938	1007	1076	1145	1214	1283	1352	1421	1490	1559	1628	1697	1766	1835
15	859	924	989	1054	1119	1184	1249	1314	1379	1444	1509	1574	1639	1704
16	786	847	908	969	1030	1091	1152	1213	1274	1335	1396	1457	1518	1579
17	719	776	833	890	947	1004	1061	1118	1175	1232	1289	1346	1403	
18	658	711	764	817	870	923	976	1029	1082	1135	1188	1241	1294	
19	602	651	700	749	798	847	896	945	994	1043	1092	1141		

续表

级别	档次													
	1	2	3	4	5	6	7	8	9	10	11	12	13	14
20	551	596	641	686	731	776	821	866	911	956	1001			
21	504	545	586	627	668	709	750	791	832	873				
22	461	498	535	572	609	646	683	720	757					
23	422	455	488	521	554	587	620	653						
24	386	416	446	476	506	536	566	596						
25	352	380	408	436	464	492	520							
26	320	347	374	401	428	455								
27	290	316	342	368	394	420								

资料来源:《吉林政报》,2006年第24期,第19页。

月起，执行新任职务的职务工资和相应的级别工资。

②通过晋升级别增加工资。凡公务员年度考核累计 5 年称职以上的，从次年 1 月 1 日起在所任职务对应级别内晋升一个级别，级别工资就近就高套入晋升后级别对应的工资标准。

③通过晋升级别工资档次增加工资。凡公务员年度考核累计 2 年称职以上的，从次年 1 月 1 日起在所任级别对应工资标准内晋升一个工资档次。

7.2.3   中国事业单位薪酬制度[①]

中国的事业单位都是从事某种专门业务的实体，多数是为生产和生活服务，以及为提高人民科学、文化水平和素质服务的组织。据估计，截至 2003 年底，中国有 130 万个事业单位，约 3000 万人，是公务员数量的 5 倍，聚集了 70% 以上的科研人员，90% 以上的教师和医生，是知识分子的集聚之地、人才强国战略的主要实施者。但事业单位的工资制度既参照公务员的工资制度，又与之有所区别，更与企业的工资制度有着较大差异。

事业单位按经费来源可分为全部财政补助、部分财政补助、自收自支三种类型。

全部财政补助的事业单位没有稳定性的收入或收入来源较少，各项支出全部或主要依靠国家财政预算拨款补助。其工资构成中固定工资往往比重较高（70% 左右），浮动部分比重较低（30% 左右）。而且这类单位往往依据单位内部的岗位编制来核定和拨付工资，实行"增人不增加工资、减人不减工资"的薪酬管理模式。

部分财政补助的事业单位有一定数量的稳定收入，但不足以满足本单位的经常性支出，支出大于收入的差额部分需要国家预算拨款补助。这类组织工资结构中的固定部分比重也比较高，一般在 60% 左右。浮动部分可以根据经费的自立程度和国家的有关规定，建立符合本单位实际情况的工资管理办法。

自收自支的事业单位没有固定的财政拨款，往往需要依靠自身稳定的收入来抵补本单位的经常性支出。这类事业单位与其他事业单位相比，拥有较大的分配自主权，工资结构中的固定比例和浮动比例也可以自主确定，以发挥薪酬的激励功能，调动广大员工的工作积极性。

---

① 李德志：《公共部门人力资源管理与开发》，科学出版社，2008 年第 142 ~ 145 页。

1. 事业单位现行薪酬制度的法律法规依据

（1）《中华人民共和国宪法》。《中华人民共和国宪法》第 42 条规定："中华人民共和国公民有劳动的权利和义务。国家通过各种途径，创造劳动就业条件，加强劳动保护，改善劳动条件，并在发展生产的基础上，提高劳动报酬和福利待遇。"

（2）其他法律法规或实施办法。全部财政补助的事业单位基本适用于国家机关工资福利的各项法律法规。除此之外，还有人事部、财政部《关于事业单位工作人员收入分配制度改革方案的通知》（国人部发〔2006〕56 号）、《关于印发〈事业单位工作人员收入分配制度改革实施办法〉的通知》（国人部发〔2006〕59 号）、《关于印发〈公务员工资制度改革和事业单位工作人员收入分配制度改革实施中有关问题的意见〉的通知》（国人部发〔2006〕88号）等。

2. 事业单位薪酬制度的缺陷与改革方向

（1）事业单位薪酬制度中存在的问题。中华人民共和国成立以来，中国事业单位的薪酬制度在先后经历 1956 年、1985 年和 1993 年三次大的改革后，形成了以专业技术职务工资为主的等级工资制。这种制度与此前的制度相比，主要优点在于：一是实现了与机关工资制度脱钩，摆脱了官本位的体系，建立了适合事业单位特点的工资制度，是一个大进步；二是建立了津贴制度，增加了工资构成中活的部分，有利于更好地贯彻按劳分配原则；三是建立了正常增资机制。但与按劳分配和按生产要素分配等社会主义市场经济分配模式的基本要求相比，中国事业单位收入分配制度仍存在不少问题。

①事业单位分类管理不够完善。中国事业单位类型复杂多样，各类事业单位缺乏科学分类，管理办法单一，因此也给工资分类管理带来诸多问题。

一方面，国家分类制定的工资制度仍不能充分反映事业单位各类人员纷繁复杂的劳动特点和差别。比如教育、科研、新闻、出版、翻译、卫生技术等专业技术人员均实行统一的专业技术职务等级工资制，等级一样多，工资标准完全相同，显然难以体现这些不同事业单位、不同具体专业技术工作的特点。

另一方面，事业单位内部分配制度也不够科学、规范。有的事业单位内部分配没有制定成文的规章制度，只有约定俗成的分配办法；有的事业单位制定的内部分配制度不系统，项目繁多，针对性不强等。总体来看，事业单位普遍形成了一个单位两套分配制度并存的模式。"国家工资制度太死,内部分配制度过散,国家工资管饭,内部分配管干"等,都是对上述弊端的形象概括①。

②事业单位分配关系不顺。一方面,国家事业单位工资制度平均主义倾向比较严重。一是薪酬制度基本还是按级别、职称、学历定工资,凭资历、熬年头加工资,贡献与报酬脱节现象较为普遍;二是薪酬标准上的各职务序列起点工资和等级跨度大同小异,不能反映各类人员的劳动特点,这种分配方式实际上使按劳分配成为表面的分配形式。同时这种按资取酬(即以资历决定薪酬)的方法,无法体现员工的实际价值,更无法调动员工的工作积极性,使薪酬的激励机制几乎失去作用。

另一方面,分配制度形成的分配关系既不够清晰,也不大合理。由于历史原因,事业单位内部各种津贴、补贴名目众多,发放理由更多是反映职工静态的历史因素,而这些因素并不能反映职工实际的工作能力和劳动价值。分配时又主要依据职工工作态度(主要是出勤率),缺少对工作能力的量化考核指标,使津贴分配没有效的考核支撑,使其失去了应有的激励效应。

③分配秩序比较混乱。事业单位内部分配制度形成的分配关系既不够清晰,也不大合理;既搞平均主义,受国家工资制度影响不敢拉开合理差距,又有差距过大的现象。

造成事业单位收入差距过大的原因主要有三个方面。一是创收管理不够规范。事业单位面向市场通过提供各种产品和服务获得收入的大方向是完全正确的,但由于事业单位类型多、性质不同、情况复杂,国家在宏观层面上对事业单位创收尚缺乏一些必要的、系统的法规、政策来规范,哪些事业单位能创收,哪些不能创收,能创收的应通过哪些渠道、遵循哪些基本程序来进行,都还缺乏统一、规范的界定。这就导致部分事业单位在创收中也出现了一些问题。例如,财政全额拨款补助单位由于所拨经费不能满足实际需要,不得已也搞一些创收。而创收经费的来源既有行政事业性规费收入,又有靠关系、权力确定服务价格所获得的收入。二是部分事业单位内部分配不规范。有的单位是无章可循,个别领导说了算,想分给谁就给谁;有的单位是有章不循,今天发点补贴,明天发点奖金,与单位效益、个人业绩不挂钩;有的单位是分配办

---

① 苏海南:《关于推进事业单位收入分配制度改革的思考》,www.jsgs.gov.cn,2004年9月7日。

法、标准不透明，暗箱操作，职工之间相互猜忌，影响团结。三是财务会计制度管理不严。少数单位该入账的不入账，入了账的做假账。实践中有的单位已经出现了创收收入转移、不入账私分等问题。

以上情况导致部分事业单位的分配中灰色收入比重明显增加，由此引发了事业单位薪酬初次分配和二次分配的秩序混乱。

（2）事业单位薪酬制度的改革方向。事业单位本身上通政府下联企业，介于市场中的第三者身份，其机构设置、人员构成、产权归属等关系错综复杂，改革困难和阻力较大，牵一发而动全身。人事聘用制度的推行开始了事业单位改革的破冰之旅，而分配制度设计作为事业单位人员聘用制度改革的关键环节和核心动力，其基础作用不容忽视。

长期以来，中国事业单位工资标准都是比照公务员工资标准建立起来的，在 1993 年机关事业单位工资制度改革前，机关公务员和事业单位人员甚至执行统一的工资标准。2006 年，人事部、财政部、民政部和劳动和社会保障部四部联合首次全面系统解读收入分配制度改革，130 万个事业单位工资改革拉开了序幕，要求与公务员工资制度脱钩，建立岗位绩效工资制度。即未来事业单位的工资由岗位工资、薪级工资、绩效工资、津贴补贴四个项目组成。

岗位绩效工资制度将推动事业单位薪酬管理从过去计划、行政手段下的岗位分类管理，逐步转变为市场导向的体现岗位价值的岗位定价及绩效导向的绩效薪酬制。

3. 事业单位现行的岗位绩效工资制度

根据上述法律法规的规定，从 2006 年 7 月 1 日起，事业单位实施岗位绩效工资制度。

（1）实施范围。

教育、卫生、科学研究事业单位；

文化、艺术、体育、新闻、出版、广播电影电视事业单位；

农业、林业、水利、水产、畜牧、兽医事业单位；

交通、海洋、地质勘察、测绘、气象、地震事业单位；

社会保障、社会福利、检验检疫、环境保护、环境卫生、园林绿化、房地产管理、物资储备事业单位；

机关、团体附属独立核算的事业单位；

列入事业编制的各类学会、协会、基金会、监管机构；

其他事业单位。

（2）岗位绩效工资制度的内容。事业单位所实施的岗位绩效工资制由岗位工资、薪级工资、绩效工资和津贴补贴四部分构成。其中岗位工资和薪级工资为基本工资。

①岗位工资。岗位工资主要体现工作人员所聘岗位的职责和要求。事业单位岗位分为专业技术岗位（设置 13 个等级）、管理岗位（设置 10 个等级）和工勤技能岗位。工勤技能岗位分为技术工岗位（设置 5 个等级）和普通工岗位（不分等级）。不同等级的岗位对应不同的工资标准（见表 7-6、表 7-7、表 7-8），工作人员按所聘岗位执行相应的岗位工资标准。

表 7-6　　　　　　　　　事业单位专业技术人员岗位工资标准　　　（单位：元/月）

岗位	1 级	2 级	3 级	4 级	5 级	6 级	7 级	8 级	9 级	10 级	11 级	12 级	13 级
工资标准	2800	1900	1630	1420	1180	1040	930	780	730	680	620	590	550

表 7-7　　　　　　　　　事业单位管理人员岗位工资标准　　　（单位：元/月）

岗位	1 级	2 级	3 级	4 级	5 级	6 级	7 级	8 级	9 级	10 级
工资标准	2750	2130	1640	1305	1045	850	720	640	590	550

表 7-8　　　　　　　　　事业单位工人岗位工资标准　　　（单位：元/月）

岗位	技术工 1 级	技术工 2 级	技术工 3 级	技术工 4 级	技术工 5 级	普通工
工资标准	830	690	615	575	545	540

资料来源：《吉林政报》，2006 年第 24 期，第 25、26 页。

②薪级工资。薪级工资主要体现工作人员的工作表现和资历。专业技术人员和管理人员设置 65 个薪级，薪级标准基本相同，工人设置 40 个薪级，每个薪级对应一个工资标准（见表 7-9、表 7-10）。

表7-9 事业单位专业技术人员和管理人员薪级工资标准（单位：元/月）

薪级	工资标准	薪级	工资标准	薪级	工资标准	薪级	工资标准	薪级	工资标准
1	80	14	273	27	613	40	1064	53	1720
2	91	15	295	28	643	41	1109	54	1785
3	102	16	317	29	673	42	1154	55	1850
4	113	17	341	30	703	43	1199	56	1920
5	125	18	365	31	735	44	1244	57	1990
6	137	19	391	32	767	45	1289	58	2060
7	151	20	417	33	799	46	1334	59	2130
8	165	21	443	34	834	47	1384	60	2200
9	181	22	471	35	869	48	1434	61	2280
10	197	23	499	36	904	49	1484	62	2360
11	215	24	527	37	944	50	1534	63	2440
12	233	25	555	38	984	51	1590	64	2520
13	253	26	583	39	1024	52	1655	65	2600

表7-10 事业单位工人薪级工资标准 （单位：元/月）

薪级	工资标准	薪级	工资标准	薪级	工资标准	薪级	工资标准
1	70	11	188	21	363	31	614
2	80	12	202	22	386	32	643
3	90	13	217	23	409	33	675
4	101	14	232	24	432	34	707
5	112	15	248	25	455	35	739
6	124	16	264	26	478	36	774
7	136	17	282	27	504	37	809
8	148	18	300	28	530	38	844
9	161	19	320	29	556	39	879
10	174	20	340	30	585	40	915

资料来源：《吉林政报》，2006 年第 24 期，第 25、26 页。

③绩效工资。绩效工资主要是根据工作人员的工作实绩和贡献发放的工资。国家对事业单位绩效工资分配进行总量调控和政策指导。事业单位在核定的绩效工资总量内，按照规范的程序和要求，自主分配。

事业单位实行绩效工资后，取消现行年终一次性奖金，将一个月基本奖金的额度以及地区附加津贴纳入绩效工资。事业单位在上级主管部门核定的绩效工资总量内，按照规范的分配程序和要求，采取灵活多样的分配形式和办法，自主决定本单位绩效工资的分配。

④津贴补贴。对在事业单位苦、脏、累及其他特殊岗位工作的人员，实行特殊岗位津贴补贴。

（3）工资晋升。

①薪级工资的晋升。自2006年7月1日起，年度考核结果为称职及以上等次的工作人员，每年增加一级薪级工资，并从第二年的1月起执行。考核结果为基本称职或不称职的，不能增加薪级工资。

②岗位变动人员工资的调整。工作人员岗位变动后，从变动的下月起执行新聘岗位的工资标准。薪级工资按规定调整。

（4）对高层次人才实施分配激励政策。

①国家对中国科学院院士、中国工程院院士以及为国家作出重大贡献的一流人才，经批准，执行专业技术一级岗位工资标准。

②国家对有突出贡献的专家、学者和技术人员，继续实行政府特殊津贴。

7.3　公共部门社会保险与福利

7.3.1　公共部门社会保险

1. 公共部门社会保险制度的含义

公共部门社会保险制度是指国家通过立法而建立起来的旨在保障公共部门人员在暂时或永久丧失劳动能力时，或在工作中断期间的基本生活需要的一种保障制度。公共部门社会保险为员工的职业风险分散提供了保障。它可以实现公共部门人员的收入在其自身不同的年龄段之间以及由经济的繁荣和萧条所决定的收入多寡阶段之间的纵向转移；还可以实现由处于顺境中的公共部门人员的收入向处于逆境中的公共部门人员转移以及收入从子女少的小家庭向子女多的大家庭横向转移；它还可以同其他社会保障项目一道，防止大量贫困现象的出现，使他们一生和每个经济周期的各个阶段能够相对平衡和稳定。

公共部门社会保险项目主要包括养老保险、失业保险、医疗保险、工伤保险和生育保险等。作为公共部门的社会保险制度，在建立与完善过程中要遵循以下原则：一是强制性原则。要做到公共部门人员社会保险权利与义务相结合，必须建立起相应的法规和法律，制度的执行必须带有一定的强制性，强制政府、单位和个人按照规定参加社会保险，履行各方面应尽的义务，规定应该享受的权利。二是国家、单位和公共部门员工个人共同负担原则。现代社会保险的许多项目，例如养老保险、失业保险、医疗保险等都要求三方面负担费用。三是行政管理和基金运营分开原则。公共部门社会保险事业也要实行政事分开，制定政策和法规，必须由政府主管部门负责；基金收缴、投资、管理和发放，应该由非营利性的社会事业单位负责。四是公共部门人员保险水平与生产力发展水平相适应原则。公共部门社会保险保证的是公共部门人员的基本生活，基本生活水平不是一成不变的，随着社会生产力水平的发展，基本生活水平也是不断提高的。因此，随着全社会生产力水平和全体社会成员生活水平的提高，公共部门人员的社会保险水平也应该不断提高。

2. 养老保险

养老保险是指劳动者达到国家规定的退休年龄或因年老丧失劳动能力，退出劳动领域后，由社会提供经济帮助，保障其基本生活，以帮助其安度晚年的社会保险项目。

为完善社会保障体系，保证事业单位改革顺利进行，促进人员流动，保障退休人员基本生活，国务院于 2009 年 3 月 1 日召开国务院常务会议，研究部署事业单位工作人员养老保险制度改革试点工作。试点地区为山西、上海、浙江、广东、重庆 5 省市。改革试点的主要内容包括：养老保险费用由单位和个人共同负担，退休待遇与缴费相联系，养老基金逐步实行省级统筹，建立职业年金制度，实行社会化管理服务等。然而，改革的定论还有待时日。

当前，中国正在逐步建立社会基本养老保险、单位补充养老保险和个人储蓄性养老保险三位一体的社会养老保险体系，公共部门可参照实行这一养老保险制度。其内容主要包括以下几个方面：

第一，社会基本养老保险。社会基本养老保险由社会统筹基金和个人账户基金组成。社会统筹基金的来源为单位缴费的基本养老保险的一部分。单位总的基本养老保险缴费比例一般不得超过单位工资总额的20%，具体比例由省、自治区、直辖市人民政府确定。少数超过比例的省、自治区、直辖市应报劳动部、财政部审批。其中划入社会统筹基金部分根据实际情况而定，但随着个人缴费比例的提高，从单位划入的比例也相应提高。个人账户基金的资金来源由个人缴费和单位缴费两部分组成：一是个人缴纳的全部基本养老保险费计入个人账户。其缴费比例在1997年不得低于个人缴费工资的4%，1998年起每两年提高1个百分点，最终达到个人缴费工资的8%。个人工资超过当地在岗职工平均工资300%以上的部分，不计入个人缴费工资基数；低于当地在岗职工平均工资60%的，按当地在岗职工平均工资的60%计算个人缴费工资基数。二是从单位缴纳的基本养老保险费中划入的部分。按规定，基本养老保险个人账户按个人缴费工资11%的数额建立，随着个人缴费比例提高到8%，单位划入的部分要逐步降至3%。单位缴纳的养老保险费除计入个人养老保险账户的部分外，均为社会统筹部分。为与做实个人账户相衔接，从2006年1月1日起，个人账户的规模统一由个人缴费工资的11%调整为8%，全部由个人缴费形成，单位缴费不再划入个人账户（《国务院关于完善企业职工基本养老保险制度的决定》国发〔2005〕38号）。

基本养老金的计发条件和计发办法，按规定，凡个人缴费年限累计满15年（1997年实施统一制度前参加工作的，其工龄视同缴费年限），退休后按月发给基本养老金。计发养老金的结构按《国务院关于建立统一的企业职工基本养老保险制度的决定》（以下简称《决定》）实施前后参加工作的职工各有不同：《决定》实施后参加工作的职工退休时其基本养老金由基础养老金和个人账户养老金两项组成，其中基础养老金标准为省、市、自治区上年度职工月平均工资的20%。个人账户养老金标准为本人账户储存额除以120。《决定》实施前参加工作、实施后的退休人员，个人缴费和视同缴费年限累计满15年的，基本养老金由基础养老金和个人账户养老金以及过渡性养老金三项组成，其中过渡性养老金由劳动部会同有关部门制定具体办法并指导实施；个人缴费年限累计不满15年的，退休后不享受基础养老金待遇，其个人账户储存额一次支付给本人，终止基本养老保险关系。《决定》实施前已经离退休人员的养老金、改革时已有一定工龄的职工离退休后的部分养老金、寿命长和收入低的职工部分养老金，以及根据在职职工工资增长调整养老金水平所需资金，按规定从社会统筹基金中支付。其标准仍按国家原来的给付规定，同时执行养老金调整办法。此外，按照《国务院关于完善企业职工基本养老保险制度的决定》

（国发〔2005〕38 号）规定，国发〔1997〕26 号文件实施前参加工作，本决定（国发〔2005〕38 号）实施后退休且缴费年限累计满 15 年的人员，在发给基础养老金和个人账户养老金的基础上，再发给过渡性养老金。个人账户只能用于养老，不得提前支取；职工调动时，个人账户全部随同转移；职工或退休人员死亡，个人账户中的个人部分可以继承。

第二，单位补充养老保险。单位补充养老保险所需资金主要由单位负担，也可以由单位和个人共同负担，但个人缴费部分不得超过供款总额的一半。补充养老保险费用中的单位供款，可以在单位工资储备金中列支；也可以经当地政府批准，将不超过本单位工资总额一定比例部分计入单位相关费用。补充养老保险费用中的个人缴费，从个人工资收入中按一定比例或绝对额缴纳。

单位补充养老保险一般采用个人账户方式。即职工在本单位工作满一定年限，应作为补充养老保险的实施对象；无论是单位提供的补充养老保险费用，还是职工个人缴纳的补充养老保险费用，一律计入职工个人账户。补充养老保险待遇按个人账户养老金储存额的多少计发。在单位实行补充养老保险制度之前已经退休的人员，是否给予追加性的补充养老保险金，及基金模式、给付标准和计发办法，由单位补充养老保险方案规定。单位可以自主选择补充养老保险的经办机构，各级劳动行政部门负责单位补充养老保险的政策制定、组织推动、统一指导和监督检查。补充养老保险基金可以用于投资，以期保值增值。基金增值部分，原则上归职工个人所有，以个人账户本金的多少按比例计入利息。受委托经办单位补充养老保险的机构，应与委托方的基金管理董事会共同商定投资方向和投资组合方案。单位在委托经办机构经办补充养老保险 12 个月后，有权选择和决定下期的经办机构，原经办机构不得拒绝和阻挠。

第三，个人储蓄性养老保险。职工个人储蓄性养老保险，是在国家宏观指导和给予一定政策性优惠条件下，按照个人自愿的原则，由职工个人根据自己经济收入的情况，或多或少地向社会保险事业管理机构缴纳一定的养老保险基金，有的也可以委托单位代扣，金额不限。个人储蓄性养老保险可缓解社会高消费、改善职工退休待遇，提高退休人员生活质量，起到居安思危的作用。个人储蓄性养老保险由职工个人自愿选择经办机构。

从以上三个方面的内容可以看出，基本养老保险体现了职工平等的养老保险权，它采用以支定收、略有结余、留有部分积累的办法筹集基金。单位补充养老保险和个人储蓄性养老保险则因单位经济效益和个人收入不同而有所区别，体现效率原则，它采用完全积累的办法，设立个人账户，所有款项及利息归个人所有。

3. 失业保险

失业保险是指依据国家法规，通过国家、用人单位和个人等渠道筹资建立失业保险基金，在劳动者失业时给予失业救济以保障其最基本的生活需要的社会保障制度。与其他社会保险项目比较，失业保险有以下一些特点：一是针对的劳动风险不同。失业保险针对的劳动风险是劳动者因各种原因失去工作而失业，劳动者的劳动能力并未丧失，这与养老、疾病等保险所针对的劳动者暂时或永久丧失劳动能力而面临的劳动风险有所不同。二是间接目的的不同。失业保险同其他社会保险项目一样，其直接目的都是保障劳动者的基本生活，而失业保险兼具的间接目的是提高劳动者的就业能力和提供工作机会，促进劳动者就业。三是享受条件不同。失业保险的享受条件不仅同劳动者的工龄、保险费缴纳情况有关，而且取决于劳动者的就业愿望。四是失业保险属于短期保险项目，超过一定期限，如果还没有找到新的工作，就将纳入社会救助体系，按社会救助制度给予生活补助，不再属于失业保险的享受范围。

在传统的计划经济体制下，国家行政组织和相关的国有企事业单位的公职人员捧的都是"铁饭碗"，不存在失业问题，从而一直没有建立公共部门的失业保险制度。而在社会主义市场经济条件下，由于经济增长的周期性和经济结构的变动等原因，社会难以实现对劳动力的均衡配置，因此，失业成为一种正常的和经常产生的现象。随着改革的不断深入，如果不建立公共部门的失业保险制度，就会造成公共部门人员流动的困难，机构的精简、公共部门人员的辞职辞退等措施也难以推进。可见，建立和健全公共部门的失业保险制度是关系到机构改革、人才合理流动、经济发展社会稳定的重要问题。

根据1999年1月颁布的《失业保险条例》，公共部门现行失业保险制度的主要内容如下：

第一，失业保险基金由公共部门和员工缴纳的失业保险费、失业保险基金的利息、财政补贴、依法纳入失业保险基金的其他资金等各项构成。公共部门按照本单位工资总额的2%缴纳失业保险。公共部门人员按照个人工资的1%缴纳失业保险费。

第二，领取失业保险金的失业人员应具备下列条件：①按照规定参加失业保险，所在单位和本人已按照规定履行缴费义务满1年的；②非因本人意愿中断就业的；③已办理失业登记，并有求职要求的。失业人员在领取失业保险金期间，按照规定同时享受其他失业保险待遇。

第三，失业人员在领取失业保险金期间或重新就业，或应征服兵役，或移居境外，或享受基本养老保险待遇，或被判刑收监执行、劳动教养，或无正当理由而拒不接受当地人民政府指定的部门、机构介绍的工作，或有法律、行政法规规定的其他情形的，停止领取失业保险金，并同时停止享受其他失业保险待遇。

第四，失业人员领取失业保险金的期限规定为：①失业人员失业前所在单位和本人按照规定累计缴费时间满 1 年不足 5 年的。领取失业保险金的期限最长为 12 个月；②累计缴费时间满 5 年不足 10 年的。领取失业保险金的期限最长为 18 个月；③累计缴费时间 10 年以上的，领取失业保险金的期限最长为 24 个月；④重新就业以后再次失业的，缴费时间重新计算，领取失业保险金的期限可以与前次失业应领取而尚未领取的失业保险金的期限合计计算，但是最长不得超过 24 个月。

第五，失业保险金的标准，按照低于当地最低工资标准、高于城市居民最低生活保障标准的水平，由省、自治区、直辖市人民政府确定。

根据以上这些规定，只要公共部门的单位和个人都按规定缴纳了失业保险费，一旦当公共部门人员因机构改革而下岗或因公共部门人事制度改革而下岗或者自行辞职时，便可领取失业保险金，得到基本的生活保障。①

4. 医疗保险

（1）医疗保险的含义和特点。医疗保险是指根据立法，参加医疗保险的被保险人因遭受疾病困扰时获得经济帮助的一种社会保障制度。

与其他社会保险项目相比，医疗保险具有以下特点：一是医疗保险与劳动者的关系最为密切。每一个人都会生病，而且发生的频度和严重程度难以预料。因此，医疗保险和每个劳动者都息息相关，它将伴随着劳动者一生。二是医疗保险的覆盖面广、发生率高，并与其他社会保险项目密切交织在一起。被保险人不论是享受生育保险、养老保险、工伤保险及失业保险，只要发生生育、负伤、疾病等都必须同时享受医疗保险，而养老保险与生育保险之间则不会发生交叉关系。三是医疗保险主要为劳动者直接提供实物和医疗服务，并通

① 朱晓卫：《公共部门人力资源开发与管理研究》，黑龙江人民出版社，2003 年第 215~218 页。

过服务帮助劳动者尽快恢复健康和正常的劳动能力。四是医疗费用难以预测和控制。医疗费用受多种因素影响，其费用变化较大，难以掌握。五是医疗保险的享受待遇与缴费水平不是正相关。在实行投保制的国家，劳动者必须缴纳保险费，才能取得享受医疗保险的资格，但享受到的医疗保险待遇却与缴费多少无关，而是与实际需要——病情有关，而其他社会保险险种的待遇往往与就业期间的工资水平正相关。

（2）中国公共部门医疗保险制度。中国的医疗保险制度是 20 世纪 50 年代初期学习前苏联的经验建立起来的。中国公共部门工作人员的医疗保险实行公费医疗制度，其经费来源于国家拨款。经费预算由各级财政部门安排，经由各级卫生行政部门拨付给公费医疗机构，统一管理使用，享受公费医疗的人员在规定范围内可以报销医疗费。公费医疗制度的享受对象主要为机关、事业单位的工作人员、二等乙级以上革命伤残军人和高等院校在校学生。公费医疗制度在当时对于保障公职人员的身体健康，促进经济发展，维护社会安定团结方面发挥了积极作用。但随着经济的发展和经济体制改革的深化，传统的公费医疗制度的弊端越来越明显：医疗费用基本由国家包下来，国家负担日益加重；医疗费用增长过快，浪费严重；对医疗费用缺乏有效的管理和监督等。

经过 20 多年的探索，1998 年 12 月，国务院发布了《关于建立城镇职工基本医疗保险制度的决定》，对传统的公费医疗制度进行了重大的改革，其主要内容有：①新制度适用于城镇所有用人单位及其职工，包括国家公务员，统一了机关、事业和企业单位的医疗保险制度；②基本医疗保险费由用人单位和职工共同负担，用人单位缴费率控制在职工工资总额的 6% 左右，个人缴费率一般为本人工资收入的 2%；③建立基本医疗保险基金，实行社会统筹与个人账户相结合的制度；④基本医疗保险基金由统筹基金和个人账户构成。职工缴纳的医疗保险费全部进入个人账户，单位缴纳的保险费的 30% 左右划入个人账户；⑤划分了统筹基金和个人账户的支付范围，确定统筹基金的起付标准和最高支付限额。起付标准原则上控制在当地职工年平均工资的 10% 左右，最高支付限额原则上控制在当地职工年平均工资的 4 倍左右。起付标准以下的医疗费用，从个人账户支付或由个人支付；起付标准以上、最高支付限额以下的医疗费用，主要从统筹基金支付，个人也要负担一定比例；超过最高支付限额的医疗费用，可以通过商业医疗保险等途径解决；⑥确定了基本医疗保险的服务范围标准，基本医疗保险实行定点医疗机构和定点药店管理，职工可以选择若干个定点医疗机构就医、购药，也可以持处方在若干个定点药店购药；⑦退休人员参加基本医疗保险不缴纳保险费。

2000 年 5 月，国务院转发劳动与社会保障部《关于实行国家公务员医疗补助的意见》，结合目前我国公务员医疗保险的实际情况，在实施城镇职工基本医疗保险的基础上，对国家公务员实行医疗补助。主要内容有：①医疗补助经费来源于财政预算，专款专用、单独管理，与基本医疗保险基金分开核算；②医疗补助经费主要用于基本医疗保险统筹基金最高支付限额以上，符合基本医疗保险用药、诊疗范围和医疗服务设施标准的医疗费用补助；在基本医疗保险支付范围内，个人支付超过一定数额的医疗费用补助；中央和省级人民政府规定享受医疗照顾的人员，在就诊、住院时按规定补助的医疗费用；③社会保险经办机构负责医疗补助的经办工作，财政部门和审计部门负责补助经费的财物和审计工作。

5. 工伤保险①

工伤保险是指国家和社会为在生产、工作中遭受事故伤害和患职业性疾病的劳动者及亲属提供医疗救治、生活保障、经济补偿、医疗和职业康复等物质帮助的一种社会保障制度。工伤即职业伤害所造成的直接后果是伤害到职工生命健康，并由此造成职工及家庭成员的精神痛苦和经济损失，也就是说劳动者的生命健康和劳动权利受到影响、损害甚至被剥夺了。

（1）工伤保险制度实施的主要原则。

①无责任补偿原则。无责任补偿原则是指工伤事故发生后，无论事故责任在谁，都应及时对受伤者进行经济补偿，又称补偿不究过失原则。工伤事故属突发性事件，可能由于各种原因造成，一旦发生工伤，受伤者不仅身心遭受极大痛苦，而且可能因劳动能力的突然丧失而暂时或永久失去收入来源，因此，及时对其进行经济帮助，可维持其本人及家属的基本生活不受影响，促进其劳动能力的尽快恢复，增强劳动者的经济安全感，稳定社会秩序。但无责任补偿并不意味着不要查清事故原因，不追究事故责任。相反，只有分析原因，总结教训，加强安全防范措施，才能从根本上减少工伤事故的发生，这与无责任补偿并不矛盾。

②因工受伤与非因工负伤相区别的原则。职业伤害或职业病与劳动者工作

---

① 孙柏瑛，祁光华：《公共部门人力资源管理》，中国人民大学出版社，2004 年第 252～253 页。

有直接关系的因工受伤，医疗康复、伤残补偿、死亡抚恤待遇均比其他保险水平高。因病或非因工伤亡，即与劳动者本人职业无关的事故补偿，待遇水平比工伤待遇低得多。

③直接经济损失和间接经济损失相区别的原则。直接经济收入是指因工受伤者的第一职业的劳动报酬，这是工伤保险的补偿内容。间接经济收入是指劳动者第一职业之外的其他收入，这不在工伤保险的范围之内。

（2）工伤的确认。工伤事故是指在工作岗位上，从事与工作有关的劳动中发生的人身伤害事故、急性中毒事故。即使不在岗位上，但由于工作环境、条件不良而引起的人身伤害事故，也属工伤事故。国际上通常将因下述情况之一产生的伤害视为工伤：在工作现场从事本职工作时中毒、负伤、死亡；根据工作现场负责人或单位负责人的指令，从事非本职的临时性活动而中毒、负伤、死亡；没有负责人的指令，但为维护本单位或他人利益紧急排险而中毒、负伤、死亡；在工作现场从事本职工作时或上班途中发生非本人过失的交通事故而负伤、致残、死亡；在因公出差或调动工作途中发生非本人过失的交通事故而负伤、致残、死亡；从事抢险救灾等危害群众利益，保障社会安全的活动而中毒、负伤、死亡。

（3）工伤保险待遇。工伤保险的待遇一般包括医疗服务、短期负伤津贴、残障抚恤金、丧葬费与遗属抚恤金等内容。

①医疗服务。工伤保险的医疗服务包括挂号、诊断、治疗、药品、检验、手术、住院费、医疗期间的膳食费、就医交通费以及疗养、康复、安装假肢等辅助器具等多项内容。其涵盖面要比医疗保险更多、更全面，带有褒奖性质。

②短期负伤津贴。这是对受伤者在康复或评残之前失去的收入的补偿，一般按负伤前一段时间的平均工资的一定比例给付，其标准一般高于普通疾病津贴，给付等待期一般为 1~3 天，给付最长期限一般为 26~52 周，若最长领取期限结束后仍未痊愈，经伤残鉴定后领取残障抚恤金。

③残障抚恤金。残障抚恤金是指机体器官受到损害，发生功能性障碍或智力退化，对医疗与护理依赖程度较高，而且不能复原的一种状态。劳动者遭受工伤和职业病，医疗期终结后经劳动能力鉴定，可确定残障性质，评定残障等级，按等级享受相应的残障抚恤金待遇。

④丧葬费与遗属抚恤金。因工死亡者的亲属可获得办理后事所需要的丧葬费，一般以固定金额形式支付；没有供养直系亲属的，可发给直系亲属一次性抚恤金。

中国于 2003 年由国务院颁布、2004 年实施的《工伤保险条例》，明确规定工伤保险的实施范围为中华人民共和国境内的企业和有雇工的个体工商户；同时授权劳动和社会保障部会同有关部门制定事业单位、社会团体、民办非企业单位工作人员的工伤保险办法。2005 年 12 月 29 日劳动和社会保障部会同人事部、民政部、财政部印发了《关于事业单位、民间非营利组织工作人员工伤有关问题的通知》（劳社部发 ［2005］36 号），就是依据国务院授权，进一步明确将事业单位、民间非营利组织工作人员纳入工伤保险的覆盖范围。但是，至今没有关于公务员工伤保险的具体规定。公共部门一般参照企业职工工伤保险执行；医疗服务包含所有的医疗费；负伤津贴为原工资的 100%；残障等级分为 10 级，程度不同享受的抚恤金也不同；护理费、丧葬费、遗属抚恤金由地方政府具体规定。

6. 生育保险①

生育保险制度是指在妇女因怀孕、分娩等生育行为暂时丧失劳动能力从而失去收入来源时给予其物质帮助的保障制度。生育保险的实施能保障妇女在生育期间获得收入损失补偿，维持基本生活水平；能保证生育妇女的身体健康与劳动能力恢复，以及新生儿的健康成长，促进劳动力的再生产和扩大再生产；能为妇女广泛参与社会经济活动创造条件；有利于贯彻、执行国家的人口政策。

中国生育保险的待遇包括医疗服务、生育假期、生育津贴、哺乳待遇等内容。

（1）医疗服务。包括检查、接生、手术、住院、用药等项目，超出规定项目的医疗服务和药费由本人负担；生育出院后，因生育引起疾病的医疗费用由生育保险支付；小产或流产，经单位所在地计划生育部门证明，其流产费用也由生育保险负责。

（2）生育假期。产假为 90 天，其中产前休假 15 天，产后休假 75 天，如系晚育，增加 30 天；难产，增加 15 天；多胞胎生育的，每多生一个婴儿，增加 15 天。生育妇女职工产假期满后因病需要再休息治疗，则自产假结束时起，按病假规定确定休假期限及经济待遇。

---

① 孙柏瑛，祁光华：《公共部门人力资源管理》，中国人民大学出版社，2004 年第254 页。

（3）生育津贴。生育妇女在产假期间，按照所在单位上年度员工月平均工资的 100% 领取生育津贴。

（4）哺乳待遇。有不满一周岁婴儿的女职员，在其每天工作时间内有两次哺乳时间，每次 30 分钟。多胞胎生育的，每多哺乳一个婴儿，每次哺乳时间增加 30 分钟。哺乳时间应算做工作时间。

女职员在哺乳期内，其所在单位不得安排其从事国家规定的第三级体力劳动强度的劳动和哺乳期禁忌从事的劳动，不得延长其劳动时间和安排从事夜班劳动。

7.3.2　公共部门福利

福利是公共部门为员工提供的除工资与奖金之外的一切待遇。福利所采取的形式可以是金钱与实物，但很多则是服务机会与特殊权利。福利既不以员工对组织的相对价值，也不以员工当前的贡献为基础。也即它的提供与员工的工作绩效及贡献无关。

福利的作用主要表现在以下方面：第一，具有维持劳动力再生产的作用。组织中的福利可以满足员工的一些基本生活要求，解决他们的后顾之忧，从而创造一个安全、稳定、舒适的工作和生活环境，有利于员工体力和智力的恢复。第二，是激励员工的重要手段。福利计划有利于员工的生存和安全需要，增加职业安全感。同时，福利体现了组织对员工生活的关心，可以增强组织的凝聚力和员工对组织的认同感，使员工对组织更加忠诚，与组织结成利益共同体。

福利的涵盖面很广，形式多样，却又较不明显、较难察觉，而其成本也很高。有的福利是指提供给某类特殊人员的，但大多数福利是提供给全体人员的，是大家都可以享用的。公共部门人员的福利内容、项目在不同时期、不同地区、不同单位是不完全相同的，不过一般的福利项目主要有个人福利、有偿假期和生活福利等。

1. 个人福利

个人福利是公共部门根据自身的发展需要和职工的需要选择提供的福利项目，主要有以下几种：

（1）退休金。年满 60 周岁的男性和年满 55 周岁的女性公共部门人员，可根据其工作年限和一定比例的标准工资享受退休待遇。退休金可以每月提取，也可以每季度或每年提取，根据各地的生活指数，有最低限度。

（2）互助金。生活困难补助的对象是基层单位收入少、供养人口多，不能维持当地最低生活水平的职工和遭遇意外事件生活困难的职员。补助办法是由困难职工本人提出申请，分级审批。严重困难职工可获定期补助，一般困难职工可获临时季节性补助。一般由工会负责，没有工会组织的则由单位行政负责。补贴标准由国家规定大致标准，具体补助金额由单位根据国家标准自行确定，经费来源于工会费、福利费开支。

（3）辞退金。公共部门由于种种原因辞退职工时，须支付给职工一定数额的辞退金。一般公职人员被辞退前连续工作满一年以上的，自被辞退的次月起由有关机构按月发放辞退金。辞退金发放标准，由省、自治区、直辖市人民政府根据"低于公务员中办事员的最低工资、高于社会救济"的原则确定。辞退金发放有一定期限，工作年限不足两年的，为三个月；满两年的为四个月；两年以上的，每增加一年增发一个月，但最长不得超过二十四个月。在出现重新就业、参军、出境或出国定居、被劳动教养或被判刑等情况之一时，辞退金停发。在已开展失业保险的地区，公共部门人员被辞退后的有关事宜，暂按当地失业保险规定办理。

（4）住房福利。组织为了使职工有一个较好的居住环境而提供给职工的一种福利，主要包括以下几种：根据岗位不同每月提供住房公积金；提供免费单身宿舍、夜班宿舍、廉价公房出租或出售给本单位职工，为职工的住宿提供免费或低价装修；提供购房低息或无息贷款、发放购房补贴等。

（5）交通费。主要指组织为给职工上下班提供交通方便而设立的福利。如组织派专车按一定路线行驶接送职工，上下班职工到指定地点等候班车；组织按规定为职工报销上下班交通费，或每月发放一定数额的交通补助费等。

（6）饮食性福利。免费或低价工作餐，工间免费饮料。有的单位虽然不直接提供工作午餐，但提供一定数额的工作午餐补助费。

（7）独生子女费。领取《独生子女证》的职工，每月可领取 5 元独生子女父母奖励费。

（8）医疗保健福利。免费定期体检及防疫注射、优惠诊疗等。

（9）海外津贴。是指一些单位为了鼓励职工到海外去工作而提供的经济补偿。海外补贴的标准一般根据以下条件制定：职务高低、派往国家的类别、派往时间的长短、家属是否可以陪同、工作时期回国度假的机会多少、愿意去该国的人数多少等。

2. 有偿假期

有偿假期是指职工在有报酬的前提下，不来上班工作时的一类福利项目。主要有以下几种：

①脱产培训。公共部门根据经济、社会发展和行政管理的需要，按照职位的要求，有计划地对其人员进行培训。培训既是公共部门对人力资源投资的一种行为，又是一种福利。培训分为初任培训、任职培训、专门业务培训和更新知识培训。公共部门人员按规定参加培训期间，其工资和各项福利待遇与在职人员相同。

②病假。为了适当解决公共部门人员病假期间的生活困难问题，有利于病休人员早日恢复健康，员工病假期间可根据其病假时间长短及工作年限，按比例发给相应的工资。职工病假工资最低不得低于当年职工月最低工资标准的80%。员工在病假期间，可以继续享受所在单位的生活福利待遇，但应有医疗机构证明，并经主管领导机关批准。

③事假。主要包括以下几种：婚嫁、丧假、男性职工的妻子产假、搬迁假等。各单位的事假规定不一，职工婚嫁一般为 7 天，符合晚婚年龄的夫妻增加婚假 7 天。婚假均不包括公休、法定假日在内。父母、配偶、子女、岳父母、公公婆婆死亡，丧假为 1～3 天。

④节日假。国家实行劳动者每日工作时间不超过 8 小时，平均每周不超过 40 个小时的工作制度，元旦、春节、国际劳动节、国庆节及法律法规规定的其他休假节日为员工的法定休假日。

平常时间安排员工延长工作时间，每月不得超过 36 小时，并须给付不低于正常工资 150% 报酬；在休息日安排公职人员工作又不能安排补休的，须给付不低于正常工资 200% 的报酬；法定休假日安排员工工作的，须给付不低于正常工资 300% 的报酬。

⑤探亲假。探亲假的享受对象和条件是：凡在公共部门工作满 1 年以上，与配偶不住在一起，并且不能在公休假日团聚的，可以享受探望配偶的待遇；与父母都不在一起且不能在公休假日团聚的，可享受探望父母的待遇。未婚员工探望父母，每年给假一次，假期 20 天。若单位当年不能给假或本人自愿两年探亲一次，两年合并一次假期为 45 天。已婚员工探望配偶，每年给一方探亲假一次，假期为 30 天。已婚员工探望父母，每 4 年给假一次，假期 20 天。可根据实际情况给予路程假，探亲假与路程假均包括公休假日和法定假日。

⑥带薪年假。公共部门人员连续工龄达5年者，从第6年起，可享受年休假。工龄5~15年，休假7天；工龄15~25年，休假10天；工龄满25年以上，休假14天。休假期间，工资及补贴照发，奖金及津贴由各单位视具体情况确定。

此外，还包括产假等，因前文已有论述，故此处不再赘述。

3. 生活福利

生活福利是指公共部门为职工的生活提供的其他各类福利项目，主要有以下几项：

①法律顾问。公共部门可以聘用长期法律顾问，为职工提供法律服务，也可以为职工聘请律师，并支付相应费用。

②咨询服务。咨询服务包括财务咨询、家庭咨询、职业生涯咨询、工作配置咨询，以及退休前咨询等服务。

③贷款担保。个人住房抵押贷款必须由贷款银行认可的第三方提供不可撤销的全额担保。一般情况下，借款人所在单位应作为借款人第三方担保人。

④子女医药费。为了关心公共部门人员的生活，适当解决职工子女患病的医疗费困难，调动广大工作人员的积极性，实行子女医疗费补贴。补贴子女治病的医疗费，可在父母所在单位的福利费中报销一定比例的费用。若夫妻双方在不同单位工作的，应由夫妻双方单位合理分担。

⑤子女教育费。为使职工子女能接受良好的教育，减轻职工的经济负担，公共部门对职工子女进入托儿所、幼儿园的保育费用，实行职工和单位共同负担托儿费的制度，有些单位每月提供一定数额的子女教育费，也有的为子女进入优秀学校而设立奖金等。

⑥文娱体育福利。指有组织的集体文体活动，单位自建文体娱乐设施，旅游津贴等。

本章小结

薪酬是组织激励、约束和发展等诸多机制中的核心环节，其影响地位已上升到组织的战略和文化层面。公共部门的狭义薪酬主要是指员工个人获得的以工资、奖金及以实物或福利、服务形式支付的劳动回报之和。全面薪酬包括经济性的报酬和非经济性的报酬。经济性报酬由直接薪酬和间接薪酬构成。直接薪酬包括基本薪酬和可变薪酬，间接薪酬包括基本福利和非工作时间薪酬。

薪酬管理涉及薪酬的战略性管理、薪酬的公平性管理、静态的薪酬管理、动态的薪酬管理等四个层面。这四个层面又可以进一步细化为薪酬计划、薪酬水平管理、薪酬制度管理、福利管理及薪酬诊断管理等五个环节。根据薪酬管理层次和环节，以及薪酬管理中的现实问题，薪酬管理的内容又可划分为薪酬体系管理、薪酬水平管理、薪酬结构管理、薪酬形式管理、薪酬模式管理等五大模块。要做好员工的薪酬管理工作，必须确定薪酬管理的基本原则。决定薪资报酬水平高低的因素可以分为内部因素和外部因素。

确立合理的薪酬制度是薪酬管理的核心，而典型的薪酬制度设计过程分为7个步骤，即确定付酬原则与策略、职位设计与分析、职务评价、薪酬率设计、外部薪酬状况调查及数据收集、薪酬分级与定薪以及薪酬制度的执行、控制与调整等。

中国现行公共部门薪酬制度主要包括公务员薪酬制度与事业单位工作人员薪酬制度。就目前而言，针对公务员实行的是职级工资制度，事业单位实行的是岗位绩效工资制度。

公共部门建立养老、失业、医疗、工伤和生育等项目的社会保险制度，有利于维护社会安定和谐，吸引和留住更多优秀人才到公共部门工作，满足公共部门员工对社会保险的需求，从而保障其基本生活需要，提高其福利待遇。

福利的涵盖面很广，形式多样。公共部门人员的福利内容、项目在不同时期、不同地区、不同单位是不完全相同的，不过一般的福利项目主要有个人福利、有偿假期和生活福利等。

关键术语

公共部门薪酬　全面薪酬　基本薪酬　可变薪酬　直接薪酬
薪酬管理　薪酬制度设计　职级工资制度　岗位绩效工资制度
社会保险　福利

思考题

1. 公共部门薪酬的构成有哪些?
2. 简述薪酬管理的五大模块。
3. 公共部门薪酬管理的原则是什么?
4. 公共部门薪酬制度设计过程一般包括哪些步骤?
5. 公务员现行职级工资制的具体内容是什么?
6. 事业单位现行岗位绩效工资制度的具体内容是什么?
7. 公共部门应建立怎样的养老保险制度?
8. 公共部门福利有哪些主要形式?

第8章 公共部门人力资源权利义务及权益保障

引导案例1

A局的一次工资调整

A局根据上级文件的精神，给机关干部职工进行工资调整。原会计韩某已调出本单位，但按文件精神要回到原单位参加调资，他符合"解决工资突出问题"的条件，可以升两级，因而被该局按照两级填报区调资办公室审批。但是审批结果是韩某只被批准升一级工资，原因是有人写信给区调资办公室，揭发他平时不好好上班，不应按照"解决工资突出问题"对待。区调资办公室为此通知A局，要求对韩某的问题写出书面意见。A局文局长立即召开全体职工会议，对此进行讨论。会上，有个别人提出韩某平时上班不正常，有时办事找不到他；大多数人认为韩某确实有不认真上班的表现，大家对他的印象也不好。但其他人也并非上班就很正常，如果不给韩某晋升工资，就得拿出旷工的确切凭据，才足以说服人。而A局平时没有考勤的原始记录，根本拿不出依据。再说这次调资并不占用他人的指标，都是"对号入座"，因而大家主张应该给韩某升两级。文局长听了大家的意见之后，决定按大多数人的意见报区调资办公室给韩某升两级。调资领导小组对韩某的问题又进行讨论，认为他不服从调动，不到新单位上班，不应该给予升级，于是作出只给韩某升一级工资的决定。韩某对此不服，并越级上访，以本单位的增资报批材料作为上访的依据。后来，韩某的老上级、市委某部林副部长，向区委鲁副书记（区调资小组组长）讲了韩某上访一事，并提出给韩某增加两级工资的意见。鲁副书记向文局长打电话，提出同样的意见，办法是请 A 局再报一个书面材料，作为重新审批的依据。文局长回答鲁副书记说："该报的材料我们都报了，决定是你们作出的，现在你们又让报材料，到底叫我们怎么做？既然调资领导小组已作出最后的决定，那么我们不再报材料。"由于文局长顶住不办，调资指标也已经作废，韩某的工资只升了一级，为此，韩某不服而上访不止。

资料来源：卢文刚：《公共部门人力资源开发与管理》，社会科学文献出版社，2006 年第 461～462 页。

案例讨论

1. 如何评论相关机构对韩某进行工资调整的行为？
2. 韩某的权利是否受到侵害？

引导案例 2

究竟该奖还是该惩

某区政府办公室主任王某在骑自行车上班途中，遇见马路上有一人被汽车撞倒，浑身血迹、昏迷不醒，肇事车辆却逃之夭夭。王某赶紧把自行车停在路旁，拦截了一辆出租车把受害人送往医院抢救，并垫付了医药费。伤者由于及时救治而脱险，伤者家属在打听到王某单位后，上门表示感谢。但王某当时因为急于救人，忘了拿挂在自行车车把上的公文包，等到伤者脱险后赶回去取时，车和包都不翼而飞。包里有重要的机密文件，若遗失将造成严重的政治后果。这件事情发生以后，单位对此有两种意见：一种意见认为王某见义勇为，救了人，应该给予嘉奖；另一种意见认为王某违反了纪律，把机密文件带回家，并弄丢了，应该给予处分。

　　资料来源：刘沂，赵同文等：《公共部门人力资源管理概论》，华东理工大学出版社，2002 年第 237 页。

案例讨论
你觉得政府部门应如何处置王某？

8.1　公共部门人力资源的权利与义务

　　公共部门人力资源的权利与义务体现了公共部门人力资源与国家和政府之间形成的最基本的法律关系，由此也确定了人力资源的法律地位，使其享有了行政管理的职责和权限。权利、义务的法定性，是公共部门人力资源的重要特征之一，规范了公共部门人力资源的行为方向。就公务员而言，其权利和义务是国家公务员制度的重要组成部分，是国家对公务员实行法制管理的基本依据和重要内容。国家以法律形式规定公务员的权利和义务，既可以保证公务员正确行使权力，依法行政；也可起到对公务员队伍依法实施科学管理和有效监督的作用。

8.1.1　权利与义务的一般含义

　　历史上对于权利的论述有不少，在马克思主义出现以前，影响最大的权利学说是 17—18 世纪资产阶级启蒙思想家和德国唯心主义思想家康德等人主张的"天赋人权论"。马克思主义则认为，权利归根结底是由社会经济关系决定的，权利不过是社会关系的一种法律形式。一般认为，权利是指法律对法律关系主体能够做出或者不做出一定行为，以及要求他人相应作出或不作出一定行为的许可或保障。权利具有以下特征：

　　（1）权利是法律上明确规定的，只有经法律的规定，权利才具有法律根据，并受法律保护。

　　（2）权利仅是一定行为的许可而不是行为本身，权利享有者拥有权利，但不一定行使。

（3）权利的内容是相当广泛的，涉及社会、政治、经济、文化等各方面。

（4）当权利受到侵犯时，公民有权向国家司法部门提出申诉和控告，有关机关有义务依法采取强制手段来恢复公民的权利，或者使享有权利者依法得到补偿，使侵犯权利者受到处罚。

法律上的义务由国家规定，这与基于道德、宗教教义或其他社会规范产生的义务不同。法律上的义务用国家强制力保障实施，是每个公民必须遵守的，违反或拒不履行公民义务将会受到国家法律的制裁。一般认为，义务是指法律规定的对法律关系主体必须作出一定行为或不得作出一定行为的约束。按性质义务可分为两类，一类是积极的义务，即国家法律规定公民必须作出的某些行为；另一类是消极的义务，即国家法律规定公民不得作出或禁止作出的某些行为。

8.1.2　公共部门人力资源的权利与义务的含义及其关系

1. 公共部门人力资源的权利

公共部门人力资源的权利，是指国家法律对公共部门人力资源能够做出或者不做出一定行为，以及要求他人相应做出或不做出一定行为的许可和保障。其具有以下特征：

（1）是以公共部门人力资源的身份和职权为基础的，这是公共部门人力资源权利与其他权利区别开来的根本标志。

（2）权利的具体内容是依法做出或者不做出一定行为，以及要求他人相应作出或不作出的具体行为。

（3）权利是国家法律予以确认的，受法律的保护。因此，当其权利受到非法侵害时，有权诉诸法律，请求依法保护。

2. 公共部门人力资源的义务

公共部门人力资源的义务，是指国家法律对公共部门人力资源必须作出或不得作出一定行为的约束和强制。换句话说，是国家以法定义务形式，强制性规定公共部门人力资源必须履行的某些责任。其具有以下特征：

（1）是基于身份和职责而产生的，由国家法律规范确认的，人力资源一旦与公共部门确立了这一法律关系，就必须尽职尽责，不得放弃。

（2）规定的目的是为了保证公共部门人力资源在法律规定的范围内正确

地行使职权。

（3）义务的内容就是依法必须作出的或不得作出的具体行为。

（4）没有或未能履行法定义务，公共部门人力资源必须承担相应的后果。

3. 公共部门人力资源的权利与义务的关系

公共部门人力资源的权利与义务的规定，是构成公共部门人力资源与国家之间法律关系的基本要素。其关系表现在，公共部门人力资源的权利与义务相互依存，法定权利的享受以履行义务为条件，反过来，法定义务的履行也必须以享受相应的权利为条件。

8.1.3　公共部门人力资源的权利与义务的基本内容

1. 公共部门人力资源权利的基本内容

我国公务员享有的法定权利的内容大体包括四类：一是身份和职务权利保障权。为保证公务员工作的稳定性、连续性和有效地执行公务，职务权利不受非法的侵害。二是政治权利。公务员作为公民和公务执行者应享有的宪法和法定政治权利。三是经济保障权。对公务员付出劳动的经济补偿和保障形式。四是救济和其他法定权利。当公务员的合法权利受到非法侵害时，公务员依法维护自身利益的权利。根据《中华人民共和国公务员法》第十三条的规定，我国公务员享有以下权利：

（1）获得履行职责应当具有的工作条件。这是公务员的职权保障权。公务员负有行使国家行政权力、执行国家公务的职责，他们是政府职能的实际执行者，公务员能够正常地履行国家赋予他们的职责，前提是国家必须提供公务员履行职责的应有的权力。公务员的权力指的是"职权"，这种权力是属于职位的而不是属于个人的，权力的大小与其承担的职务责任大小相适应，这种权力是必须行使，不能放弃的；同时又必须是在法律规定的范围内行使，不能超越，否则就是失职或越权，应承担相应的法律责任。

（2）非因法定事由、非经法定程序，不被免职、降职、辞退或者处分。这是公务员的身份保障权，即对公务员的免职、降职、辞退和处分不符合法律规定的条件，或虽符合法律规定的条件但不经过法定程序，都是无效的，公务员有权拒绝接受。这里所讲的"法定事由"指公务员的行为被确定触犯了国家的法律或公务员的纪律，构成被依法免职、降职、辞退或行政处分的法律事

236

实；所谓"法定程序"是国家法律规定的公务员被免职、降职、辞退或处分所必须经过的全部法律过程。

（3）获得工资报酬，享受福利、保险待遇。这是公务员在经济方面的权利。工资报酬主要是指国家规定的公务员的工资及各种津贴，是国家根据按劳分配原则，分配给个人的消费品的货币表现形式。保险是指国家规定的公务员及其家庭成员在生老病死或其他意外情况出现时，能够得到国家和社会的帮助，维持一定的生活水准。福利是指公务员在生活困难、探亲、交通、休假等方面按国家规定应享有的待遇。任何单位和个人不得随意扣减公务员的工资及各种津贴，不得剥夺公务员享受各种保险、福利等待遇的权利；如果公务员因受处分、降职等原因需要降低工资时，必须严格按照法定程序办理。

（4）参加培训。随着社会经济的发展和科学技术的进步，社会分工越来越细，政府管理的事务不断增加，公共行政越来越具有专业性、复杂性等特点，公务员只有不断充实自己，才能适应现代管理的需要。但并不是说公务员在任何时候、任何情况下都可以离开工作岗位参加培训。作为行政机关，在公务员具备合乎规定的各种培训条件时，应支持和保障他们的培训。

（5）对机关工作和领导人员提出批评和建议。公务员提出批评与建议既可以针对本部门或有隶属关系的行政机关及其领导人员，也可以向无隶属关系的行政机关及其领导人员提出；既可以就与自己工作、权益有关的问题提出；也可针对行政机关的工作程序、工作内容、领导人员的工作方式和作风等问题提出，可以采取书面形式、口头形式或其他合理的形式。批评是针对行政机关及其领导人员在工作中存在的缺点和不足提出的，建议则是公务员对改进工作提出的建设性意见。

（6）提出申诉和控告。这是保障公务员合法身份及各种合法权益的救济性权利。公务员的申诉权利是指公务员如对涉及本人的人事处理决定不服，可以向原成立机关申请复议，同时有权向同级人民政府人事部门申诉，其中对行政处分决定不服的，也可以向监察机关申诉。公务员的控告权利是指公务员对于行政机关及其领导人员侵犯其合法权利的行为，有权向上级机关或者监察机关提出控告。公务员的申诉控告权有利于纠正国家机关及其公务员的违法失职行为，有利于国家行政管理活动的民主化和法制化。

（7）申请辞职。法律尊重和保障公务员由于主观或客观原因不愿继续从事公务员职业而辞职的权利。由于公务员的工作性质和职业特点的特殊性，《中华人民共和国公务员法》第八十条对公务员的辞职规定了法律程序和限制性条款：公务员辞去公职，应当向任免机关提出书面申请。任免机关应当自接到申请之日起三十日内予以审批，其中对领导成员辞去公职的申请，应当自接到申请之日起九十日内予以审批。审批期间，公务员不得辞职。未满最低服务年限的公务员不得辞职。

（8）法律规定的其他权利。公务员除享有公务员制度法规规定的权利外，还享有宪法和法律规定的其他公民权利。这充分体现了公务员权利的广泛性和全面性。

2. 公共部门人力资源义务的基本内容

公务员的义务一般可以分为作为的义务和不作为的义务。作为的义务是指国家以命令性法律规范设定公务员必须作一定行为的义务，它基本上是以肯定的方式明确规定的。如果公务员违反法律规定，不作出应该的行为，就要承担某种否定性的法律后果。不作为是国家以禁止性法律规范规定的公务员不得作出一定行为的义务，它一般以否定的形式体现。公务员义务的基本内容集中在其政治要求和公共服务规则上。根据《中华人民共和国公务员法》第十二条的规定，我国公务员应当履行下列义务：

（1）模范遵守宪法和法律。宪法是国家的根本大法和总章程。它规定了我国的国家管理方式和社会管理方式，国家的基本政策，公民的基本权利和义务，国家机关的组织和活动的基本原则等。公务员必须以宪法为自己的根本活动原则，其公务活动必须符合宪法的要求，不得有任何违宪行为。

（2）按照规定的权限和程序认真履行职责，努力提高工作效率。这项义务强调的是依法行政，这是对政府部门及其公务员的基本要求。公务员执行公务时，不是代表个人，而是代表国家行政机关，因此不能随意行事，必须依法办事。

（3）全心全意为人民服务，接受人民监督。公务员是人民的公仆，必须以为人民服务作为工作的出发点和归宿点，密切联系群众，真正做到以人民群众的利益为准则，在决策时，要倾听群众的意见；要定期向群众或人民代表报告工作；对人民群众的监督要虚心接受，不得以任何借口和形式，加以抵制或打击报复，真正做到全心全意为人民服务。

（4）维护国家的安全、荣誉和利益。我国宪法规定，公民有维护国家安全、荣誉和利益的义务，不得有危害国家的安全、荣誉和利益的行为。公务员执行公务时是代表政府和国家的，因而公务员这项义务的内涵与一般公民有所不同。公务员在执行公务时，要站在政府的立场上，自觉维护国家利益，不能为了获取个人或小集团利益而使国家利益受损。在执行公务时，要注意维护国家的荣誉，不允许别人败坏和诋毁国家的形象及国家的方针政策。特别是在国际事务和对外交往中，更要注意维护国家安全、荣誉和利益，维护中华民族的尊严。

（5）忠于职守，勤勉尽责，服从和执行上级依法作出的决定和命令。行政部门实行行政首长负责制，实行统一指挥和集中领导。服从命令是对公务员的基本要求。每个公务员必须严格履行岗位职责，用自己的全部精力，兢兢业业、专心致志地工作，这样才能保证行政系统的正常、高效运行。公务员履行这一义务的含义包括：首先，公务员在执行公务时必须服从命令，不得自行其是，违抗政令；其次，行政首长下达指示，一般应逐级下达；再次，公务员服从命令的义务只以有效的职务命令为限，即领导人的命令只能是在其职权范围内的命令；最后，领导人的命令如违反法律、法规，违反党和国家的方针政策时，公务员有权提出批评、拒绝执行，并有权向领导或机关反映。

（6）保守国家秘密和工作秘密。国家机密直接涉及国家的安全和利益，因而保守国家机密是关系到国家安全和人民利益的大事。公务员由于工作关系，经常接触有关国家内政与外交方面的机密，因而必须增强保密观念，严守保密纪律。另外，国家机密和工作机密是无法截然分开的。有些国家机密是由一系列工作机密组成的，泄露了工作机密，就间接泄露国家机密。有些工作机密虽未列入国家机密的范围，但泄露了对工作也会带来损失，因此工作机密也需要保密。保守国家机密和工作机密的义务不仅在公务员的在职期间存在，在辞职、退休、被辞退，脱离公务员职业后，必须继续履行这项义务，否则将会受到严肃处理，直至追究刑事责任。

（7）遵守纪律，恪守职业道德，模范遵守社会公德。公务员是特殊的群体，必须严格遵守各项规章纪律；作为国家政策的执行者，应恪尽职守，履行好着职责，维护人民的利益，恪守职业道德；并且，公务员因其特殊的身份性质，其言行举止有一定的社会影响，应模范地遵守社会道德，发挥表率作用。

（8）清正廉洁，公道正派。公务员的权力是人民赋予的，属于其所在职位，不属于个人。所以必须以正确运用手中的权力，为人民的利益而工作，绝不能利用职权搞不正之风，谋取私利。要做到公道正派，廉洁自律，个人利益服从人民利益，局部利益服从全局利益。只有这样才能树立和维护政府的良好形象，才能赢得人民的信任与支持。

（9）法律规定的其他义务。公务员法明确规定公务员的基本义务，有些是宪法规定的国家行政机关工作人员义务的具体化，有些是由公务员本身的职业特点决定并衍生出来的义务。在公务员的义务里，明确出公务员要履行"宪法和法律规定的其他义务"，表明公务员还要履行作为一个公民的基本义务，这样公务员的义务在内容上就更加完整、全面了。

8.2 公共部门人力资源奖惩

奖惩是奖励与惩戒的统称。公共部门人力资源奖惩是对公务员考核结果的重要运用，是指国家行政机关或其他公共部门依据规定的标准、条件和程序，对成绩突出的公务员给予物质和精神的奖励；对行为失职的公务员进行处罚、制裁的管理活动。奖励和惩戒是一种具有激励和监控双重功能的评价体系，它一方面可以不断地调动和挖掘公务员的积极性、主动性和创造性；另一方面又可以对公务员的过失进行补救和纠偏，促使其向积极方面转化。

8.2.1 公共部门人力资源奖惩的原则

1. 公共部门人力资源奖励的原则

公务员奖励是国家对在工作和社会活动中表现突出、有显著成绩和突出贡献的公务员给予的奖励。根据《中华人民共和国公务员法》的规定，我国公务员的奖励主要遵循以下原则：

（1）实事求是。实事求是就是坚持以事实为依据，以法律为准绳，不弄虚作假，客观公正地评价国家公务员的工作成绩和表现，做到有功者奖，表现优秀者奖，有突出贡献者奖，以保持公务员奖励的先进性。

（2）公平得当。公平指奖励条件的规定和实施要一致，奖励标准不能因人而异，更不得人为地提高或降低奖励条件，对所有公务员都要一视同仁。这样，才会做到公平合理，受奖者光荣，未受奖者服气，并受到激励。

所谓得当，是指公务员是否受奖以及受何种奖励，要根据其表现的突出程度及贡献的大小来决定，大功大奖、小功小奖、无功不奖。如果对有功者不奖，就不能调动其积极性；而对无功者滥奖，同样不可能取得好的效果，不但达不到调动大家积极性的目的，有时还会起反作用；小功大奖，也收不到好的效果。要在实际的公务员奖励工作中贯彻好公平得当的原则，就应当做到：第一，严格依法进行奖励，各地各部门可以结合实际情况，制定一些具体的奖励办法。第二，坚持民主，广泛征求群众意见，经过群众评价产生受奖励者，防止领导者个人说了算。

（3）精神奖励与物质奖励相结合。精神奖励与物质奖励相结合的原则是由人民的基本需要所决定的。精神奖励是指给予受奖者荣誉方面的表彰，如表扬、记功、授予光荣称号，宣传光荣事迹等；物质奖励是指物质方面的奖励，如颁发奖金、奖品、晋升工资等。精神奖励与物质奖励的一个共同目的是调动人员的积极性和创造性。精神奖励与物质奖励是相辅相成，不可分割的，在坚持精神奖励与物质奖励相结合的同时，还必须坚持以精神奖励为主的原则，有效地发挥奖励的作用。

（4）奖励及时，注重实效。奖励及时，就是奖励与相关行为之间间隔不能太长，应在恰当合理的时间内及时奖励，这样才能收到良好的效果。否则间隔时间越长，奖励的强化机制就越弱，奖励效果就越小，对受奖者久拖不奖，其良好行为便得不到及时的肯定和支持，因而其积极性就会受到挫伤。因此，奖励及时，才有利于受奖者继续地保持积极性，有利于在单位树立起积极向上的良好风气。《国家公务员奖励暂行规定》第四条中规定，对在本职中作出成绩的，一般应当结合国家公务员年度考核进行奖励；对在特定环境中作出突出贡献的，应当及时给予奖励。

注重实效。就是重视奖励的社会效果。奖励要达到表彰先进，调动员工积极性，引导全体员工积极向上的目的，决不能搞形式主义，为奖励而奖励。

2. 公共部门人力资源惩戒的原则

惩戒即惩罚以示警戒，也就是行政处分。我国公务员制度规定：公务员有违纪行为，尚未构成犯罪，或虽构成犯罪、但依法不追究刑事责任的，应给予行政处分。如果情节轻微，经过批评教育后，也可以免予处分。惩戒公务员是政策性很强，十分严肃的工作，必须遵从以下原则：

（1）实事求是。行政机关对公务员的惩戒必须以事实为依据，做到事实清楚，证据确凿，客观公正。处理的确有违纪行为的公务员时，一定要认真组织力量，开展详细的调查取证工作。不能凭主观臆断任意惩戒。

（2）明确性质。行政机关详细调查取证后，要根据法律、法规和政策的规定，明确认定公务员违纪的性质。既不能夸大，也不能敷衍。只有明确了违纪性质，行政机关才能对公务员作出适当的惩戒。

（3）分级处罚。事情清楚，证据确凿后，就要根据法律、法规的具体规定，进行相应处罚。对于违反纪律的国家公务员应根据其错误性质、情节轻重、危害大小，区别情况作出处理。违纪情节轻微且未造成不良后果的，给予批评教育，免予行政处分；违纪情节较重，给国家和人民利益造成一定损失或不良后果的，给予记大过以下处分；违纪情节严重，给国家和人民利益造成重大损失或严重后果的，给予降级以上处分；对触犯刑律，构成犯罪的，移交司法机关追究刑事责任。

（4）及时处理。发现公务员有违纪行为时，国家行政机关应及时立案，及时调查处理。一般应从发现错误之日起半年以内给予处分，即使遇到情节复杂等特殊原因也不能将处分时限拖延过长，最长不得超过 1 年。

（5）手续齐全。惩戒公务员必须严格按照法定程序进行，手续一定要完备。

（6）惩戒与教育结合。惩戒仅仅是教育公务员的手段，而不是目的。公务员违纪后，应帮助他们找出错误的原因，总结教训，提出今后的改正措施。处分期满的，要及时解除处分。要把惩戒与教育有机结合起来，要以治病救人为宗旨，而不是惩戒之后就不管不问，不了了之。

8.2.2 公共部门人力资源奖励的条件、种类、权限和程序

1. 公共部门人力资源奖励的条件

奖励的条件是对公务员施行奖励时所参照的标准和依据。根据《国家公务员奖励暂行规定》第三条的规定，国家公务员有下列表现之一，应当予以奖励：

（1）忠于职守，积极工作，成绩显著的；

（2）遵守纪律，廉洁奉公，作风正派，办事公道，起模范作用的；

（3）在增进民族团结，维护社会稳定方面作出突出贡献的；

（4）在社会主义精神文明建设方面作出突出贡献的；

（5）在工作中有发明、创造或者提出合理化建议，为国家取得显著经济效益和社会效益的；

（6）爱护公共财产，节约国家资财，有突出成绩的；

（7）防止或者挽救事故有功，使国家和人民群众利益免受或者减少损

失的；

（8）在抢险、救灾等特定环境中奋不顾身，作出贡献的；

（9）见义勇为，舍己救人，维护社会公德和社会治安，表现突出的；

（10）同违法、违纪行为作斗争，有功绩的；

（11）在对外交往中，为国家争得荣誉和利益的；

（12）有其他功绩的。

2. 公共部门人力资源奖励的种类

奖励的种类是指根据公务员表现突出的程度和贡献的大小给予一些什么样的奖励。奖励种类的设计，一要有层次性，以便针对公务员贡献和成绩大小分别给予不同的奖励；二要符合实际情况，使得运用这些奖励种类能够达到鼓励的真实效果。

根据《国家公务员奖励暂行规定》第五条的规定，对国家公务员的奖励，分为嘉奖、记三等功、二等功、一等功、授予荣誉称号。其中对在工作中表现突出，取得优良成绩的，应当给予嘉奖；对在工作中作出较大贡献，取得显著成绩的，应当给予记三等功；对在工作中作出重大贡献，取得优异成绩的，应当给予记二等功、一等功；对功绩卓著，有特殊贡献的，应当授予荣誉称号。并且《中华人民共和国公务员法》第五十条规定，对受奖励的公务员或者公务员集体予以表彰，并给予一次性奖金或者其他待遇。

同时，《中华人民共和国公务员法》第五十二条也规定，公务员或者公务员集体有下列情形之一的，撤销奖励：

（1）弄虚作假，骗取奖励的；

（2）申报奖励时隐瞒严重错误或者严重违反规定程序的；

（3）有法律、法规规定应当撤销奖励的其他情形的。

3. 公共部门人力资源奖励的权限

奖励的权限是指政府各级主管部门或领导人享有的对公务员实施奖励的法定权力范围。各级主管部门或领导人的奖励权限同其所拥有的管理权是一致的，也就是说奖励的等级与主管部门领导者的职位层级是相适应的，以体现奖励的严肃性和荣誉性。我国对公务员奖励的批准权限，是根据公务员的管理权限的奖励的不同种类，分别由本级或上级主管机关执行。《国家公务员奖励暂行规定》中第六条规定，国家公务员的奖励由国家公务员所在机关或者上级机关按照下列权限批准：

（1）嘉奖、记三等功，由县级以上人民政府或者市（地）级以上人民政府工作部门批准。

（2）记二等功，由市（地）级以上人民政府或者省级以上人民政府工作部门批准。

（3）记一等功，由省、自治区、直辖市以上人民政府或者国务院工作部门批准。

（4）国务院授予荣誉称号，经国务院人事部门审核后，由国务院批准。

（5）省、自治区、直辖市人民政府授予荣誉称号，经本级政府人事部门审核后，由省、自治区、直辖市人民政府批准。

（6）国务院工作部门授予荣誉称号，经国务院人事部门审核同意后，由国务院工作部门批准。

（7）地方各级人民政府按照奖励权限的规定，给予本级人民代表大会选举或者人民代表大会常务委员会决定任命的人民政府领导人员奖励，应当报上一级人民政府批准；对政府工作部门领导人员的奖励，由本级人民政府批准。

审批机关在给予国家公务员奖励时，应当按国家公务员管理权限，征得主管机关的同意。

4. 公共部门人力资源奖励的程序

公务员奖励程序是指行政机关对公务员实施具体奖励时所应遵循的工作程序和工作步骤。实施公务员奖励应按下列程序进行：

（1）国家公务员所在单位在征求群众意见的基础上，提出奖励意见，按照规定的批准权限，上报审批；

（2）审批机关的人事部门审核；

（3）审批机关批准，并予以公布。

（4）必要时，审批机关可以直接给予国家公务员奖励。

8.2.3 公共部门人力资源惩戒的条件、种类、程序和解除

1. 公共部门人力资源惩戒的条件

惩戒的条件是对公务员实施惩罚措施时参照的标准和依据。严格规定惩戒

条件可以使公务员提高警惕和戒备，有效地防范和杜绝违法乱纪、失职渎职行为，也可以使单位能够严格地依法实行处罚，防止个别领导滥用职权、无端实施处罚，侵犯公务员的合法权益。要给予公务员行政处分，必须具备一定的条件。只有具备条件，才能由行政监察机关在规定的时限内作出处理决定。公务员承担违纪责任的条件如下：

（1）有违纪的行为。违纪的行为，既可以是消极的行为，也可以是积极的行为。违纪行为必须是已经发生的行为，只有违纪的思想或意识，不能算做是违纪行为。

（2）主观上有过错。违纪行为是违纪人处于故意或过失而作出的行为。

（3）违纪行为尚未构成犯罪，或虽构成犯罪，但依法不追究刑事责任。

违反纪律的行为严重到一定程度，给国家和人民群众的利益造成巨大损失的，就构成犯罪，要依照刑法和刑事诉讼法的规定承担相应的刑事责任。

总之，只要具备上述三个条件，公务员就必须承担违法乱纪的责任。但有些违纪行为，必须造成一定后果，才承担违法乱纪的责任。如违背社会公德，只有在造成不良影响的情况下，才承担违纪责任。对于情节明显轻微的违纪行为，经过批评教育后，也可免于处分。

2. 公共部门人力资源惩戒的种类

我国《中华人民共和国公务员法》第五十六条将惩戒的种类分为六种：警告、记过、记大过、降级、撤职、开除。并且在《关于国家公务员纪律惩戒有关问题的通知》中对惩戒作了如下补充：

（1）对于违反纪律的国家公务员，应当根据其错误性质，情节轻重，危害大小，区别情况作出处理：

首先，违纪情节轻微且未造成不良后果的，给予批评教育，免予行政处分；

其次，违纪情节较重给国家和人民利益造成一定损失或不良后果的，给予记大过以下处分；

再次，违纪情节严重给国家和人民利益造成重大损失或严重后果的，给予降级以上处分；

最后，对触犯刑律，构成犯罪的，移交司法机关追究刑事责任。

（2）国家公务员在执行公务中违反纪律造成严重后果，主管领导负有责任的，在给予当事人行政处分的同时，应追究主管领导的责任，必要时可给予撤职以下行政处分。

（3）给予国家公务员降级处分，一般降低一个级别。如果本人级别为十五级的，可给予记大过处分。

（4）给予国家公务员撤职处分，在撤销原职务的同时降低级别和职务工资。撤职后按降低一级以上职务另行确定职务。根据新任职务确定相应的级别和职务工资档次。

本人职务为办事员的，可给予降级处分。

（5）给予国家公务员开除处分，自处分之日起，解除其与国家行政机关的人事行政关系。

（6）国家行政机关发现国家公务员有违纪行为，应当从立案之日起的半年以内给予处理。情节复杂或者有其他特殊原因的，最迟不得超过一年。

（7）国家公务员违法违纪，已由司法机关查处的，待司法机关作出处理结果后，国家行政机关再作出相应的行政处理；国家行政机关先行调查认为需要移送司法机关的，必要时也可以先作出行政处理。

3. 公共部门人力资源惩戒的程序

为了保证惩戒的客观公正，惩戒必须严格按照法定程序进行。我国规定一般应包括以下几个主要环节：立案、调查、公布调查结果、提出处理意见等。

立案。国家行政机关发现公务员有违纪行为时，应按照公务员管理权限和案件管辖范围，履行立案手续。我国法律规定，行政机关发现公务员有违纪行为时，可以立案；根据《中华人民共和国行政监察法》，对于需要查处的事项，监察机关应当进行初步审查。认为有违法违纪行为，需要给予行政处分的，应予以立案。

调查。立案后，主管部门应对公务员违纪的事实进行详细调查、取证、核实和判断。要以实事求是、严肃慎重的态度进行调查，运用合理合法的手段和方法，查清违法违纪的事实、性质、危害、后果和原因。如果在调查中认定违纪事实不存在或不需要给予行政处分的，应当撤销立案。

公布调查结果。调查工作结束后，应在一定会议上公布调查结果。公布调查结果时，应通知被调查人到会，允许被调查人申辩，也允许别人为其辩护。

提出处理意见。公布调查结果后，办案人员应听取被调查人员的申辩，并对调查材料进行鉴别，做到客观公正，证据确凿，准确定性。如果由行政机关调查的，有关行政机关应提出对违纪公务员的处分意见；如果由监察机关调查的，有关监察机关应提出监察建议，报请审批机关审批。

4. 公共部门人力资源惩戒的解除

解除处分指公务员在受到开除以外的处分后，在处分期间有悔改表现，经过法定时间的考验后，原处分机关解除其所受处分的一种行政行为。由于受开除行政处分的，不存在解除的问题，所以，公务员只有受到警告、记过、记大过、降级、撤职行政处分的，才可解除处分。应当注意的是解除处分有两个前提条件。一是公务员在处分期间有悔改表现，即公务员在受处分期间对所犯的错误有深刻认识，并从中吸取教训，没有重犯过去的错误的，才可以解除处分。二是法定的考验期限届满，即已经达到法律规定可以解除行政处分的时间界限，一般说来受警告处分的，半年后可以解除处分，受记过、记大过、降级处分的，经过一年可以解除处分，受撤职处分的，经过两年可以解除处分。

公务员接受行政处分后，其晋升职务、级别和工资档次等，不再受原行政处分的影响。解除降级、撤职处分时不恢复原级别、原职务，而是根据公务员自身素质、实际表现和职位空缺情况，按任用程序重新任命新职务和确定新级别。公务员在处分期间有特殊贡献的，可以提前解除处分。所谓特殊贡献指公务员作出了有利于国家和人民的杰出行为，比如同严重违法犯罪行为作斗争，挽救或防止重大事故有功，有重大发明创造等。规定可以提前解除行政处分，有利于调动受处分公务员悔过自新的积极性，既坚持了原则，又体现了灵活性。

解除处分要做到程序合法，手续完备。先由公务员本人写出解除处分的书面申请，再经所在机关通过，报原处分机关批准，并将解除处分的决定以书面形式通知本人，存入本人档案。

8.2.4　公共部门人力资源奖惩的注意事项

如何充分发挥公共部门奖惩制度的奖优罚劣功能，何种奖惩制度安排能最充分发挥这一功能，是我们讨论奖惩制度时需要考虑的重要问题。以下将分别对公共部门奖励和惩戒制度在建立和运行过程中，需要注意的问题进行讨论。

1. 公共部门人力资源奖励的注意事项

工作实践中我们发现，并非所有的奖励都能激发员工的积极性，也不是奖励越多，产生的激励效果就越好。关键在于奖励能否与被奖励者的需要结合起来。公共部门的奖励同样适用这一道理。奖励的效果取决于奖励方式以及奖励场合与时机的选择。

(1) 奖励方式的选择。物质奖励与精神奖励相结合。这里所说的结合包含两层含义：一是指针对要奖励的对象选择适当的奖励方式，或是精神奖励，或是物质奖励，抑或是两者的结合，一切视情况而定。二是物质奖励和精神奖励并非截然分开。有的管理者只把奖金看成是物质奖励的手段，忽视了奖金的心理功能，使得奖金的激励作用被大大削弱。其实在一定程度上，物质奖励可以部分发挥精神奖励的功能。另外，物质奖励可以采取一定的仪式，这可使受奖者首先感到一种荣誉的授予，使奖励的效果大大增强。

(2) 奖励要体现公平原则。公平、公正是奖励的重要原则。一定的绩效应当获得相应的奖励，绩效应与奖励呈正比，否则会使人感到不公平。进而使工作绩效大大降低。需注意的是，公共部门内工作人员的公平感，主要来自与内部其他人员的比较，而非与其他部门人员的比较。部门内的比较，主要体现在同级人员之间的比较，而非与不同级人员的比较。公平问题是一个相对比较的问题，管理者不应过分重视奖励的绝对数量，而要着重奖励在不同人员之间的平衡。

(3) 物质奖励应限于有突出贡献者。物质奖励应限于有突出贡献者才能发挥出激励的功能，如果奖励变成工资的组成部分，那实质上已不是奖励，而是部门内的一种人人有份的福利待遇，是平均主义原则的一种固定化处理，也就丧失了激励功能。

(4) 物质奖励应保留被奖者的选择权。奖励要发挥出最大作用，可以与被奖者的需要紧密结合起来。让受奖人员对奖励拥有一定的选择权，更有利于发挥人员的主动性。奖励机关可以列出奖励内容的菜单，同一级别的奖励有多种不同的奖励方式，一定的绩效奖励只能在一定范围内进行选择，公务员可根据自己的需要在一定范围内进行选择，使奖励更人性化。

2. 公共部门人力资源惩戒的注意事项

与奖励制度的功能相反，惩戒所产生的是负激励效应，起一种约束功能，它体现了组织对个人的权力，是维持部门管理规范的保证条件。惩戒的意义不在于惩戒本身，而在于惩戒的存在有利于造就激励的环境。公共部门的惩戒需要注意以下几点：

（1）要将教育与惩戒结合起来。惩戒只是一种手段，而不是目的。惩戒是对既成事实的惩戒，目的在于惩前毖后，对来者进行警戒。惩戒并没有制止以往违纪失职行为的发生，而在于通过惩戒提高公务员的认识，从中吸取教训，防止类似事件的再发生。

（2）惩戒要把握时机，注重时效性。惩戒不应匆忙，但也不能贻误有利时机，应对出现违法违纪行为的公务员及时、适时地作出裁决，这样才能在一定范围内使惩戒的效果发挥出来，起到敲山震虎的作用。

（3）惩戒应力求客观、公正。对公务人员予以惩罚，组织和行政领导者必须用同一尺度进行衡量。惩戒的事实、条件必须明确、具体，排除主观随意性，惩戒措施要明确，应对事不对人，不能因为某人受过惩罚而对其另眼相看。

8.3　公共部门人力资源权益保障制度

申诉控告，是我国公务员享有的基本权利之一。申诉与控告是公民维护自身合法权益的有力措施，是一种权利受损后的补救制度。公务员的申诉、控告由国家公务员制度明确规定。法律、法规赋予公务员申诉权和控告权，并对公务员申诉、控告的对象、范围、程序以及国家行政机关受理的处理公务员申诉、控告的程序与要求作出明确的规定，构成了关于公务员申诉、控告的法律制度。申诉与控告制度是现代各国公共部门人力资源管理中的重要组成部分，它承担着公务员受到不公正待遇，与机关或领导在权益的认定上发生争议和纠纷时的案件复议、审理、仲裁等责任，是维护公务员合法权益不被损害的手段。公务员申诉、控告制度的建立，标志着公务员的法律地位，反映了公务员与行政机关的关系，并标志着政府管理制度民主化和法制化的进程。

8.3.1　申诉、控告的含义与性质

1. 申诉的含义

所谓申诉，是指当事人及其法定代理人对国家机关作出的、涉及其本人的具体处理决定（如已经发生法律效力的判决、裁定或行政处分等）不服，或者在行为过程中受到来自国家机关的压抑、歧视等不公正待遇时，有权依法向原处理机关或其上级机关或法定的专门机关提出申诉理由或诉讼请求，要求重

新审查和处理有关案件，请求免除、减轻处理或予以平反、给予公正待遇的一种法律行为。申诉有两种不同性质的类型：一是诉讼上的申诉，指刑事、民事诉讼当事人或其他公民，对已经发生法律效力的判决或裁定认为确有错误时，依法向人民法院或人民检察院提出申诉，请求重新处理；二是非诉讼上的申诉，指国家公务员和政党、社团成员对所给予的行政处分不服时，向法定的专门机关申诉理由，请求重新审查处理的法律行为。公务员的申诉属于后者，是指公务员对在人事行政上所隶属的国家行政机关或有关组织作出的涉及其本人权益的具体人事处理决定不服，在法定期限范围内依法向有关机关提出重新处理的意见和要求的一种法律行为。

与公民的一般性申诉不同的是，公务员申诉具有以下几个特点：

第一，公务员申诉是为国家公务员创立的一种权利补救制度，其目的在于保障和维护国家公务员个人的合法权益。通过申诉，给予处理者提供一次或几次表达个人意见、要求及修改不当处理的机会。

第二，公务员申诉的主体必须是国家公务员。其申诉权和特定的申诉条件是国家公务员法赋予和规定的。申诉应当由受到人事处理的国家公务员本人提出，如本人丧失行为能力或者死亡，可由其近亲属代为提出。

第三，公务员申诉的客体是国家行政机关的人事处理行为。这是行政机关的内部具体行政行为，而不是外部具体行政行为，只能由公务员管理方面的法律法规来加以调整，而不是依据行政机关社会管理方面的法律法规调整。公务员的申诉是在他对有关国家行政机关作出的直接涉及其切身利益的处理决定不服，认为处理决定明显违反政策和法律或者处理不公正不合理，影响了自己对正常权利的享有时所采取的依法提起申诉的行为。

第四，公务员申诉的目的是要求人事处理机关改变或撤销对自己的人事处理决定，恢复自己的合法权益，并使自己因受到违法或不当侵害而承受的损失得到补偿。这一特征对申诉行为与控告、检举行为进行了明确区分。与申诉仅要求得到补偿不同，控告还要求追究侵权人的责任，而检举则是使公众或他人的合法利益不受损害，至于自己能否获得某种补偿并非检举的主要目的。

第五，公务员申诉的受理机关由法律、法规或其他规范性文件加以确定，由专门机关对公务员的申诉进行受理。受理公务员申诉的机关主要有原处理机关的同级人民政府的人事部门或原处理机关的上级机关及有管辖权的行政监察机关。人民法院不是国家公务员申诉的受理机关，公务员向人民法院提起的只能是行政诉讼。

第六，公务员申诉必须按照法定程序办理。公务员申诉有严格的程序规定，一般在国家法律、法规或其他规范性文件中明确规定，具有约束力。国家公务员必须在接受处理决定的一定时间内向受理机关提起申诉，包括立案、组成公正委员会、调查、审理、决定等一系列处理国家公务员申诉的法定程序。

2. 控告的含义

所谓控告，是指公民对因国家机关及其工作人员的违法失职造成对其合法权益发生事实侵害的违法、犯罪行为，以口头或书面形式向司法机关或法定的其他机关进行揭发、举报、控诉，请求获得法律保护，并要求惩处违法犯罪人的一种法律行为。公务员的控告，则是指公务员对其所在的国家行政机关、有关组织或行政领导者在内部管理过程中作出的侵害其合法权益的违法、违纪行为，向上级行政机关或行政监察机关提出指控，并要求依法惩处的法律行为。

与公民的一般性控告不同的是，公务员控告具有以下几个特点：

第一，控告的主体是受到侵害的公务员本人。与申诉一样，对行政机关及其行政领导控告的主体是公务员，他为了维护并恢复自身受到不法侵害的合法权益，依法定程序向法定受理机关提出控告。这是公务员的一项法定权益。

第二，控告的客体是行政机关及其领导人侵犯其合法权益的行为，这同样属于行政机关的内部具体行政行为，而不是外部具体行政行为，只能以公务员管理方面的法律法规作为调整依据。

第三，公务员控告的目的，不仅是要求恢复和补偿自己的合法权益，还要求有关机关制止违纪违法行为，并对实施不法侵害的机关或个人追究法律责任。

第四，公务员的控告属于行政程序上的控告，不属于司法控告，只能依照行政程序进行，不能提出行政诉讼。

公务员申诉与控告，是维护国家公务员合法权益不被损害的有效手段。公务员的申诉与控告，必须忠于事实，否则将受到法律制裁。我国公务员制度确定的国家公务员的申诉控告权利，不仅是国家公务员维护自身权益的重要手段，也是对国家行政机关及工作人员实行监督的有力武器。

3. 申诉与控告的性质

公务员申诉控告的法律制度，是我国整个公务员法律制度的重要组成部分。当公务员享有的合法权利受到来自国家行政机关、组织或领导者的不当或非法侵害时，或公务员与其所在的行政机关发生人事纠纷时，公务员依法享有申诉和控告制度所赋予的救济权利，有权向国家公务员主管机关或其他法定受理机关提出申诉和控告，有权要求变更或撤销原处理决定，赔偿损失，以及惩处责任人。通过对公务员申诉与控告含义的深入分析，申诉与控告具有如下性质：

第一，权利保障。公务员申诉与控告对公务员的其他各项权利的实现起着保障的作用。公务员是政府管理活动的主要承担者，为保证公务员队伍的稳定，形成廉洁、高效、充满活力的工作环境，促进国家行政管理的有效推行，《中华人民共和国公务员法》第九十条规定，公务员对涉及本人的下列人事处理不服的，可以自知道该人事处理之日起三十日内向原处理机关申请复核；对复核结果不服的，可以自接到复核决定之日起十五日内，按照规定向同级公务员主管部门或者作出该人事处理的机关的上一级机关提出申诉；也可以不经复核，自知道该人事处理之日起三十日内直接提出申诉。

具体处罚措施如下：
①处分；
②辞退或者取消录用；
③降职；
④定期考核定为不称职；
⑤免职；
⑥申请辞职、提前退休未予批准；
⑦未按规定确定或者扣减工资、福利、保险待遇；
⑧法律、法规规定可以申诉的其他情形。

这些权利的实现都以相应机关及其工作人员依法正确无误地处理有关国家公务员合法权益的问题，正确履行义务，切实充分地保障国家公务员合法权益为前提。而在实际生活中，违反规定，错误处理国家公务员的现象时有发生。有了申诉控告制度之后，国家公务员对涉及自己的行政处分决定不服时可以向有关部门申诉，对不适当处理决定向上级机关陈述理由，对国家行政机关或有关领导侵害自己权益的行为可以控告，国家公务员对因错误处理自己造成的损失还可以要求补偿。只有这样，才能充分体现并保障公务员的基本权利和义务，调动公务员的工作积极性。

第二，事后监督。从人事管理法制建设的角度看，申诉控告制度是人事监督制度不可或缺的重要内容。人事管理法制建设的目标，就是要使人事管理做到有法可依、有法必依、执法必严、违法必究。而要真正做到违法必究，就必须加强监督，建立健全各项监督制度。申诉控告制度是人事行政监督制度不可或缺的重要内容。其事后监督性是指在公务员管理机关及其工作人员的人事行政行为发生后能够受到监督的状况。与主动监督（行政行为发生后监督机关或人员主动进行的监督）不同，它具有事后被动监督的性质，是行政行为发生后该行为所指向的相对人或其他知情人提出申诉、控告或检举后才进行的监督。它有助于纠正行政机关领导者、公务员个人的不当和违法行为。

第三，主观判断性。这是指公务员只要主观上断定自己的合法权益受到侵害，就可以按规定程序向有关机关提起申诉和控告。至于客观上公务员的权益是否真正受到了侵害，还必须经过有关机关的审理才能确定。正因为如此，《中华人民共和国公务员法》第九十一条规定：在公务员复议和申诉期间，不停止对公务员原人事处理决定的执行，并明确规定，公务员提出申诉和控告，应当坚持实事求是、忠于事实的原则。同时，《中华人民共和国公务员法》第九十四条规定：公务员提出申诉、控告，不得捏造事实，诬告、陷害他人。如果公务员在申诉与控告过程中弄虚作假、捏造事实、诬陷他人，国家行政机关将根据情节轻重，给予相应的处理。对于触犯刑法的，要依法追究刑事责任；给国家和他人造成经济或精神损害的，要承担相应的赔偿责任，并挽回影响。

第四，程序性。公务员的申诉控告及对申诉控告的审理必须严格按照法定程序进行。法定程序是使申诉控告案件得以客观、公正审理的重要保证。公务员申诉控告规定，实质上是程序法。申诉控告规定的适用，涉及各种有关公务员管理的法规，这些法规是判断公务员的权益是否受到损害的真实标准和依据。

第五，非诉讼性。公务员申诉控告的客体，一般都是国家行政机关及其领导人员在行政机关内部管理过程中，作出的涉及公务员个人权益的具体处理决定，以及在此过程中发生的违法、违纪行为，因而公务员申诉控告的提出、受理和解决，也都必须在行政机关内部按照行政程序办理，而不是由司法机关按照诉讼程序办理，是一种非诉讼控告。

8.3.2　申诉的条件、受理机关及受理程序

1. 申诉的条件

公务员行使申诉权，必须具备以下法定申诉条件：

（1）需有涉及公务员个人的已经生效的处理决定。申诉的主体必须是受

到行政机关处分或其他处理的当事公务员，并非所有的公务员都可以提出申诉，非处分的公务员对受处分的公务员所受的待遇不服时，就不能构成申诉的条件。这里的"涉及公务员个人的处理决定"是指国家行政机关在内部人事管理中，对公务员个人作出的行政处分决定，包括关于公务员定级、考核等次、降职、免职、回避、晋级增资、辞职、辞退以及退休等涉及其个人权益的人事处理决定。这些人事处理决定在性质上都属于国家行政机关的具体行政行为。并且，处理决定必须已经生效，如尚未正式决定时，则说明对公务员权益损害的事实尚未发生，这时不能提起申诉。

（2）公务员对处理决定不服。"不服"是指公务员自己主观上认为涉及本人的处理决定不公正、不客观、不合法。公务员个人对处理决定不服是申诉案件发生的前提。如果处理机关或其上级机关发现对某个公务员的处理决定失当，虽然公务员没有申诉，也要主动给予纠正，但这种纠正与由申诉引起的纠正不同。公务员对原处理机关作出的复核决定不服时也可以提出申诉。根据《国家公务员申诉控告暂行规定》，公务员对国家行政机关作出涉及本人权益的处理决定不服，可以向原处理机关申请复核。如果公务员对原处理机关作出的复核决定不服，可以向有管辖权的机关提出申诉，但复核并不是公务员申诉的必经程序。

（3）提出申诉的法定时限是30日，从接到处理决定之日算起。按照我国法律上计算时限的一般惯例，接到处理决定的当日不算在30日在内，接到处理决定的次日算第一日。另外，如果第30日适逢法定节假日的话，则要顺延到本节假日后的第一个工作日为第30日。公务员如果超过30日的时限才提出申诉，有关机关就可以因其耽误时限而拒绝受理，经审查认为有必要受理的，也不一定按照正常的时限来要求答复。之所以把申诉时限规定为30日，这是在充分考虑到两方面原因的基础上经过综合平衡而确定的：①国家行政机关的正常工作程序。从行政机关来讲，虽然公务员申诉并不影响有关机关处理决定的执行，但从法律上看效力并未得到最终确认，在申诉程序终结之前，一直都处于不确定状态，随时有被撤销或者变更的可能。如果申诉时限限定得太长，势必影响其正常开展工作，也不符合行政工作及时和高效率的原则，且时间越长调查处理的难度就越大。②考虑到公务员个人充分权衡、选择所需要的合理时间。人事问题涉及公务员个人的切身利益，人人都很敏感、很重视，30日的时间足够做充分的考虑，不会影响申诉权的行使。当然，若遇到特殊情况或不可抗力因素使其无法在法定时限内提出申诉时，法律上是允许其在特殊情况结束后及时申请而延长时限的。

另外，必须注意的是，公务员的申诉应以书面的形式正规提出，而非仅仅口头提出。

2. 申诉的受理机关

公务员申诉的受理机关，是指根据法律规定有权处理公务员申诉案件，改变或撤销原处理机关作出的人事处理决定，并能够承担受理公务员申诉责任的机关。我国申诉受理机构基本属于仲裁型。有权受理公务员申诉的机关分别是原人事处理机关、原处理机关的上一级机关和行政监察机关。公务员申诉的目的是要改变原处理决定，保障自己的合法利益。因此，在确定受理公务员申诉的机关时应考虑两个方面：一是该机关有权改变或撤销原处理机关作出的处理决定，或有权向原处理机关提出改变或撤销原处理决定的意见；二是申诉有期限限制，为使申诉案件得到及时处理，受理机关的行政层次应尽量与原处理机关靠近。在这两个方面中第一方面是主要的，第二方面是次要的。从这两个方面考虑，受理公务员申诉的机关有以下几个：

（1）原处理机关。大多数公务员的申诉案件由原处理机关解决。原因在于原处理机关对案情最了解，容易查清事实，受理案件比较直接，程序简便直接，解决问题及时，给国家和公务员个人造成的损失最小，同时原处理机关也有权改变或撤销本机关作出的处理决定，可以保证申诉案件及时处理解决。原处理机关必须依法受理和审理、裁决公务员的申诉案件。公务员如对涉及本人的人事处理决定不服时，可以向原处理机关申诉复核。

（2）原处理机关的上一级机关。指该机关是原处理机关的上级机关。依照法定程序，公务员可以向原处理机关的上级主管机关提出申诉，要求变更或撤销原处理决定。

（3）行政监察机关。根据国家有关规定，行政监察机关有权直接给予公务员撤职以下的行政处分。根据国家行政监察机关的职责范围，当公务员对其管理机关给予的行政处分决定不服时，可以向行政监察机关申诉，行政监察机关应按照有关规定受理公务员的申诉，并有权直接或建议有关机关纠正错误的行政处分决定。

在我国，监察机关受理申诉案件实行的是分级负责、归口管理和审核、审核终结制度。受理由上级领导机关交办的不服行政处分复核决定的申诉案件。受理由上级领导机关交办的不服行政处分的申诉案件和认为需要由本机关办理的其他不服行政处分的申诉案件。对申诉案件的管辖权有争议的，由涉及的监察机关协商确定，或由它们共同的上一级监察机关指定。

3. 申诉的程序

公务员申诉权利的有效发挥，必须依靠严格的法定受理程序，公务员申诉案件的法定受理程序依次为复核、申诉、受理、立案、调查、审理、审核及审核决定、再申诉、最终裁决。

（1）复核。复核是指公务员对国家行政机关作出的涉及本人权益的人事处理决定不服，在接到国家行政机关的人事处理决定之日起30日内向原处理机关提出重新审查的意见和要求，以及原处理机关在接到申请后的一定期限内作出复核决定的过程。公务员申诉复核，应当递交复核申请书。同时附上原处理机关的处理决定书。原处理机关在接到公务员递交的复核申请书后，应当指定原承办人以外的人员进行复核。原处理机关应在30日以内作出复核决定，并以书面形式通知申请复核的公务员。

复核不是公务员申诉的必经程序，公务员可以要求复核，也可以直接提起申诉。公务员对通过复核解决自己的问题缺乏信心或有其他原因时，也可以不经复核向同级人民政府人事部门申诉，其中对行政处分决定不服的，可直接向监察机关提起申诉。对年度考核定为不称职决定不服的，必须经原处理机关复核后才可以提出申诉。

（2）申诉。公务员对原处理机关的复核决定不服时，可以向同级人民政府人事部门或行政监察机关提出申诉，也可以不经原处理机关复核而直接向有管辖权的机关提出申诉。对地方县级以上各级人民政府作出的人事处理决定不服的申诉，按照管理权限由上一级机关管辖。年度考核为不称职的人事处理决定除外。

公务员提出的申诉应当在接到行政机关人事处理决定之日起30日内或接到复核决定之日起15日内提出。因不可抗拒等正当理由在规定的期限内未能提出申诉的，经审理申诉机关批准可以延长期限。如无正当理由，超过规定期限提出申诉，受理机关可以不予受理。公务员提出申诉时，应当向受理机关递交申诉申请书。申诉应当由受到人事处理的公务员本人提出，如本人丧失行为能力或者死亡，可由其近亲属代为提出。公务员提出申诉时，应当向受理申诉的机关递交申请书。

（3）受理。对公务员提出的申诉，受理机关应在接到申诉书之日起30日内，区别不同情况作出予以受理或不予以受理的处理决定，同时告知申诉人。决定受理的，立案审理；不予受理的，以书面形式告知申诉人，并说明理由。申诉材料不齐备，限期补正，过期不补正的视为不再申诉。

（4）立案。受理申诉的机关在决定受理公务员的申诉后，应当组织临时性的公正委员会负责审理申诉案件。公正委员会一般由政府人事部门中与申诉事项有关的工作机构的负责人 3～5 人组成，且组成人员必须是单数，负责审理公务员的申诉。在审查、确定公务员申诉的条件具备，符合要求后，由受理机关承办人进行登记，建立案卷。

（5）调查。立案后，承办人应立即在规定的期限内，对涉及国家公务员申诉的事项进行查询和调查，被申诉的机关应当提出相关的证据和文件。调查的内容包括调阅原案的全部材料，做阅卷笔录；将有必要进行调查核实的内容整理出来，拟出核查方案；受理机构承办人运用职权，要求当事人双方提供证人调查，要求提供证言、物证等。通过调查，受理机关应明确调查的事实是否清楚，证据是否充分，申诉人是否应受处分，定性是否准确，行政处分是否恰当，应当追究政纪责任的人有无遗漏，行政处分办理的程序是否符合规定等。

（6）审理。在调查的基础上，公正委员会依法对申诉案件进行审理。审理过程中，可给当事人提供表达意见和提供新资料的机会。审理一般公开进行。公正委员会在案件审理结束后，要根据审理情况提出处理意见，写出申诉审理报告，并将申诉审理报告提交受理申诉的机关。

（7）审核及审核决定。在审理的基础上，受理申诉的机关应当对公正委员会提出的申诉审理报告进行审核。经综合分析后，公正委员会讨论作出处理决定，并写出申诉审核报告。主要内容是原案提出的经过，原行政处分决定或行政处分复核决定的事实和处理结论，申诉的请求和理由，审理的情况和认定的事实、证据、定性以及适用的有关法律、法规和政策规定，审理的结论。制作的公务员申诉处理决定书，应及时送达申诉人和原处理机关。

受理申诉的机关，对公正委员会提交的申诉审理报告进行审核，并区别不同情况，作出处理决定：①认定原处理决定正确有效的，其处理结果依据的事实清楚，证据确凿充分，适用法律、法规、政策适当，定性准确，因而原处理决定是正确的，维持原处理决定不变。②部分修改或变更原处理决定的。由于对问题定性不够准确，适用法律、法规、政策不当，因而对原处理决定的不当部分进行纠正，作出修改或变更原处分的新决定。③撤销原处理决定。因原处理结果列举的公务员违法违纪事实不存在，认定的事实不清，证据不足，不正确地使用法律、法规和政策，或违反法定的办理程序，原处理决定有明显不公正的，则受理机构予以撤销。

申诉处理决定以书面形式作出，由作出决定的机关直接送达申诉人和原作出行政处分或复核决定的机关。申诉处理决定书要注明是否允许继续申诉。一般情况下，在审诉期间，原处理机关对公务员的人事处理决定继续执行。当处分机关的上级主管部门在受理申诉期间，认为必要时，可依据当事人的申请和自身的职权，全部或部分中止原处理决定的执行。与处分机关无隶属关系的其他管理机关，要中止处分的执行，必须事先征得处分机关的同意。国家行政机关也不得因公务员提出申诉而加重对其处理。

（8）再申诉。如果公务员对申诉受理机关作出的申诉处理决定仍不服时，可在接到申诉处理决定书的一定期限内，向受理申诉机关的上一级行政机关或上一级监察机关，提出再申诉。

（9）最终裁决。上一级行政或监察机关在接到再申诉后，在规定的时间内按前述法定的程序进行再审核，直至作出最终的裁决决定。至此，申诉过程即告完结。如果公务员对最终裁决依然不服，可按照国家有关信访工作的规定，通过信访渠道，继续向有关机关反映问题，但已不属于申诉程序，受理机关将按信访工作的办法处理。申诉受理机关的最终裁决结果必须执行。

8.3.3　控告的条件、受理机关及受理程序

1. 控告的条件

公务员的控告行为有两类：一是国家行政机关及其领导者的违法或不当行为，给公务员的合法权益带来损害，受侵害的公务员可依法向控告的受理机关提出控告，要求恢复其合法权益，并依法追究违法违纪者责任的行为。这一类控告与公务员本身的利益密切相关，是公务员控告制度的主要内容。二是由于国家行政机关及其工作人员的违法和不当行为，给社会公众或特定人员的合法权益造成损害，公务员出于良知和正义，向控告受理机关依法控告这一违法违纪行为。这类控告行为与公务员本人的利益没有直接关系，是公务员作为公民的义务使然，属于公民的权利。这里所指公务员依法控告的条件、程序等，都是针对第一类控告行为而言的。公务员实施控告权的条件如下：

（1）控告的主体必须是权益受到侵害的公务员本人。控告的目的是保护其自身的权益，而非保护他人的权益。未受侵犯的公务员不能成为控告人，也

不能代受害者行使控告权。

（2）当公务员的自身权益受到非法侵害时，才能提起控告。也就是说，只有当侵害公务员权益的行为事实上存在时，公务员才能提起控告，公务员提起控告的直接目的是为了保护自身的权益，而不是保护他人的权益。公务员行使控告权所控告内容的范围应是"侵犯合法权益的行为"，即上述机关及其领导人员在对所属公务员进行内部管理的活动中，所实施的侵犯公务员由于职务关系所享有的权利与利益的违法、违纪行为。如果上述机关及其领导人员不是在利用职权对所属公务员进行内部管理的过程中实施的违法、违纪行为，而属于依法行使的正常管理工作，不构成法律上的侵权行为。如认为其处理中有不当之处的话，只能通过申诉加以解决，而不能通过控告，要求追究有关机关及其领导人的法律责任。

（3）控告的内容必须与公务员的公务身份有关，且必须有明确的控告理由。公务员既具有公民身份，也具有公务员身份。当其公民权利受到侵害时，行使公民控告权；当其公务员权利受到侵害时，才能行使公务员的控告权。

（4）控告对象必须是明确的行政机关及其领导人员。这里所说的"行政机关及其领导人员"，是指对该公务员有行政隶属和管理关系的行政机关及其领导人员。只有这样的行政机关及其领导人员才有权力、有可能直接处理和决定公务员个人因担任政府公职而享有的权益问题。如果不明确被告人是谁，则无法追究被告人的责任，也不能提起控告。

（5）被控告的机关或人员属于受理控告的机关管理，即在受理机关的管辖范围内。

（6）控告一般要以法定正规的书面形式提出。

2. 控告的受理机构与受理程序

公务员行使控告权的目的：一方面，要保障自己的合法权益不受侵害，另一方面，使侵犯其权益的机关和人员受到应有的惩罚。为了保障公务员在执行公务中的公务权和身份保障权，公务员可依照法规和法定程序，向上级行政机关或行政监察机关提出控告。公务员可以要求侵权责任者赔偿由于侵权而造成的各种损失，并要求监察机关追究责任者的法律责任，并给予一定形式的惩罚。因此，受理控告的机关必须有权查处公务员的控告案件，并追究侵犯公务员权益的人员的法律责任。根据这一要求，我国受理公务员控告的机关有两个：一个是上级行政机关。公务员的控告可以向被控告行政机关或行政领导人员的任何一个上级行政机关提出，后者应当给予受理，并进行直接查处，或者移交被控告机关或人员的直接上级机关负责查处，但在实践中，一般以向被控告机关或人员的直接上级行政机关提出为宜。这样即利于查处工作的开展，也利于公务员个人提出控告。第二个是行政监察机关。行政监察机关既有受理控告的权力，也有直接惩办和建议有关部门惩办违法违纪人员的权力。

受理机关根据以下法定程序办理公务员的控告案件。

（1）提出控告。当公务员认为自己的合法权益受到来自行政机关及其领导人员的不法或不当侵害时，依法向上级行政机关，或直接向行政监察机关提出对实施侵害行为的机关或人员的控告。控告者应提供明确的被控告行政机关或人员，提供权益受到侵害的事实，以及侵害人实施侵害的具体行为，以便使受理机关确定是否受理并立案，或为受理机关的案件调查提供基础。控告应当由受侵害的公务员本人提出，如本人丧失行为能力或死亡，可以由其近亲属代为提出。公务员提出控告，应当递交控告书。

（2）立案。行政监察机关接到公务员的控告后要对控告情况进行初步审查、判断。当判定被控告者确有或者可能存在违法违纪侵害公务员合法权益的行为，需要追究责任时，应当给予立案。重要控告案件的立案，还应当向本级人民政府和上一级行政监察机关备案。

（3）调查。控告案件正式立案后，行政监察机关应迅速组织力量，在一定时间内开展深入细致的调查工作。在调查过程中，可以依据法定职权调阅有关材料，向有关人员了解情况，听取被调查人的陈述和辩解，允许控告人进一步补充证据材料，全面搜集证据，按照国家有关调查处理政纪案件的规定和程序进行调查。必要时，根据案件调查的需要，监察机关可聘请有关机关、团体和单位的人员，以及具有专门知识和技术的人员参加调查工作，获得充分的事实和证据，辨明案件的根本性质。调查结束后写出调查报告。

（4）作出处理决定。经过调查，受理控告的机关对公务员提出的控告审理后，区分不同的情况，根据相关的法规、政策，作出处理决定，并将处理决定以书面形式送达控告人、控告机关、被控告人和被控告人所在机关。当认定被告人没有违法违纪行为，或虽有违纪行为但不需追究行政责任时，应当依照立案时的批准程序销案，并告知被调查人及其所在的单位。当认定需要依照有关规定，对违法违纪的被告机关或人员作出处理决定时，上级行政机关可以直接作出。行政监察机关需作出监察决定或监察建议时，应提请本机关的监察委员会讨论，然后作出处理决定。如果涉及重大的监察决定或监察建议，应报经本级人民政府和上一级行政监察机关同意，作出决定。处理决定必须以正式的书面形式送达有关行政机关或人员。受理机关应在规定的期限内，尽快作出处理决定，使公务员所受的侵害损失降到最低限度。如果发现被控告机关或人员确有错误，应尽快予以纠正，减少不必要的重复控告。

（5）执行处理决定。有关机关或人员在收到上级行政机关或监察机关作出的处理决定或监察建议后，应在规定的期限内执行决定，并将执行的情况及时通报给作出处理决定的机关。对拒不执行处理决定的机关和个人，作出处理决定的机关要采取强制措施予以执行；情节严重构成犯罪的，要依法追究其法律责任。

8.3.4　申诉控告的法律责任

1. 行使申诉控告权利时应承担的法律责任

申诉控告是国家公务员享有的基本权利之一。公务员的合法权益遭到非法或不当侵害时，有权向其主管机关或其他法定受理机关提出申诉和控告，有权要求变更或撤销原处理决定，赔偿损失及惩处责任人。对公务员的申诉控告，受理机关必须按照有关规定作出处理，切实保护公务员的正当权益。与此对应，公务员在实施其权利时，也承担着相应的义务和法律责任。保障自身的权益，并不意味着可借此损害他人的利益。公务员在行使申诉控告权时必须承担相应的义务，否则就可能侵害他人或国家的利益，同时侵害行为人也必将受到法律制裁。因此，法律规定公务员在进行申诉、控告时应承担相应的法律责任，以保障权利的正常行使。

（1）公务员的申诉和控告必须忠于事实，不得诬告陷害他人。忠于事实是公务员行使申诉控告权的重要前提。公务员的申诉控告行为合法、合理、有效的关键，就在于从事实出发，用事实说话，为受理机关的调查处理并作出正确决定提供充足的事实依据。

公务员行使申诉控告权，必须做到向受理机关如实反映情况，不夸大、缩小甚至故意捏造事实，证据充分；同时必须保证所掌握的材料和情况都是通过正常渠道获得的。诬告陷害他人会受到相应的法律制裁。对公务员在申诉控告中故意捏造事实、弄虚作假、诬陷他人的，行政或监察机关要视情节严重程度，依法追究其相应责任：情节轻微的，由国家行政机关给予批评教育；情节严重的要给予相应的行政处分；构成犯罪的，由司法机关依法追究刑事责任；

给国家和他人造成经济损失的，应负责赔偿；造成名誉损害的，要公开道歉，挽回影响。

（2）公务员在申诉控告过程中提出的要求必须正当。行使申诉控告权的公务员所提要求不能脱离事实和规定，不能提出过高或无理的要求。当受理机关已经作出恰当处理后，公务员不应该再提无理要求。

（3）公务员要遵守受理机关就申诉控告问题制定的规章制度。为了施加压力或对处理结果不满意，聚众闹事、冲击受理机关甚至辱骂、殴打工作人员等违法违纪行为的责任人，将会受到法律的严肃处理。

受理机关在受理申诉控告案件的过程中，也承担着相应的义务。必须认真查明事实，严格掌握政策界限，在限定的期限内作出处理决定。

2. 国家行政机关对公务员错误处理后应承担的法律责任

我国公务员制度确定了公务员的申诉控告权利，不仅是公务员维护自身权益的重要手段，也是对行政机关及工作人员实行监督的有力武器。实事求是地讲，国家行政机关错误处理公务员或处理不当现象时有发生。因此，国家行政机关应本着"有错必纠"的原则，对公务员负责。当公务员的合法权益确实受到不法或不当侵害时，为了补偿其因错误处理所造成的损失，同时也为了使公务员管理机关及其工作人员能够慎重处理涉及公务员权益的问题，国家行政机关必须承担对公务员错误处理后的法律责任。同时，受理公务员申诉控告的机关对公务员申诉控告权的真正实现和申诉控告制度的执行负有重要责任，也应承担一定的义务。

对公务员来讲，获得申诉控告权本身不是目的，只是一种手段。如果这种手段不能保证公务员受侵害的权益得到切实恢复和补偿的话，那么公务员的申诉控告权便只不过是一种法律摆设，没有任何实际意义。国家不仅从法律上赋予公务员申诉控告的民主权利，而且有从实际上保障这种权利得到完全实现的切实措施，体现了国家行政机关坚持对人民负责、对法律负责，有错必纠，有损必偿的原则。

依照具体情况，行政机关对公务员错误处理后应承担以下法律责任。

（1）行政责任。国家行政机关要负责及时纠正错误处理决定，一经发现由其作出的处理决定是错误的，必须尽快予以纠正，撤销不正确的处理决定，并有效消除由此造成的不良影响，以减少申诉和控告。如果有关决定只是部分不当，应对不当部分宣布无效。

（2）经济责任。对公务员错误处理造成的经济损失负责赔偿，赔偿的数额按照《中华人民共和国国家赔偿法》的有关规定进行，一般应与损失的数额相当。"国家行政机关侵犯国家公务员合法权益造成后果的，应当承担以下责任：给公务员本人在工资、奖金以及福利待遇方面造成经济损失的，由侵犯其合法权益的国家行政机关承担赔偿责任。"

（3）名誉责任。名誉责任是指由于行政机关或人员的错误决定给公务员在名誉上造成损害所应承担的责任。对因错误处理给公务员造成了不良影响，就要在一定范围内消除这种影响，还要向公务员赔礼道歉。《中华人民共和国公务员法》第一百零三条规定："机关因错误的具体人事处理对公务员造成名誉损害的，应当赔礼道歉、恢复名誉、消除影响；造成经济损失的，应当依法给予赔偿。"

与此同时，国家行政机关领导侵犯公务员的合法权益事实清楚的，应当分不同情况，按下列规定处理：有违法违纪事实，需要给予撤职以下行政处分的，作出行政处分决定；有违法违纪事实，但情节轻微，不需要给予处分的，经批评教育后作出免予行政处分的决定；对需要在一定范围内予以通报的，应当进行内部或公开通报；需要由其他机关给予处理的，移送有关机关处理。对拒不执行受理机关的处理决定或对申诉控告人打击报复的被申诉控告机关及责任人，视情节追究以下责任：情节轻微的，由上级机关对负有直接责任的主管人员和其他直接责任人员给予批评教育；情节严重的，由上级机关对负有直接责任的主管人和其他直接责任人给予相应的行政处分；构成犯罪的要追究刑事责任。

国家行政机关在纠正对公务员的错误处理时，如果发现造成错误处理的原因不是客观因素所致，也非一般认识错误和过失所致，而是有关人员滥用职权、假公济私，进行打击报复造成的，应对有关责任者追究责任。

本章小结

公务员的权利和义务是公务员制度的重要组成部分，是国家对公务员实行法制管理的基本依据和重要内容，它构成了公务员的法律地位，使其享有了行政管理的职责和权限，体现在政府供职的公务员的义务与国家和政府之间形成的最基本的法律。用法律的形式对公务员的义务和权利作出明确规定，并以国家法律保证其实施，对于使公务员的行为符合法律规范的要求，正确地行使权力；对于公务员依法进行科学管理和群众监督等方面，都有十分重要的意义。

奖惩是公务员管理中的重要环节。人的行为需要激励和约束，公务员也是如此，奖惩一方面提供了公务员努力工作、积极向上的动力；另一方面也使违法违纪、消极对待的公务员有所警戒。如何运用奖惩激发公务员的正面行为，约束公务员的负面行为，是管理者需要考虑的问题。奖惩的有效性取决于是否有确切的依据，取决于奖惩方式的选择和奖惩时机的把握。一个优秀的管理者应该能有效地运用奖惩这一手段为自己的管理服务。

1995年，人事部根据《国家公务员暂行条例》制定《国家公务员申诉控告暂行规定》，标志着中国公务员的权益保障机制开始形成，中国公务员的权益保障开始步入规范化、法制化的轨道，依法行政、依法监督和依法保障工作进入一个新阶段。实践证明，公务员申诉控告制度通过对具体申诉案件的受理，对公务员考核、辞退、辞职和降职等单项管理制度的运行直接进行监督和检查，保障和支持了行政机关的依法行政；纠正了行政机关对公务员的不当人事处理，依法制止了行政权力的不当行使，及时有效地保护公务员的合法权益，促进了社会稳定。

关键术语

权利　义务　奖励　惩戒　申诉　控告

思考题

1. 怎样理解公务员权利与公务员义务的内涵？
2. 我国公务员的权利和义务的基本内容有哪些？
3. 何谓奖励？奖励的种类和条件是什么？
4. 你对目前我国公务员奖惩有何评价和建议？
5. 试分析公务员申诉和控告的异同？
6. 有关公务员申诉控告的法律责任包含哪些具体内容？

第9章 公共部门人力资源职业生涯规划

引导案例

小张的职业生涯规划

小张，男，24岁，某高校会计学专业学生，出生于农村，家庭比较贫穷，个人生活俭朴，为人随和，人际关系处理得较好。对是否喜欢自己的本专业不确定，求职目标比较模糊，对于行政事业单位和企业之间工作的选择很矛盾。

针对小张的问题，职业规划师与小张进行了1小时的面谈。面谈过程中，小张说他比较喜欢政府公务员经济回报稳定、环境舒适的工作氛围，但同时担心自己在做公务员后，本专业会计学得不到很好的发展，到底选择哪个，心里没有主意。

规划师告诉小张：选择什么并不重要，关键是看你想要什么。在进一步的谈论中，规划师发现小张非常在意工作后的劳动报酬，于是规划师与小张就劳动报酬问题进行了探讨。而对于小张最重要的是需要明确，在未来是挣今天的钱呢，还是明天的钱？如果考虑眼前，从稳定性角度出发，选择公务员可能要好一些，但选择公务员后，对个人专业发展可能有一定的负面影响，毕竟，会计学这个专业，主要立足于工业企业会计研究；另外，从事公务员以后，工资待遇可能比较稳定，而且有较好的保证，但如果想发展个人专业，或者说想在经济方面实现较显著的回报，公务员可能不一定是一个理想的选择，因为公务员是国家的公务服务人员，代表政府为社会服务是其主要的职能。如果说从长远考虑，也就是从未来的个人发展和较高的经济回报来讲，选择一家发展和管理比较成熟的企业或公司，或许还是一个不错的选择，因为通过个人努力以后，能够实现个人价值和经济回报两方面的愿望。

为帮助小张认清自己的职业兴趣，规划师引导小张应用 SWOT 分析法做了进一步的分析，具体 SWOT 分析，参照下表：

职业目标选项/比较项目	自身优势	自身劣势	实现的可能性	影响选择的其他因素
公务员	1. 财务专业优势 2. 本科学历优势； 3. 年龄优势	在专业深度和广度方面可能会受到一些限制；工资待遇受政策约束性较强，待遇灵活性较差；个人价值取向受到影响	需要参加国家公务员统考，考试录取比例在人才竞争日益激烈的特定背景下，存在一定职业风险，成功率可能较低，因为公务员录用属于选拔性人才需求。若多次报考存在机会成本问题	家庭关注多一些；也有一定的职业风险，比如因不能胜任而被所在机构或部门淘汰。未来成长晋升可能需要一定的家庭社会资源作为支撑

266

续表

职业目标选项/比较项目	自身优势	自身劣势	实现的可能性	影响选择的其他因素
企业管理人员	专业出身；年龄和学历优势；符合自身价值取向	对企业运作流程比较陌生，缺乏企业财务工作经验	通过应聘，能够找到自己比较理想的职位；有机会找到国内国际知名企业财务工作的职位；更高层次的专业飞跃依赖于个人的毅力和决心，如考取注册会计师执业资格	个人价值观、自身专业能力（会计师、注册会计师、上市公司研究等），目前个人经济状况和生存条件；家庭的理解与支持

　　而认清职业兴趣之后，就要着手提升自己的职业技能。如果决定在企业发展，需要在短期内尽快提高自身职业技能——会计专业岗位所需要的工作技能。

　　事实上没有最好的职业，只有最适合的职业。在抉择过程中，关键在于自己在乎什么。明确以后，就要拿出勇气，大胆选择，忌讳优柔寡断，犹豫不决，贻误良机。

　　资料来源：http://www.5Zrc.com/News/7200953116251.html

案例讨论

1. 职业生涯规划对组织与个人的意义何在？
2. 如何设计个人职业生涯规划？

9.1　公共部门人力资源职业生涯规划概述

9.1.1　职业生涯规划的含义和作用

职业生涯规划学说起始于 20 世纪 60 年代的美国，随后又在加拿大、瑞士、法国、新西兰、澳大利亚、德国等国家得到快速发展。20 世纪 90 年代中期从欧美国家传入中国。虽然职业生涯规划在我国目前还是一个新兴的名词，但随着职业市场竞争的不断升温，人们越来越意识到，科学的职业生涯规划在自己一生中有着至关重要的地位。

广义的职业生涯指个人一生中的各种职业和生活角色。职业生涯包括个人自青春期至退休所有有酬或无酬职位的综合，此外还包括与工作有关的各种角色。狭义的职业生涯是指一个人终其一生，伴随与工作或职业有关的经验和活动。即更强调一般意义上的职业。因此我们说，职业生涯是指一个人一生中的所有与工作相关联的行为与活动，以及相关的态度、价值观和愿望等连续性经历的过程。

具体来说包含以下四个意思：①职业生涯只是表示一个人一生中在各种职业岗位上所度过的整个经历，并不包含成功与失败的含义，也没有进步快慢的含义。②职业生涯由行为活动与态度、价值两方面组成。要充分了解一个人的职业生涯必须从主观和客观两方面理解：表示职业生涯客观特征的概念是"外在职业生涯"，即一个人在工作时期进行的各种活动和表现的各种举止行为的连续性；"内在职业生涯"则表示职业生涯的主观特征，涉及一个人的价值观、态度、需要、动机、气质、能力、发展取向等。③职业生涯是一种过程，是人一生中所有的与工作相关的连续经历，而不仅仅是指某一个工作阶段。④职业生涯受多方面因素的影响。比如，本人对终生职业生涯的设想与计划、家庭中父母的意见与配偶的理解和支持、组织的需要与人事计划、社会环境的变化等都会对职业生涯有所影响。因此，职业生涯在一定程度上可以认为是多方面因素相互作用的结果。

职业生涯可分为两种类型：一种是传统性职业生涯，指一个人的职业生涯中，他们的职业可能是稳定的。比如一位大学教师，他的职业生涯初期是助教，然后是讲师，随着专业知识的深厚和教学经验的丰富，又晋升为副教授，由于科研时间的深入和研究成果的突出，再晋升为教授；另一种是易变性的职业生涯。比如另一位大学教师，他首先从事的是教学工作，后来又改做行政管理工作，再后来又可能因某些原因而辞职转行做其他工作等。在一个有限的生命中，职业生涯往往占有绝对重要的位置。据调查统计，大部分人平均职业生涯所用的时间占可利用的社会活动时间的 71% ~ 92%。

职业生涯规划对个人和组织的发展都有非常重要的作用。从员工的角度来看，职业生涯规划可以增强员工对职业环境的把握能力和对职业困境的控制能力；帮助员工协调好职业生活与家庭生活的关系，更好地实现人生目标；同时，组织为员工制订的职业发展计划则可以使员工充分把握机会，发挥能力，以使员工的自我价值不断提升和超越。从组织的角度来看，职业生涯管理能够提高组织的竞争力和应变能力，减少因员工流动而带来的损失。组织关心员工的职业发展，会使员工感觉到自己是组织整体计划的一部分，从而改善员工的工作态度，激发他们的士气，提高劳动生产率，使组织变得更加有效率。

注重组织的可持续发展，在考虑组织利益的同时兼顾员工个人的发展，是现代管理的趋势。实际上，也只有使员工的职业生涯发展目标与组织的发展目标保持一致，将员工的职业生涯发展与组织的发展紧密地结合起来，才能真正发挥出职业生涯管理的作用，既能使员工终生受益，也能让组织茁壮成长，实现两者的共同目标。

9.1.2　公共部门职业生涯规划的意义和目标

1. 公共部门职业生涯规划的意义

公共部门工作人员（以下简称公职人员）虽然已有了自己的职业，但职业历程有很多变数，尤其受国家政策的影响会更大。面对环境变化所带来的对公职人员素质要求的提高，无论是公职人员本身还是其就职部门，都要根据新的需求调整公职人员的职业生涯规划，从而使公职人员能够对自身的条件和能力有清醒的认识，能够充分把握环境变化所带来的各种机遇和威胁，从而确定合适的职业奋斗目标，并为实现这一目标做出行之有效的安排。

2003 年 3 月 10 日，十届人大一次会议第三次全体会议通过了《关于国务院机构改革方案》，揭开了我国第五次政府机构改革的序幕。这次政府机构改革的目标是通过行政体制改革和机构改革，进一步转变政府职能，调整和完善政府机构设置，理顺政府部门的职能分工，提高政府管理水平，形成行为规范、运转协调、公正透明、廉洁高效的行政管理体制。在这一背景下，公职人员的职业环境发生了深刻变化，而新的职业环境对公职人员的职业素质提出了新的要求，所以机构改革背景下公职人员职业生涯规划势在必行。

当然，公职人员的职业生涯发展也不仅仅是职员自己以及家庭的事情。公共部门积极参与职员个人职业生涯发展计划对于培养造就公职队伍，完善公共部门人力资源管理具有重要意义。

首先，有助于理解公职人员的价值观并帮助其发现自己所具有的优势，从而明确自身的努力方向。

公共部门参与公职人员职业生涯发展规划有助于帮助其了解哪些是他内在的价值观，哪些是外界寄予他的期望。符合职员内在价值观的行为方式会使职员比较满意，而外界的期望有时反而会成为一种压力；有些价值观职员希望维持和保持，另外一些价值观职员则希望采取行动予以强化，从而得到更多的工作满足；还有些价值观仅仅是实现一些目的的手段，这些都需予以识别。因此，公共部门可以听取职员本人及其朋友和家人的意见，以理解职员的价值观，这样，才能够帮助职员制订一份行动计划以支持、维持和实现这些价值观。

除此之外，公共部门管理人员应该帮助员工发掘自己的长处。当组织对职员的优势有了一个认识后，就可以和职员一起讨论如何更好地利用这些长处支持、实现组织的目标，并且发现未来的职业发展机会。美国伯纳德·霍尔丹博士在其专著《职业生涯：满意和成功》一书中介绍了了解职员优势的方法：核心是职员过去的成就隐含着长处，正是这些长处的充分发挥才取得了过去的成功。

其次，有助于在完成部门目标的同时，使公职人员个人获得事业的成就感，最终形成部门利益与职员利益的双赢。

组织行为学认为，当个体与组织的目标一致时，会产生较高的满意度与组织承诺。公共部门参与职员职业生涯规划的指导与管理，把职员的职业发展纳入部门管理的范畴，在职员的个性与能力越来越得到尊重与展示的同时，公共部门的观念、思想、行为也逐渐变得更加成熟与有效。

与职员一起成长，贯穿于公共部门人力资源管理的全过程，包括招聘、培训、配置、激励，甚至调离。当职员加入公共部门时，对其灌输组织的价值观、行为观等，指导其尽量按照该部门所提供的方向、路径向前发展，尽快融入团队，这便成为公共部门对职员实施职业发展的开始。职员谋求发展是一个不断提升自我的过程，以部门为主导的培训应成为辅助职员职业发展的有力工具，变利用职员能力为开发职员潜能。每一个职员都希望实现自身的价值，公共部门是否有完善的管理制度和机制是职员实现自身价值的必要保障，公共部门运行的核心是人的激励与约束，如果没有有效的激励机制、约束机制与发展机制，职员的积极性和创造性就得不到发挥。澳大利亚费林德斯大学的人力资源管理制度中对职员评估的一项重点是，职员与自己的直接主管面对面地座谈，比如：一般职员与自己的课题或专业负责人，学院院长与校长。这样的座谈一对一，不受任何干扰，每年不少于两次。通过这样的交流和评估，主管了解了下属的工作内容和需求，下属也清楚了自己的不足和努力方向，达到了职员与部门的共同发展。

2. 公职人员职业生涯规划的目标

公职人员职业生涯规划的目标是培养他们的以下几种素质。

（1）道德素质。公职人员是国家的精英，是先进分子，他们的言行举止每时每刻都在起到教化民众的作用。然而，有一部分公职人员公仆意识、服务意识、责任意识淡漠，甚至错误地把手中权力当做谋取私利的工具，忘记了手中的权力来自于公众的委托，使权力的性质发生了变化。这些不道德的意识及行为，已成为实现机构改革目标的最大障碍。为了实现机构改革的"建立行为规范、运转协调、公正透明、廉洁高效的行政管理体制"这一目标，要求公职人员能够时刻以民为本、始终把公众利益放在第一位，具备良好的道德素质。

（2）心理素质。研究人员对公职人员群体的心理健康状况所做的调查表明，公职人员的心理素质不容乐观。公务员属于工作压力较大的群体，他们整体素质高、抗压能力也比较好，但他们要承受更多来自于单位体制、机制、工作任务、家庭期望、自身人格等方面的挑战，并被要求不断掌握新知识、新技能，如果应对压力的方式不正确，就会产生心理问题，乃至发展成心理疾病。而在转变政府职能的改革背景下，不可避免会给公务员以一定的心理冲击，这就需要公务员通过职业生涯规划进行科学设计。

（3）业务素质。公务员的业务素质包括：专业知识、相关知识和智力素质，这些素质可具体化为敏锐的政治鉴别力、整合各种工作信息的能力、驾驭市场经济的能力、应用电子商务技术的能力、拥有创新精神及创新思维的能力，这些知识能力在公务员处理日常业务时是必不可少的，也是公务员提高工作效率的保证，有助于实现我国行政体制改革的长远目标。

9.2　职业生涯规划的相关理论

9.2.1　职业生涯的发展阶段和周期

1. 萨帕的职业发展阶段划分

萨帕（Donald E. Super）是美国的一位有代表性的职业管理学家。他把人的职业发展划分为五个主要阶段。

（1）成长阶段：属于认知阶段。

大体上可以界定为 0～14 岁这一年龄段上。在这一阶段，个人通过对家庭成员、老师、朋友的认同及相互作用，逐步建立起自我概念，并经历对职业从好奇、幻想到兴趣，再到有意识培养职业能力的逐步成长过程。萨帕将这一阶段具体分为三个成长期：①幻想期（10 岁之前），儿童从外界感知到许多职业，对于自己觉得好玩和喜爱的职业充满幻想，并进行模仿；②兴趣期（11～12 岁），以兴趣为中心，理解、评价职业，开始作职业选择；③能力期（13～14 岁），开始考虑自身条件与喜爱的职业是否相符合，有意识地进行能力培养。

（2）探索阶段：属于学习打基础阶段。

大体上发生在 15～24 岁这一年龄段上。这一阶段个人将认真地探索各种可能的职业选择，对自己的能力和天资进行现实性评价，并根据未来的职业选择作出相应的教育决策，完成择业及初步就业。具体又可分为三个时期：①试验期（15～17 岁），综合认识和考虑自己的兴趣、能力与职业社会价值、就业机会，开始对未来职业进行尝试性选择。②转变期（18～21 岁），正式进入劳动力市场，或者进行专门的职业培训，由一般性的职业选择转变为特定目标的选择。③尝试期（22～24 岁），选定工作领域，开始从事某种职业，对职业发展目标的可行性进行实验。

（3）确定阶段：属于选择、安置阶段。

一般在 25～44 岁这一年龄段。经过早期的试探与尝试后，最终确立稳定的职业，并谋求发展的阶段。这一阶段是大多数人职业周期中的核心部分，一般又经过两个时期：①尝试期（25～30 岁），对初步就业选定的职业和目标进行检讨，如有问题则需重新选择、变换职业工作，重点是寻求职业及生活上的稳定；②稳定期（31～44 岁），最终确定稳定的职业目标，并致力于实现这些目标；在 30～40 岁中的某一时期可能会发现自己并没有朝着自己的职业目标靠近；或发现了新的目标，因而需要重新评价自己的需求和目标，处于一个转折期。

（4）维持阶段：属于升迁和专精阶段。

此阶段约在 45～64 岁这一年龄段上。这一阶段的劳动者长时期内在某一职业上工作，在该领域已占有一席之地，一般达到常言所说的"功成名就"的情境，已不再考虑变换职业，力求保住这一位子，维持已取得的成就和社会地位。重点是维持家庭和工作间的和谐关系，传承工作经验，寻求接替人选。

（5）衰退阶段：属于退休阶段。

人达到 65 岁以上临近退休时，其健康状况和工作能力逐步衰退，即将退出工作，结束职业生涯。因此，这一阶段要学会接受权力和责任的减少，学习接受一种新的角色，适应退休后的生活，以减轻身心的衰退，维持生命力。

萨帕以年龄为依据，对职业生涯阶段进行了划分，但现实中职业生涯是个持续的过程，各阶段的时间并没有明确的界限，其经历时间的长短常因个人条件的差异及外在环境的不同而有所不同，有长有短，有快有慢，有时还可能出现阶段性反复。

2. 职业生涯周期

职业生涯周期也称为职业生涯发展阶段的基本分期，较有影响的周期划分有"六分法"和"三分法"。职业生涯的"六分法"是将职业生涯发展阶段划分为职业的准备期、选择期、适应期、稳定期、衰退期和退出期。

第一，职业准备期。这是一个人就业前从事专业和职业技能学习的时期，这是人生的起步和职业的起点，也是素质形成的主要时期，许多人在这个时期对职业选择是盲目的，甚至是由别人代替（主要是父母）走过的。

第二，职业选择期。这一时期的从业人员要根据社会需求，个人素质和从业意愿，作出职业选择，这是人生职业生涯的关键步骤，也是个人的职业素质获得社会承认的时期，这时的职业选择失误，会带来职业生涯的不顺利，浪费择业机会，影响事业发展。

第三，职业适应期。一旦走上工作岗位，个人的职业素质就将接受实践的检验。基本满足岗位要求的就能够胜任工作；职业素质较差或个人素质特点与职业要求有差距的还可以通过教育、培训达到职业适应；自身职业能力、人格特点与岗位要求差距较大的，就难以达到职业适应，可以重新进行其他类别职业的选择；而个人素质超过岗位要求很多的，可以重新进行高层次职业的选择。

第四，职业稳定期。这一时期是人生职业生涯的主体，占据职业生活的绝大部分，一般在人的成年和壮年时期。这一时期人们的劳动效果最好，同时也是养儿育女、担负家庭重担的时期。因此，成年人在此阶段通常职业稳定，甚至在某一特定岗位稳打稳扎。职业稳定期如果继续提升从业素质，发挥潜能，很可能成为某专业或某领域的行家里手，事业也可能达到成功的巅峰。

第五，职业衰退期。由于生理的变化，人的职业能力迟早都会发生缓慢的、不可逆转的衰退，这时虽然智力没有明显减退，但多数人心理上趋于求稳，力图维持现状。由于其知识和经验积累越来越多，这时如能与时俱进，能够进一步提升职业能力，往往出现第二次事业高峰。

第六，职业退出期。是指出于年老等原因，结束职业生涯历程的短暂的过渡时期。

职业生涯的三分法是将职业生涯发展阶段分为早期、中期、后期三个阶段。见表9-1。

表9-1   职业生涯周期的三分法

阶段	所关心的问题	应开发的工作
早期职业生涯	1. 第一位是要得到工作 2. 学会如何处理和调整日常工作中所遇到的各种麻烦 3. 要为成功地完成所分派的任务而承担责任 4. 要作出改变职业和调换工作单位的决定	1. 了解和评价职业和工作单位的信息 2. 了解工作和职位的任务、职责 3. 了解如何与上级、同事和其他人协调工作方面的关系 4. 开发某一方面或更多方面的专门知识
中期职业生涯	1. 选择专业和决定承担义务的程度 2. 确定从事的专业，并落实到工作单位 3. 确定生涯发展的行程和目标等 4. 在几种可供选择的生涯方案中，作出选择（如技术工作还是管理职位）	1. 开辟更宽的职业出路 2. 了解进行自我评价的信息（例如工作的成绩效果） 3. 了解如何正确解决工作、家庭和其他利益之间的矛盾
后期职业生涯	1. 承担更大的责任或缩减在某一点上承担责任 2. 培养关键性的下属和接班人 3. 退休	1. 扩大个人对工作的兴趣，扩大所掌握技术的广度 2. 了解工作和单位的其他综合性成果 3. 了解"合理安排生活"之道，避免完全被工作所控制

9.2.2 职业生涯的相关理论

1. 职业锚理论

职业锚（Career Anchor）是指当一个人面临职业选择的时候，他无论如何都不会放弃的那种至关重要的东西或价值观。研究表明职业锚是内心深处对自己的看法，它是自己的才干、价值观、动机经过自省后形成的，职业锚可以指导、约束、或稳定个人的职业生涯。

职业锚理论产生于美国麻省理工大学斯隆管理学院施恩教授领导的专门研究小组，是在对该学院毕业生的职业生涯研究中演绎成的。斯隆管理学院的44 名 MBA 毕业生，自愿形成一个小组接受施恩教授长达 12 年的职业生涯研究，包括面谈、跟踪调查、公司调查、人才测评、问卷等多种方式，最终分析总结出了职业锚（又称职业定位）理论。

专家们经过长时间的研究，对几万人的不同职业阶段进行了访谈和分析，确定了八种基本的职业锚类型。每个人对自己都有一定的基本认识，这种认识在不同的职业阶段发挥着关键的作用，而职业锚正是一个人在职业发展过程中永远不会放弃的最重要的东西。要想深刻理解职业锚的概念，并有所帮助，我们必须了解职业锚的基本特点，并明确不同职业锚之间的区别。

（1）技术/职能型。技术/职能型的人追求在技术/职能领域的成长和技能的不断提高，以及应用这种技术/职能的机会。他们对自己的认可来自于他们的专业水平，他们喜欢面对专业领域的挑战。他们通常不喜欢从事一般的管理工作，因为这意味着他们不得不放弃在技术/职能领域的成就。

（2）管理型。管理型的人追求并致力于工作晋升，倾心于全面管理，独立负责一个部分，可以跨部门整合其他人的努力成果。他们想去承担整体的责任，并将公司的成功与否看成自己的工作。具体的技术/职能工作仅仅被看做通向更高、更全面管理层的必经之路。

（3）自主/独立型。自主/独立型的人希望随心所欲安排自己的工作方式、工作习惯和生活方式。追求能施展个人能力的工作环境，最大限度地摆脱组织的限制和制约。他们宁愿放弃提升或工作发展机会，也不愿意放弃自由与独立。

（4）安全/稳定型。安全/稳定型的人追求工作中的安全与稳定感。他们因为能够预测到稳定的将来而感到放松。他们关心财务安全，例如：退休金和退休计划。稳定感包括诚实、忠诚以及完成老板交代的工作。尽管有时他们可以达到一个高的职位，但他们并不关心具体的职位和具体的工作内容。

（5）创业型。创业型的人希望用自己的能力去创建属于自己的公司或创建完全属于自己的产品（或服务），而且愿意去冒风险，并克服面临的障碍。他们想向世界证明公司是他们靠自己的努力创建的。他们可能正在别人的公司工作，但同时他们在学习并寻找机会。一旦时机成熟了，他们便会走出去创立自己的事业。

（6）服务型。服务型的人一直追求他们认可的核心价值，例如：帮助他人，改善人们的安全，通过新的产品消除疾病等。他们一直追寻这种机会，这意味着即使变换公司，他们也不会接受不允许他们实现这种价值的变动或工作提升。

（7）挑战型。挑战型的人喜欢解决看上去无法解决的问题，战胜强硬的对手，克服无法克服的困难障碍等。对他们而言，参加工作或职业的原因是工作允许他们去战胜各种不可能。他们需要新奇、变化和困难，如果事情非常容易，它马上变得非常令人厌烦。

（8）生活型。生活型的人希望将生活的各个主要方面整合为一个整体，喜欢平衡个人的、家庭的和职业的需要，因此，生活型的人需要一个能够提供"足够弹性"的工作环境来实现这一目标。生活型的人甚至可以牺牲职业的一些方面，例如放弃职位的提升，来换取三者的平衡。他们将成功定义得比职业成功更广泛。相对于具体的工作环境、工作内容，生活型的人更关注自己如何生活、在哪里居住、如何处理家庭事情及怎样自我提升等。

2. 工作—家庭边界理论

2000 年，美国学者克拉克（Sue Campbell Clark）提出了工作—家庭边界理论：人们每天在工作和家庭的边界中徘徊，工作和家庭组成各自不同目的和文化的领域，相互影响，虽然工作和家庭中很多方面难以调整，但个体还是能创造出想要的平衡。

克拉克认为人们每天忙碌在工作和家庭两个范围之内，工作主要是因为提供了收入和成就感而使个体满足，而家庭主要是因为亲密关系和个人快乐而使个体满足。成就的需要在工作中得到满足，而爱的需要在家庭中得到满足。工作—家庭边界理论塑造了两个范围和它们的边界，指出当边界范围相似时，弱边界将会促进工作家庭间的平衡。克拉克解释了频繁在工作和家庭中转移的边界跨越者和他们的工作与家庭之间的复杂作用。指出边界跨越者所在的范围内成员对其有较高的义务的，比那些范围内对其义务较低的成员具有更高的工作家庭平衡。

在边界跨越者与其工作家庭平衡的关系上，克拉克指出影响和认证是两个最主要的因素。影响主要指范围文化和价值内化，而其中范围内主导者对员工的影响与员工的工作家庭平衡有很大的相关。有研究表明在可以自治和有选择能力的工作上，工作的人表现出更多的满意和对家庭的调节能力。也就是说个体在工作和家庭的范围内有更多选择自由时，其工作和家庭之间的平衡更容易达到。认证是指个体能否在其工作和家庭的范围中找到其责任，找到与其责任相联系的自我概念。当边界跨越者被一个范围认证之后，他们就会把范围责任内化为自我责任并努力工作，以求作出自己的贡献。工作—家庭边界理论构建了工作家庭平衡的理论框架，它既描述了工作家庭冲突的原因，又基于原因提出维持工作家庭平衡的措施。

3. 职业生涯维度

职业生涯维度也称为职业生涯发展道路的运动方向。

员工在组织中职业发展道路可能的运动方向，通常有横向与纵向两种。横向运动是指跨越职能边界的调动。纵向运动是向上的，即沿着组织的等级层次跨越等级边界，获得职务的晋升。这两类运动可以职能为横轴、等级为纵轴的两维组织结构系统图来观察。

薛恩提出，要想透彻地考察与分析员工在组织中实际的运动态势，除了上述跨职能与跨等级的两类运动以外，还有一种虽属非正式的、但却影响颇大的运动方向，即沿"核心度"方向的运动。如图9-1所示。

9.2.3 影响职业生涯设计的因素

影响职业生涯设计的因素是多方面的，有个人素质、心理等主观方面的问题，也有社会环境、机遇等客观方面的问题，它们相互关联、相互依靠，好比房子周围支撑篱笆的柱子，假如你移动其中的一根，整道篱笆就会改变形状。因此在进行职业生涯设计时要仔细考虑影响自己职业生涯的每一个因素。

1. 个人因素

个人因素在人的职业生涯中起着基础作用，决定人的发展方向和前景。它

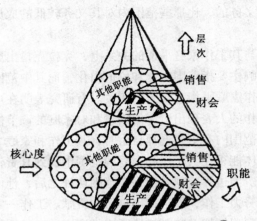

图 9-1　职业生涯发展的三维结构图①

包含健康、性别、教育、心理因素、家庭背景。

（1）健康。健康的身体是任何人职业生涯开始的首要条件。几乎所有的职业都需要有健康的身体。凡是积极追求健康的人，大多满意他们过去的职业经历。他们看重生命，关心健康，执著追求。但是紧张忙碌的职业会导致压力增加。因此，采取一些技巧，保持适度的压力激励自己，但又不伤害身体是十分重要的。

（2）性别。性别问题对事业的挑战别具意义。一般人差不多都认为，卓著的事业是男人的幸福。男人觉得他们很难把时间充分分配到工作、家庭和休闲三个领域；而女性则在家务需求和工作需求的协调方面感到困扰。每个人都必须找出自己的欲望，以便充分发展自己的性别特色，并使自己能够扮演成功，这就与个人的职业生涯密切相关了。

（3）教育。教育奠定一个人的基本素质，获得不同教育程度的人在职业生涯的开端、发展、晋升方面都将有所不一样。所学专业往往成为其职业生涯的前半部分甚至一生的职业类别，即使改行，也往往与所学专业有一定联系，或者以所学专业为基础跨行业流动。同时，不同教育背景会带给受教育者不同的

---

　　① ［美］S. 韦恩，T. 杰克逊：《组织行为学》，中信出版社，西蒙与舒斯特国际出版公司，1998 年第 162 页。

思维模式和意识形态，致使从业者具有不同的为人处世态度。

（4）心理因素。美国的心理动力论者认为职业选择是个人快乐原则与现实原则相结合的结果。个人在人格与冲动的引导下，通过升华作用，选择可以满足其需要与冲动的职业。职业指导的重点应着重"自我功能"的增强。若心理问题获得解决，则包括职业选择在内的日常生活问题将可顺利完成而不需再加指导。

社会上所有的职业都能归入代表心理分析需要的、分属以下范围的职业群：养育的、操作的、感觉的、探究的、流动的、抑制的、显示的、有节奏的运动等。人们对自我能力及性格的定义，往往也决定了自己的行为。而行为又与职业生涯进行直接的关联，这将对个人的职业生涯产生深远的影响。

（5）家庭背景。从幼年时期开始接受的家庭影响和熏陶将潜移默化地造就一个人的价值观和行为模式，这种自小形成的价值观、行为模式必然从根本上影响职业理想和职业目标，影响其职业选择的方向，影响职业选择中的冒险与妥协程度，甚至影响对职业岗位的态度和工作行为。

2. 社会因素

社会因素对每个人的职业生涯乃至发展都有重大的影响。通过对社会大环境进行分析，了解所在国家或地区的经济、法制建设发展方向，寻求各种发展机会。影响职业生涯的社会因素包括以下内容：

（1）社会阶层。人类社会存在着严格的层次划分，它像金字塔一样层次分明。每个社会都存在不平等，差别在于划分的原则不同，有的是基于宗教信仰，有的则基于经济状况，有的是基于教育状况。社会上所存在的不平等现象都会影响个人的职业生涯。

社会阶层算是相对比较封闭的一种形态，因为人往往只喜欢和自己所属阶层的人聚合。社交圈为某一类型的人提供机会，"生存机会"多半即由社交圈决定。虽然社会阶层深深地影响个人的职业生涯，但是阶层界限并非牢不可破。它不但有变动的可能，而且是被人接受的。事实上，很多人为了提升自己的社会地位，有时候需离开原来的阶层，加入工作及生命旅程中的新阶层，教育和婚姻就是非常重要的因素。

现在企业只就社会阶层来挑选员工的时代正在逐渐改变，但是，社会阶层在目前仍是影响个人职业生涯的一大束缚。

（2）经济发展水平。在经济发展水平高的地区，企业相对集中，优秀企业也就比较多，个人职业选择的机会就比较多，因而有利于个人职业的发展；反之，在经济落后的地区，个人职业选择的机会就比较少，个人职业生涯也会受到限制。

（3）社会文化环境。社会文化环境是影响人们行为、欲望的基本因素。它主要包括教育水平、教育条件和社会文化设施等。在良好的社会文化环境中，个人能力受到良好的教育和熏陶，从而为职业生涯打下了更好的基础。

（4）社会价值观念。一个人生活在社会环境中，必然会受到社会价值观念的影响，大多数人的价值取向，在很大程度上都是为社会主体价值取向所左右的。一个人的思想发展、成熟的过程，其实就是认可、接受社会主体价值观念的过程。社会价值观念正是通过影响个人价值观念而影响个人的职业选择。

（5）政治制度和氛围。政治和经济是相互影响的，政治不仅影响到一国的经济体制，而且影响着企业的组织体制，从而直接影响到个人的职业发展。政治制度和氛围还会潜移默化地影响个人的追求，从而对职业生涯产生影响。分析和了解影响职业的社会环境因素，有助于我们个人制订正确的职业生涯规划，使个人在变化的社会环境中不断取得职业生涯的新发展。

3. 环境影响

环境对个人的职业生涯有着直接或间接的影响，它左右着人所从事的行业、改变着人生的发展轨迹。而环境又有地理环境、社会环境、组织内部环境与组织文化之分。

（1）地理环境。地理因素对事业的影响常常被大家低估，住在环境需要其才能的地区的人，比在不利环境中尝试推销其能力的人，毕竟有更多的机会。居住在贫困落后地区的人，最能理解地理对机会的影响，所以，人应该选择能提供其所寻找的机会的地点居住。

（2）社会环境。人是生活在社会中的，个人的职业生涯规划必定会受到社会环境的影响。社会职业需求、职业声望、社会的人际环境、社会制度和经济社会发展状况等都会影响到个人对职业的认定和职业生涯规划的调整。比如社会对某种职业需求越多，而且该职业声望越高，人们就越倾向于对该类职业生涯进行规划。社会经济发展状况也会影响到个人对未来发展的预期，进而影响到职业生涯的规划。

（3）组织内部环境与组织文化。组织内部环境对个人的职业生涯有直接的影响，所有的人都处于组织的小环境之中，个体的发展与组织的发展息息相关。对组织环境进行分析，可以使个人及时地了解组织的实际发展状况和前景，把个体的发展与组织的发展联系在一起，并融入组织之中，这有利于个人作出合适的职业生涯规划。

组织文化决定了一个组织如何看待其员工，故员工的职业生涯是为组织文化所左右的。一个主张员工参与管理的组织显然比一个独裁的组织能为员工提供更多的发展机会；渴望发展、追求挑战的员工也很难在论资排辈的组织中受到的重用。当然，个人的价值观与组织文化有冲突，难以适应组织文化，这也决定了其在组织中难以得到发展。所以组织文化是个人在制订职业生涯规划时要考虑的重要因素。

9.3　公共部门人力资源职业生涯规划

9.3.1　职业生涯规划的设计过程

职业生涯设计是组织参与其成员职业生涯发展，实现职业管理的最重要部分。职业生涯通路是对前后相继的工作岗位和经验所作的客观描述，对个人来说，它是在一种职业中个人发展的一般路线或理想路线。

职员在设计自己的职业生涯时，要根据对自身有影响的主观因素和客观因素的分析，确立自己的职业生涯发展目标，通过选择实现这一目标的职业以及制订相应的工作、培训和教育计划，并按照一定的时间安排，采取必要的行动，实现自己的职业生涯目标。

职业生涯设计一般包括自我剖析、目标设定、目标实现策略、反馈与修正等四个方面内容。

职工个人在进行自己的职业生涯设计时，应考虑的内容一般包括对个人基本情况的评估及对外部环境的分析等。因此个人职业生涯设计一般要经过自我评估、机会评估、目标设定、行为规划、反馈与修正等五个步骤。如图 9-2 所示。

1. 自我评估

自我评估是职工对自己进行全面的分析，从而确定自己的职业兴趣、价值观、行为倾向等。自我评估的内容包括个人兴趣、爱好、特长、性格、学识、技能、智商、情商以及协调、组织管理、活动能力等。重点应分析自己的性

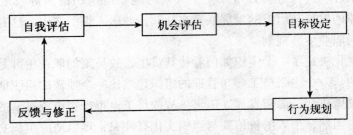

图 9-2　职业生涯设计的步骤

格、兴趣、特长和需求。

2. 机会评估

主要指分析内外环境因素对自己职业生涯发展的影响。职工在进行自己的职业生涯设计时，要分析环境的特点、环境对个人提出的要求以及环境中对自己有利与不利的因素。

3. 目标设定

目标设定是指职工形成长短期职业生涯目标的过程。目标的选择要以自己的最佳才能、最大兴趣、最有利的环境条件为依据。目标的确定大致要经过以下几个步骤：

①自我分析，找出自己的特点；
②对内外环境进行分析，确定自己的位置；
③选定职业和职业生涯路线，决定向哪一个方向发展；
④确定职业目标，并具体列出其内容；
⑤制订相应的行动计划。

在确定目标的过程中，要注意以下几个问题：

①目标要符合社会与单位的需要，因为有需要才有市场、才有位置；
②目标要适合自己的特点，并使其建立在自身的优势之上；
③目标要高远但决不能好高骛远；
④目标幅度不宜过宽；
⑤要注意长期目标与短期目标的结合；
⑥目标要明确具体，同一时期的目标不要太多；

⑦要注意职业目标与家庭目标的协调与结合。

4. 行为规划

行为规划是指职工为达到长短期职业生涯目标应采取的措施。常用的措施有以下几种：

①参加单位的教育培训和工作轮换；

②构建人际关系网络；

③参加业余时间的课程学习，掌握额外的知识和技能。

5. 反馈与修正

由于自身和外部环境条件的变化，职业生涯规划也要随着时间的推移而变化。在制订职业生涯设计方案时，由于对自身及外部环境都不十分了解，最初确定的职业生涯规划往往都是比较模糊或抽象的，有时甚至是错误的。经过一段时间的工作以后便可以检验自己的职业定位与职业方向是否合适。这样在实施职业生涯规划的过程中自觉地总结经验和教训，可以修正对自我的认知，纠正最终职业目标与分阶段职业目标的偏差，保证职业生涯规划的行之有效。修正的内容主要包括：职业的重新选择、职业生涯路线的选择、职业生涯目标的修正、实施策略计划的变更等。

9.3.2　公共部门人力资源职业生涯规划设计

1. 公职人员职业生涯规划的路径

随着公职系统机构改革的不断深化，等级制的减弱及人们职业需求、职业目标的多元化趋势，以晋升为主要内容的单一职业生涯通路已越来越难以适应时代发展的要求，迫切需要公共组织的人力资源管理部门为其成员进行多通路的职业生涯设计，以拓宽职业通道，实现个人目标和组织目标的"双赢"。

（1）传统职业路径。它是公职人员在公共组织中，从一个特定的工作到下一个工作纵向向上发展的一条路径。假定每一个当前的工作是下一个较高层次工作的必要准备，那么，公职人员必须一级接一级地，从一个工作到下一个工作进行变动，以获得所需要的经历和准备。这是我国公职系统过去使用最多，并且几乎是唯一的一条职业通路。传统职业路径的最大优点是它一直向前，且被清晰地展示在人们面前，人们知道自己向前发展的特定工作序列。但是，正如前面所指出的，这种传统路径随着时代的发展已暴露出越来越多的缺陷，单一的职业通路已不能满足公职人员个人和公共组织人力资源管理的双重需要，必须引入其他职业生涯通路模式。

（2）双重职业路径。该路径是指在组织行政职务阶梯之外，为专业技术人员设置一个平行的、与行政职务同等重要的、有序的、开放的业务（技术）能力阶梯，并与待遇挂钩。在双重职业路径中，管理人员使用行政职务阶梯，专业技术人员使用业务（技术）能力阶梯。在行政职务阶梯上的提升意味着具有更多制定决策的权力，同时要承担更多的责任；在业务（技术）能力阶梯上的提升意味着具有更强的独立性，同时拥有更多从事专业活动的资源。

这种双重职业路径的设计，赋予了公职人员不同的责、权、利，有利于调动管理人员和专业技术人员的积极性，实现各尽其能，各展其长，是一条非常适合公职系统使用的职业通路。

（3）横向职业路径。它是为拓宽职业生涯通路，满足人们不同职业需要，消除因缺少晋升机会造成的停滞现象而设计的。横向职业路径的设立能够使人们焕发新的活力，迎接新的挑战，同时也有利于开阔视野，获得在各种岗位上工作的经验和资历。这种横向流动不仅有利于个人工作热情的激发和工作经验的积累，也有利于保持和发展整个公职系统的朝气与活力，实现稳定与流动、维持与发展的平衡。对于公职系统来说，这种横向的职业路径有以下四个层次：

一是本单位内部工作岗位的轮换；

二是本系统内部（如行政系统）跨地区、跨部门、跨单位、跨职位的流动；

三是公职系统内部（如行政机关、党的机关、立法机关、司法检察机关、群众组织、事业单位等）的流动；

四是公职系统与系统外组织的交流。

（4）网状职业路径。它包括纵向的工作序列和一系列横向上的机会。这条职业通路承认在某些层次的经验的可替换性，以及晋升到较高层次之前需要拓宽本层次的经历。网状职业路径在纵向上和横向上的选择，拓宽了人们的职业通路，减少了堵塞的可能性，比传统职业路径更现实地代表了组织成员在组织中的发展机会。

但也正是由于这一路径"四通八达"的优点，造成了它的不足，即组织向其成员解释其职业可能采取的特定路线会比较困难，展现在人们眼前的是一条复杂的,而不是清晰可视的职业路径。

2. 公职人员职业生涯规划的内容

在我国的公职系统中,由于"官本位"思想的长期影响,人们往往习惯于用行政级别来衡量自己和他人事业的成败。而在现实生活中,从来都没有足够的高层职位使每个人的升迁成为现实,日此当一个人的工作职能和工作内容因组织内缺少晋升机会而保持不变时,就会发生停滞现象。这不仅对公职人员个人的职业发展,而且对组织的整体绩效都有严重的消极影响。

公职人员职业生涯规划属于职业发展过程中的适应性问题,其内容包括公职人员个体的职业生涯规划和公共部门的职业生涯规划两个方面。

(1)基于公职人员个体的职业生涯规划。公职人员制订个体职业生涯规划的步骤是:第一,认识、分析、评估内外部职业环境,把握职业环境的变化趋势,在此基础之上,将个体的职业生涯发展方向与部门的职能紧密相连,从而能够通过个人职业生涯的成功促进部门绩效水平的提高,使部门获得长远的发展。第二,要对自己的性格、学识、技能、思维方法等进行客观理性的分析与评估,判断是否能够契合当前职业的发展,是否能够满足环境的需求。第三,树立职业生涯发展目标。具有激励性和导向性的目标可引领公职人员获得职业上的成功。公职人员需要根据对自身的评估以及环境的需求,在与部门进行充分沟通的基础上,制定科学、可实现的职业生涯发展目标。第四,制订行动计划。为实现职业生涯发展目标,必须要制订严谨、科学的计划。计划就是如何实现职业生涯发展目标的各项具体措施,以及时间、物力、人力上的安排。可以分别制订长期计划和短期计划,从而使计划能够稳步实现。实施计划是一个艰难的过程,任何一个偶然事件的发生都可能打乱计划,使实施结果偏离目标。所以,在实施计划的过程中,要明确每一步行动的目的都是为了实现职业生涯发展目标。第五,定期评价。要对计划的实施情况定期进行评价,从而能够及时发现目标的实现程度,有效地采取各种纠偏措施,使职业生涯发展目标得以顺利实现。

(2)基于公共部门的职业生涯规划。公职人员所任职的政府机构是公职人员职业生涯规划的重要主体之一。尽管开展员工职业生涯规划已经成为许多企业组织人力资源管理中最重要的工作之一,但在政府部门,有关公职人员职业生涯规划的工作尚未步入正轨。这主要表现在以下几个方面:

第一,未能有意识地针对各部门自身的职能特点与发展规划开展公职人员职业生涯规划工作。

第二，未能建立起有效的公职人员进出机制。

第三，未能针对公职人员的职业发展组织相关的培训。培训是提高公职人员素质的重要手段，但现有的公职人员培训往往是一些普及性的、政策宣传性的培训，或者仅仅是针对公职人员当前的工作职能开展培训，而一些能够满足公职人员未来发展的需要，具有前瞻性的培训则少之又少。这就会使公职人员在职业发展的道路上，受到知识和技能的巨大约束，从而阻碍了职业生涯的发展。

第四，对公职人员绩效的考核过于简单化。我国目前的公职人员人事考核还停留在将考核结果作为奖惩依据的水平上，至于通过考核来推动组织目标的实现以及为人才成长提供积极环境的作用，则没有发挥出来。

针对公职人员职业生涯规划中存在的问题，政府部门应该着手以下几个方面的工作：

第一，重视公职人员职业生涯规划，有意识地将公职人员的职业生涯规划与部门的职能特点及发展规划紧密联系起来，从整体上把握公职人员的职业发展，使公职人员在实现自身价值的同时，能够促进部门整体、协调发展。

第二，建立有效的公职人员进出机制。包括科学、有效的遴选程序，以及公平、公正、透明的遴选过程，避免暗箱操作、裙带关系，这样就会初步遴选出符合部门需用的高素质人才。

第三，有针对性地开展相关培训，提高公职人员的道德素质、心理素质以及专业素质，使公职人员不但能够积极、有效地处理日常事物，而且能够驾轻就熟地处理一些复杂的、非常规的问题。

第四，建立科学、公正的绩效考核，评估制度。要按照现代人力资源管理的要求去认真地分析每一个职位，与公职人员进行充分的沟通，为每一个职位制定客观、具体、明确的工作绩效标准和工作目标，同时注重辅导、评价与反馈，帮助公职人员顺利实现工作目标，进而实现部门目标，促进公职人员与部门的共同成长。

3. 公职人员职业生涯规划支持体系的建立

为了保证公职人员职业生涯规划工作顺利进行并取得良好效果，我国应该着手建立公务员职业规划支持体系，该体系应具备以下五个方面的基本内容。

（1）理论支持体系。公务员职业生涯规划在我国尚属于前沿研究领域，公务员法在这方面有了一定的制度设计，但仍没有形成系统的理论，需要进一步深入研究。一是要组织各方面的专家学者和公务员管理实践者，综合运用行政管理学、社会学、人力资源管理学等学科知识，在借鉴国外研究成果的基础上，积极探索建立具有中国特色的公务员职业生涯规划理论。二是国家要着手培养专业的公务员职业生涯规划指导师，帮助、引导机关及公务员掌握职业生涯规划的方法、技巧以及规划方案内容等知识。三是各级公务员主管部门要统筹推进此项工作，研究制定本地区公务员职业生涯规划纲要，并将其纳入整个人才开发计划中去。

（2）文化支持体系。公务员的职业生涯是为机关文化所左右的。开展公务员职业生涯规划，是对机关传统人事管理的深刻变革，必然带来公务员行为方式、价值取向的变化，需要与之相适应的机关文化。机关文化受政治环境、民族传统、历史延续以及领导者价值观等诸多因素影响。一种机关文化是否有利于公务员职业生涯规划，至少要达到如下要求：一是鼓励价值融合。充分尊重公务员个人发展的目标，同时引导机关公务员根据组织发展目标的需要，调整自我目标，实现价值融合。二是鼓励个性展露。不鼓励公务员个性过于张扬，但允许公务员在合理范围内根据自己的性格和爱好选择适合自己的行为方式。三是鼓励发展诉求。既要淡化官本位意识，又要充分尊重公务员将职务晋升作为职业生涯规划的重要目标，特别是对年轻的、职务较低的公务员的职务发展诉求予以鼓励和支持。

（3）信息支持体系。公务员职业生涯规划的制订，需要综合公务员个人潜质和机关内外需求等方面的相关要素。公务员的职业发展不仅是个人的事情，也是组织的义务，机关应当为公务员提供职业咨询，帮助公务员获得制订职业生涯规划所需的各种信息：一是公务员个人职业偏好。这是制订职业生涯规划的基础性信息，主要包括公务员自身的特性和潜质、个人的职业锚和职业生涯阶段等。二是公务员职业发展信息。主要包括职业性质、职业地位和职业资格条件、职业收入水平以及职业发展方向、职业晋升通道等，为公务员职业规划提供信息支持。三是机关用人需求。主要包括机关不同职务层次、不同岗位、不同时期的用人需求，为公务员确定职业发展方向提供信息支持。

（4）培育支持体系。公务员职业生涯规划目标确定后，机关应当根据公务员的性格特点、文化修养、专业特长等因素，有针对性地加强教育培训和跟踪培养。围绕公务员职业发展，培育支持体系至少应包含以下三方面内容：一是高质量的培训。在培训组织上，要实行统一安排、归类实施，由公务员对一定时期内的培训需求进行自主申报，以一定地域为界，对需求相同或相似的培训专业归类，统一安排培训。在培训内容上，要做到理论结合实践、注重技能培养，突出应用型的特点，重点提高公务员的业务技能。二是多岗位锻炼。完善公务员交流、挂职锻炼、挂点扶贫等行之有效的实践培养模式，同时，根据公务员职业发展的需要，有选择性地推行交叉任职、角色互补、领导助理等新的培养模式，帮助公务员在多岗位锻炼中开阔视野，提升境界，增长见识和才干。三是建立和完善后备领导公务员制度。对于经过实践考验逐渐成熟的公务员，要列入后备领导公务员库。对这部分公务员，要有重点地加强跟踪培养，按照"缺什么补什么"的原则，实施综合培育，帮助这部分公务员更快更好地成长。

（5）评价和反馈支持体系。公务员职业生涯规划确定后，机关应当及时跟进，建立评价和反馈机制，帮助公务员在实践中不断完善职业规划。一是充实公务员评价标准。将是否完成职业目标列入公务员年度考核的重要内容，对公务员在完成职业目标中出现的困难和问题及时进行指导并帮助解决。二是完善公务员正向激励。按照公务员法和《党政领导干部选拔任用工作条例》的规定，完善以"功绩制"原则为基础的公开、平等、竞争、择优的公务员选拔任用机制，对实现职业发展目标的公务员给予正向激励。三是建立公务员职业转向支持。建立公务员职业生涯规划纠偏机制，为公务员调整职业发展目标提供帮助。通过适度开放机关工作岗位，实现机关与公务员之间的双向选择，为公务员根据自身规划选择适合自己的岗位创造条件。完善公务员退出保障机制，对自愿放弃公务员职业的人员给予一定的支持。

本章小结

职业生涯是指一个人一生中所有与工作相关联的行为与活动，以及相关的态度、价值观和愿望等连续性经历的过程。

公共部门工作人员（以下简称公职人员）虽然已有了自己的职业，但职业历程有很多变数，尤其受国家政策的影响会更大。面对环境变化所带来的对公职人员素质要求的提高，无论是公职人员本身还是其就职部门，都要根据新的需求调整公职人员的职业生涯规划，从而使公职人员能够对自身的条件和能力有清醒的认识，能够充分把握环境变化所带来的各种机遇和威胁，从而确定合适的职业奋斗目标，并为实现这一目标作出行之有效的安排。

萨帕（Donald E. Super）是美国的一位有代表性的职业管理学家。他把人的职业发展划分为五个主要阶段。

职业生涯周期也称为职业生涯发展阶段的基本分期，较有影响的周期划分方法有"六分法"和"三分法"。职业生涯的"六分法"是将职业生涯发展阶段划分为职业的准备期、选择期、适应期、稳定期、衰退期和退出期。

职业锚（Career Anchor）是指当一个人面临职业选择的时候，他无论如何都不会放弃的那种至关重要的东西或价值观。专家们经过长时间的研究，对几万人的不同职业阶段进行了访谈和分析，确定了八种基本的职业锚类型。每个人对自己都有一定的基本认识，这种认识在不同的职业阶段发挥着关键的作用，而职业锚正是一个人在职业发展过程中永远不会放弃的最重要的东西。要想深刻理解职业锚的概念，并有所帮助，我们必须了解职业锚的基本特点，并明确不同职业锚之间的区别。

2000 年，美国学者克拉克（Sue Campbell Clark）提出工作—家庭边界理论：人们每天在工作和家庭的边界中徘徊，工作和家庭组成各自不同目的和文化的领域，相互影响，虽然工作和家庭中很多方面难以调整，但个体还是能创造出想要的平衡。

克拉克认为人们每天忙碌在工作和家庭两个范围之内，工作主要是因为提供了收入和成就感而使个体满足，而家庭主要是因为亲密关系和个人快乐而使个体满足。成就的需要在工作中得到满足，而爱的需要在家庭中得到满足。工作—家庭边界理论塑造了两个范围和它们的边界，指出当边界范围相似时，弱边界将会促进工作家庭间的平衡。

影响职业生涯设计的因素是多方面的，有个人因素、社会因素、环境影响。

职业生涯设计一般包括自我剖析、目标设定、目标实现策略、反馈与修正等四个方面内容。

职工个人在进行自己的职业生涯设计时，应考虑的内容一般包括对个人基本情况的评估及对外部环境的分析等。因此个人职业生涯设计一般要经过自我评估、机会评估、目标设定、行为规划、反馈与修正等五个步骤。

随着公职系统机构改革的不断深化，等级制的减弱及人们的职业需求、职业目标的多元化趋势，以晋升为主要内容的单一职业生涯通路已越来越难以适应时代发展的要求，迫切需要公共组织的人力资源管理部门为其成员进行多通路的职业生涯设计，以拓宽职业通道，实现个人目标和组织目标的"双赢"。

关键术语

职业生涯　职业锚理论　工作—家庭边界理论　职业生涯维度　职业生涯设计影响因素　职业生涯规划路径

思考题

1. 公职人员人力资源规划有何特殊意义？
2. 结合实际分析影响人力资源规划的因素。
3. 根据本章所阐述的人力资源规划设计过程，给自己做一个规划。

第 **10** 章 公共部门人力资源的配置和流动

引导案例

南开大学百余名博士生挂职锻炼当村官①

2007 年 5 月 18 日,"走进津南,服务滨海"——南开大学博士生赴津南区挂职项目签约暨百名博士当"村官"首聘仪式在伯苓楼多功能厅举行。中共天津市委组织部副局级巡视员、人才处处长许成庚,天津市人事局副局长杨鑫传,天津市津南区区长李广文、区委宣传部部长刘惠、副区长李文海,南开大学党委书记薛进文、党委副书记兼副校长张静,以及天津市教委、发改委、经委、农委、科委,津南区政府办公室、人事局、民政局、区委组织部、区委宣传部,南开大学研究生院相关负责人出席了仪式。津南区首批 23 个挂职服务单位的负责人和首批即将派遣的 31 名南开大学博士生参加了仪式。

李文海和张静代表津南区和南开大学签署了

---

① 根据《首批博士生即将赴津南当'村官'》及其他相关报道改编,2007 年 5 月 19 日南开新闻网,http://news.nankai.edu/zhxw/system/2007/05/19/000006879.shtml。

291

《南开大学博士生赴津南区挂职项目暨百名博士当"村官"工程合作协议书》，李广文向31名博士生颁发聘书。

李广文在致辞中说，此合作项目是南开大学服务天津市，特别是滨海新区的经济文化建设，促进津南区经济社会发展的重要举措。也是津南区发展经济，引进高级人才，提升综合竞争力的实际步骤。必将对加强校、区的合作，资源共享，优势互补产生深远的影响。希望挂职博士生能够在工作中发挥所长，为津南区发展建设献计献策。

薛进文表示，南开大学自创办起就坚持"知中国，服务中国"的教育理念。博士生到基层挂职锻炼既是高层次人才培养过程中积极推进实践教育的很好途径，也充分发挥了高校服务社会的重要功能。南开大学将把与津南区的此次合作作为一个新的起点，寻找更多合作契机，使南开大学在天津市的发展建设中作出更大贡献。

杨鑫传表示，推进高层次人才向最需要人才的地方流动是近年来天津市人事工作的重要方面。我们将对此次合作给予大力支持，促进南开大学的科技人才优势与津南区的发展建设相结合。

首批挂职博士生代表在会上表达了在今后工作中努力学习，努力服务津南区建设的决心。仪式后，津南区有关部门负责人和被聘任挂职博士举行了座谈。

为加强博士生实践教育，提高博士生社会实践能力，加强高素质创新型人才的培养，同时加强产学研政合作，促进天津市津南区经济社会文化建设，为滨海新区的发展作出贡献，南开大学推出了"南开大学博士生服务滨海行"系列活动。与天津市津南区政府合作的南开大学博士生赴津南区挂职暨百名博士当"村官"项目即为该系列活动之一。南开大学每年根据学科背景、个人意愿、服务意识、责任意识、交际能力、组织管理和策划能力等，招募选派100名左右的博士研究生分批到津南区的委、办、局、镇、村和重点企业，以行政助理或科研项目研发方式挂职，期限为1年。

自项目启动以来，得到了南开大学在校博士生的广泛关注与积极参与，近 130 名来自周恩来政府管理学院、商学院、环境科学与工程学院、哲学系等不同院系的博士生争先报名，专业涉及政治经济学、企业管理、环境规划与管理、计算机技术与应用等。其中 70% 的报名者希望到最基层的村镇中挂职。

据介绍，百名挂职博士研究生在津南区工作期间，将主要协助服务单位制订经济社会或科技发展规划，区域经济发展战略，产业布局、工业结构调整规划。利用滨海新区开发开放优势，协助津南区在金融、土地管理、财政税收等方面先行先试改革开放的措施。围绕海河综合开发，加快推进城市化，提升津南区形象。加强服务单位内部管理、文化建设、人才队伍建设以及教育培训，协助服务单位建立网络信息管理系统。做大做强骨干企业，促进民营经济健康发展。此外，百名博士生还肩负着推动南开大学的技术转化和技术转让的重任，组织南开博士团寒假、暑期社会实践活动等。他们将成为南开大学与津南区交流、沟通、合作的桥梁和纽带。

博士研究生挂职期间，身份仍然为南开大学学生，享受南开大学博士研究生的一切待遇，并实行弹性学制。南开大学将对挂职人员跟踪考核，督促挂职博士生认真完成岗位工作。挂职结束后，由学校主管部门会同任职单位颁发挂职锻炼证书。此项目还在进一步的招募选拔中，其余的 69 名将于近日派遣。

案例讨论

1. 南开大学为什么让博士生挂职锻炼当'村官'？采取该举措具有何种意义？

2. 你如何看待大学生报名申请参加挂职锻炼的现象？你对此有何评价？

公共组织根据发展战略和工作计划，经常需要对人力资源进行适度的调整。同时，人们为了实现自身价值，寻求职业发展，寻找自己的最佳位置，也需要适时调整工作岗位，甚至发生职业变动。因此，在公共部门中，人力资源的配置和流动经常发生，成为人力资源管理的重要环节。公共部门因其担负着国家赋予的特殊职能，如国家行政机关承担着贯彻国家意志，执行国家法律，管理国家、社会事务的职能，因而，公共部门人力资源的配置与流动具有法制性和高度的计划性。公共部门单个的组织目标要服从国家的总目标，只有用统一的制度、法律对公共部门人力资源配置进行规范，才能实现国家的总目标。

10.1　公共部门人力资源的配置与流动概述

公共部门人力资源的配置与流动是人力资源管理的重要环节，是培养公职人员实践经验和能力的重要途径，它对于搞好公职人员队伍的建设，提高公职人员的素质和水平，有着重要的意义。

10.1.1　公共部门人力资源配置

1. 人力资源配置的基本原理

公共部门人力资源配置是指国家行政机关以及国有企事业组织由于工作的需要，锻炼人才的需要或其他法定的原因，依据法定的管理程序和方法，对系统内部人员的人事流动，以及系统之间的人事流动，进行组织、控制、协调等管理活动，在公共部门内通过人、财、物的有机结合，实现事得其人、人尽其才、物尽其用。

（1）要素有用原理。要素有用原理的含义是指人力资源在配置过程中，任何要素（员工）都是有用的，也就是说，没有无用之人，只有没有用好之人，而配置的根本目的就是为组织中的任何人员找到和创造其发挥作用的条件。这一原理告诉我们，对于那些没有用好的人，可能存在两个原因：一个原因是没有找到他的可取之处，也就是说没有正确地认识别人。主要是因为一个人的素质往往表现为矛盾的特征，或者呈现出非常复杂的双向性，失误的同时往往掩盖着成功的因素，这就为我们了解人、用人所长增加了许多难度。所以，正确地识别人是人员配置的基础。没有用好人的第二个原因是没有创造人员可用的条件，只有环境和条件合适，人员才可能有用。当前，随着就业环境的不断完善，越来越多的灵活政策为人才施展自己的才能提供了机会，例如双向选择、公开招聘等形式为更多的人走上更高的岗位提供了机会。

（2）能位对应原理。能位对应原理是指人与人之间不仅存在能力特点不同，且能力水平也是不同的，具有不同能力特点和水平的人，应安排在要求相应特点和层次的职位上，并赋予该职位应有的权力和责任，使个人能力水平与岗位要求相适应。①

为了使有限的人力资源发挥出最大的系统功能，必须在组织系统中，建立一定的层级结构，并制定相应的标准、规范，形成纵向、横向上严格的组织网络体系，从而构成相对稳定的一种组织管理"场"，然后将所有组织成员按其自身的能力、素质，十分恰当地安排在整个网络的"联结点"上，赋予其组织层次位置，确定其"组织角色"身份。同时不同的层级应该表现出不同的权、责、利和荣誉，这样人才配置也可能合理有序。

（3）互补增值原理。互补增值原理强调人各有所长，也各有所短，以己之长补他人之短，从而使每个人的长处都得到充分发挥，避免短处对工作的影响，通过个体之间取长补短而形成整体优势，实现组织目标最优化。

（4）动态适应原理。动态适应原理指的是在组织中人与事（岗位或职务）的适应是相对的，不适应是绝对的，从不适应到适应是在运动中实现的。随着外界环境和组织发展的不断变化，适应又会变成不适应，只有不断调整人与事的关系才能做到重新适应。从动态适应原理出发，应该把人力资源配置作为一种经常性的任务抓好，权变地对待人力资源的开发和管理。

（5）同素异构原理。同素异构原理本来是化学中的一个原理，意指事物的成分因在空间关系即排列次序和结构形式上的变化而引起不同的结果，甚至发生质的变化。把化学中的同素异构原理应用到人力资源配置中，意指同样数量的人，用不同的组织网络联结起来，形成不同的权责结构和协作关系，可以取得完全不同的效果。

（6）弹性冗余原理。弹性冗余原理要求在人与事的配置中，既要达到工作的满负荷，又要符合员工的生理、心理要求，不能超过其身心的极限，保证对人对事的安排要留有一定的余地，既要给员工一定的压力，又要保持所有员工的身心健康。弹性冗余原理要求既要避免工作量不饱满的情况，又要避免过度疲劳的现象发生。所以，脑力劳动者的劳动强度要适度，以促使他们保持旺盛的精力；劳动时间也要适度，以保持劳动者身体健康和心理健康；工作目标的管理也要适度，不能太高也不能太低；总之，根据具体情况的变化，弹性冗

---

① 劳动和社会保障部：《企业人力资源管理人员培训教材》，中国劳动社会保障出版社，2003 年第 158 页。

余原理也随之变化。

（7）公平竞争原理。公平竞争原理是指竞争各方遵循同样的规则，公正地进行招聘、测评、录用、考核、晋升和奖惩的竞争方式。在人力资源市场上，各类人力资源通过公平、适度和良性的竞争选择组织和职业，在组织内通过公平竞争进行人员的选拔、任用、晋升和奖惩，既能提高组织的工作效率，增强组织的活力，又能保证组织的凝聚力不会削弱。

2. 公共部门人力资源配置的类型

公共部门人力资源配置包括宏观和微观两个方面。人力资源的宏观配置是一种整体配置，是指劳动者同公共部门之间的合理配置。这种配置有以下三种方式：

第一种是计划配置，也称行政配置，即依据有关行政职能部门制订的人力资源计划，按一定的比例分配人力资源配置指标，将人力资源按照核定情况配置到各部门、各机构；第二种是市场配置，即通过市场机制，通过薪酬杠杆互相选择，调节人力资源供求关系，实现劳动者与公共部门之间的有效配置；第三种是计划与市场相结合的综合型配置，它是在一定市场机制条件下的计划性资源配置方式或一定计划机制条件下的市场化资源配置方式。

人力资源的微观配置指的是公共部门内部的人员与岗位之间的合理配置，这种配置要考虑以下两个问题①：

一是人员与岗位之间的质量关系。就是要将合适的人安排到适当的岗位上去，力争做到人尽其才，才尽其用。人员与岗位之间的配置如果没有达到最优，就要考虑人员的合理流动。人员与岗位的质量配置不符主要有三种情况。第一种情况是现有人力资源素质低于现任岗位的要求；第二种情况是现有人力资源素质高于现任岗位的要求；第三种是现有人力资源的素质不适合岗位要求。如果人力资源的素质低于某一岗位的要求，可以考虑培训或降职；如果现有人力资源的素质不适合某一岗位要求，可以考虑转岗，如人力资源对岗位不满意，可以听取人力资源的意见，接受人力资源的辞职；如果现有人力资源的素质高于岗位要求，可以考虑将其提升到更高的岗位工作，以发挥其潜力。

二是人员与岗位的数量关系。人员与岗位的数量应该相匹配，如果人员的

---

① 倪星：《公共部门人力资源管理》，东北财经大学出版社，2008 年第 107 页。

数量少于岗位的数量，则要考虑从外部招募或是借调；如果人员的数量多于岗位的数量，人浮于事，则要考虑裁减或竞争上岗。

一般来说公共部门人力资源的微观配置分为以下几种：

（1）优化配置。优化配置是指对公共部门中一些使用不当，用非所长或专业不对口的员工调整其工作，或者因优化组合，对富余人员、超编人员进行的工作调动。

（2）工作需要。这种类型是指因地区、部门或组织业务的发展，比如，建立新的部门；或者对于正在发展中的组织充实工作骨干；或者因人员辞退、辞职、调离、退休，需补充岗位空缺而引起的人员调动。

（3）照顾困难员工。指针对员工的一些具体困难，如夫妻两地分居，父母身边无子女，子女入学困难、长期支边等特殊情况，而实施的照顾性调动。

3. 公共部门人力资源配置的意义

人力资源配置的目的和作用，从根本上讲是促进人与事的配合及人与人之间协调，充分开发组织的人力资源，实现公共部门的组织目标。具体说来有以下四个方面：

（1）人力资源配置是实现组织目标的保证。任何公共部门，要想实现自身的生存和发展，都离不开人力资源的保证。如果组织的每个职位上都有一流的员工在工作，组织就会得到长足的发展。但是，由于组织的外部环境、内部条件及组织的发展战略目标、任务都在不断地变化，只有不断地进行人力资源的优化配置，才有可能适应这种变化，维持组织的正常运转并推动组织不断发展壮大。

（2）人力资源配置是人尽其才的重要手段。每个人的才能千差万别，各有所长，也各有所短，只有将其放在最适合的岗位上，员工才能扬长避短，充分发挥自己的潜能。而且，人与事的最佳配合也不是一成不变的，而是动态发展的。有时候，随着工作内容的扩充，设备的更新、员工的能力可能变得越来越不适应岗位的变化；而有时候，随着人的生理和心理的成熟，其综合素质和工作能力也在不断提高，经验逐渐增加，兴趣也有可能发生转移，对现有的工作会产生倦怠感。如果不及时对相应人员进行配置，不仅会影响工作，更影响员工才能的发挥和职业生涯的发展，影响杰出人才脱颖而出。

（3）人力资源配置是改善组织气氛的措施之一。美国哈佛大学教授梅奥在霍桑实验中已发现非正式组织的存在。他认为，不管承认与否，非正式组织都是存在的。它与正式组织相互依存，而且会通过影响人的工作态度来影响企业的生产效率和目标的达成。① 因此，对于存在拉帮结派，风气不正的部门，可以通过人力资源优化配置来扭转不良风气；对于部门内部成见较深、难于合作的当事人，经做思想工作无效，可以采取组织手段使一方调离，这是改善人际气氛、优化工作环境的有效措施。

（4）人力资源配置是激励员工的有效手段之一。根据美国心理学家赫茨伯格（F. Herzberg）提出的双因素理论：薪金、管理方式、安全、工作环境属于"保健因素"，对人不具有激励作用；而工作本身、进步、成长的可能性、责任和成就等属于"激励因素"，对人具有激励作用。而合理的人力资源配置包括职务的升降和调动，都能提高员工的工作积极性并有利于挖掘其潜在才能。

10.1.2　公共部门人力资源流动

实现公共部门人力资源的合理配置，必须考虑公共部门人力资源的流动情况。公共部门人力资源流动是指公共部门人力资源相对于其岗位的流动。这种人力资源流动，可以是上下左右的流动，也可以是流出公共部门进入其他非公共部门，或是由其他非公共部门流入公共部门。

1. 人力资源流动的基本原理

（1）勒温的场论。美国心理学家勒温从部门中的工作人员所处的环境状况出发，研究工作环境对工作绩效所产生的影响，进而论证人力资源流动的必要性。勒温指出，一个人的工作绩效与其工作能力有关，同时也与他所处的环境有密切的关系。如果工作人员处在一个不利的环境中，如专业不对口、人际关系恶劣、工资待遇不公平等，他的心情不舒畅，聪明才智得不到施展，也就不可能取得较好的工作成绩。勒温提出了 $b = f(p,e)$ 公式。公式中的 b 是指工作人员个人的绩效；p 是指个人的能力和条件；e 是指工作人员工作的环境。一般情况下，工作人员常常难以改变环境，因此，改变的办法是离开这一环境、转到一个更加适合他的环境中去，这就是人力资源流动。

（2）组织寿命周期学说。组织生命周期学说是美国学者卡兹提出的。卡兹通过对科研组织的寿命进行了研究，发现组织寿命的长短不仅与组织内信息

---

① 郭咸纲：《西方管理思想史》，经济管理出版社，2004 年第 164 页。

沟通的情况有关，还与该科研组织获得的成果的状况相关联。发现在一个组织系统内工作的科研人员，在 1.5~5 年期间，组织系统中的沟通水平最高，获得的成果也最多。在不到一年半的时间里，组织成员间相处时间短，彼此不熟悉，因此沟通程度不高；而相处时间超过 5 年，组织成员成了老相识，失去了新鲜感，因此，可以彼此交流的信息减少。随着信息沟通水平的降低，组织系统获得的成果的数量和质量也相应减少。卡兹曲线表明，科研组织与人一样，也有生长、成熟和衰退期。组织的最佳年龄区为 1.5~5 年，超过 5 年，沟通减少，便会使组织老化。解决的办法就是通过人力资源流动在一定程度上改变组织的构成，以便增强组织的活力。当然，卡兹认为，组织系统内人才流动不宜进行过快，适应组织环境和完成一个项目所需要的时间的下限是两年，因而，人才流动的时间间隔不应少于两年。卡兹认为，一个人一生中可以流动 7~8 次，流动次数过多反而会产生不良的后果。卡兹的理论说明了为防止组织老化，人才流动是重要的解决办法。

（3）库克曲线。美国学者库克通过对研究生参加工作后创造力发挥状况所做的统计，发现研究生参加工作初期（1.5 年内），他们面临崭新任务的挑战，有强烈的新鲜感，在新环境的激励下创造力迅速增长。毕业生创造力发挥的峰值区，是这些毕业生在经过一段工作的积累后出成果的黄金时期，这个阶段大约能保持一年左右。随后进入初步衰退期，在这一时期内，毕业生们已经没有了新鲜感，创造力开始下降，它的持续时间为 0.5~1.5 年。然后进入稳步期，这一时期，这些毕业生的创造力逐步稳定在一个不是很高的固定值上。如果不适当改变环境，或者工作内容，他们的创造力将在一个不是很高的水平上徘徊不前。因而，应该及时变换他们的工作部门和研究课题，并进行适度的人力资源流动，以激发他们的创造力。库克认为，一个周期中创造性较强的时期大约有 4 年，人的一生就是在不断开拓新的工作领域的实践中激发自己的创造力。这一过程是一个又一个 S 形曲线。

（4）目标一致论。日本学者中松一郎在《人际关系方程式》一书中提出了目标一致理论。这一理论表明，当个人目标与组织目标完全一致时，个人的潜能就能得到充分的发挥；当两者不一致时，个人的潜能就受到压抑。解决这一问题有两个途径：一是个人目标向组织目标靠拢，即个人使自己的兴趣和志向向组织和群体方向转移，努力使二者趋于一致。但这样做往往会遇到困难，或者由于价值观上的差异难以吻合，或者由于业务方向差异大，使个人目标与组织目标之间的距离难以在短期内取得一致。二是进行人力资源流动，即人员流动到与个人目标较为一致的部门或单位。一旦个人的兴趣和志向与组织的目标和期望一致，个人如鱼得水，其行为容易得到组织的认可，其积极性和创造性也能得到充分发挥，使个人和组织都能进入良性循环状态。

2. 公共部门人力资源流动的种类

按照流动的方向，公共部门人力资源流动分为内部流动和外部流动。内部流动又分为升降、轮岗。外部流动分为流出本部门和流入本部门。流出本部门的方式有辞职、辞退、交流等，流入本部门的方式主要有借调、考任、委任、聘任、兼职等。

按照流动的原因，公共部门人力资源流动分为结构性流动和自主性流动。结构性流动是指由于经济与技术的发展对岗位的量和质的新要求所引起的人力资源流动；自主性流动则是由于个人意愿、家庭等非技术因素所引起的人力资源流动。自主性流动的动机主要有三点原因：一是物质生活环境的需要；二是自身发展的需要；三是良好人际关系的需要。

根据人力资源与职位的关系，可以将公共部门人力资源流动分为空间流动和专业流动。空间流动是岗位业务性质和职级不变，只是变换了地区或单位。专业流动有两种方式：一种是职务不变（升或降），职位业务性质发生改变；另一种是职务性质变化，而且职务也发生变化。

3. 公共部门人力资源流动的功能

（1）维护组织的有序状态。从微观上讲，科学的人力资源流动机制可通过公共部门人力资源与岗位之间的配置来避免人事关系的紧张或解体，从而维护组织系统的有序运行。从宏观上讲，公共部门人力资源流动机制可以促进公共部门之间、公共部门同非公共部门之间接触、交流和合作，使各个层次的人力资源处于新陈代谢之中，减弱组织内部的小团体意识，推动整个社会的人力资源达到高度有效的整合。

（2）提高组织的管理效能。任何一个社会组织在其发展过程中都会经历成长、持续和衰退等阶段。解决这种问题有两种策略：一是对组织进行重组，二是让组织人力资源进行流动。对组织进行大规模的重新组合容易导致组织的不稳定；相比之下，让组织人力资源进行合理流动则具有现实性和可操作性。通过科学的人力资源流动机制，可以刺激组织永葆活力和不断提高效能，在公共部门实现了"人适其职，职得其人"，从而提高组织的管理效能。

（3）实现人力资源职业生涯的发展。当今公共部门人力资源往往面临一种职业困境，即要么在某一岗位上终身任职，要么按公共部门为其设计的职业路径流动，先是在某一专业领域内任职，超过某一层次后就必须纳入管理人员系列向上晋升。这样公务员将得不到较大的发展，终身被束缚在某一组织或是某一单位内，库克曲线也证明了人的一生要不断开辟新的工作领域，在实践中激发自己的创造力，实现个人的价值，获得个人的可持续发展。而构建科学合理的人力资源流动机制，将有利于丰富人力资源的阅历和见识，提升人力资源的职业竞争能力。

（4）保障人力资源的新陈代谢。人力资源的新陈代谢，吐故纳新是公共部门实现更新和再生的重要保证。这必须借助人力资源流动机制才能实现。随着内外环境的不断变造，公共部门的职能会不断地调整。这就要求具有新理念、新知识、新专业、新技能的人力资源进入公共部门任职，进而促进公共部门的可持续发展。

10.1.3　我国公共部门人力资源配置与流动中存在的问题

1. 政治力量主导

在我国，由于实行的是党管干部原则，为了实现统一领导和政令畅通，政治力量成为公共部门特别是政府部门配置人力资源的主导力量。我国公共部门人力资源大部分是经由政府任命实现人与事、人与岗的配置，特别是委任制成为配置公共部门人力资源的主要制度。

2. 人身依附关系较强

通常一个人进入公共部门后很难变更工作单位，一步定终身。这种单位雇佣制是建立在低货币薪酬与高社会福利保障基础之上的，就业者只从工作中获取较少部分的劳动力价值的货币收入，较多的一部分劳动力价值则以社会福利保障的形式隐性地进入了单位这个不可分割的共同体中，如果一个人退出了就业单位，他所享受的这种福利保障就失去了。所以，一个人一旦就业之后就很难再次选择新单位，也不想再去选择，从而不得不依附于单位，且愿意依附于单位。

3. 流动率低、流动方向单一

前面提到的"单位人"现象，使公共部门人力资源的流动率低下，如前所述合理的人员流动可以达到人力资源的合理配置，使组织和个人都获得可持续发展。目前，我国的公共部门人力资源流动还呈现出流动方向单一的现象，即人员流向高薪的岗位，且由不发达地区流向发达地区。另外，由于大量的专业技术人员、高级管理人员流出公共部门，这些专业人员的水平在很大程度上决定着政府的行政效率和服务水平，这些精英人才的流失给公共部门带来了巨大的损失。同时，公共部门还存在人才积压浪费、人浮于事、人员不流动、能进不能出、能上不能下的现象。这些问题如不能加以有效治理，将会破坏公共部门人力资源的合理配置结构，进而打破人力资源配置系统的动态平衡。

4. 人才高消费比较严重

在招考、选拔与晋升中，公共部门存在着过分注重学历的倾向，尽管这将会从整体上提高公共部门人力资源的素质，但是公共部门人力资源配置的根本任务，是将合适的人放在合适的位置。而人才高消费将造成以下负面影响：一是高才低用造成人力资源浪费，人员的离职率提高；二是文凭低，实用性强的人才会阻挡在大门之外；三是还有可能造成内部人员之间的不稳定，影响行政效率。

10.1.4 我国公共部门人力资源配置与流动的优化

1. 确立市场机制在公共部门人力资源配置中的基础作用

公共部门面临着众多的人力资源和空缺职位，要达到对人力资源的全面、合理、有效地配置，是一项庞大复杂的工程。事实证明，市场机制是一种最为节约和最为有效的人力资源配置方式。这种以供求双方为主体、以人力资源市场中竞争机制和供求机制为调节手段的人力资源配置方式优于政治和行政配置手段。市场的竞争力将迫使公共部门消除人力资源管理上的本位主义、各自为政、身份束缚和人身依附关系，这就在客观上增强了人才的流动能力。这种配置方式可以给予人力资源充分的择业自由，这种选择迫于市场竞争压力，可以促进公共部门提高自身对人才的吸引力，同时也能催生组织的危机感、压力感和责任感，促使公共部门改进人力资源管理方式，提高人力资源的配置绩效。

2. 扩大公共部门雇员制的范围

雇员制是一种以市场化和契约机制为特征的人力资源管理制度。公共部门雇员制是现代公共部门人力资源管理模式的一大创新。雇员制要求公共部门遵循人力资本的薪酬定价原则，将市场规律引入公共部门人力资源管理，这样可以克服人力资源与其单位的人身依附关系。由于雇员与公共部门形成的只是雇佣关系，并不形成组织关系，并且对其奖惩标准主要是根据其工作绩效，因此，雇员在业务工作中可以不用考虑职务晋升和领导意志，可以不用考虑官场"潜规则"的干扰，也不必应付复杂的人情、面子关系，专心业务工作，充分发挥自身的专业潜能和工作积极性，努力提高工作效率以完成工作任务。目前，雇员制主要应用于公共部门中一些专业性强、技术含量高的职位。当前，可以考虑扩大雇员制的使用范围，打破公共部门的终身雇佣制。

3. 建立公共部门人力资源流动的激励机制

公共部门将优秀的人力资源适时地配置到更富有挑战性、能够承担更多责任并享有相应权力和报酬的岗位上，必将对优秀人才本身及组织其他成员产生激励作用。组织对技能过低和表现不好的人力资源随时进行调整乃至辞退，这无疑会对组织其他成员的工作、学习形成一种强制性压力，从而激励有关人员更积极地提高自己的工作技能。人力资源的合理流动有利于人力资源的合理配置和组织效率的提高，因此，可以在制度上对公务员的流动采取激励机制，为流出公共部门的人力资源提供相应的保障，为流进公共部门的人力资源解除后顾之忧。对于自愿申请离退休，提前离岗或退职、辞职，自谋发展的人员，应提供相应医疗、保险、养老等社会保障。如此，才能真正调动人力资源流动的积极性和主动性。

4. 建立公共部门人力资源流动的约束机制

科学合理的人力资源流动可以使公共部门在流动中实现人力资源的最佳配置和人员结构的动态平衡，人力资源通过流动得到充分施展自己才华的环境与条件，从而有利于自身发展。但是，公共部门人力资源的流动，尤其是人才的流失，直接影响和干扰了人力资源流动的合理性和科学性，影响了行政效率。因此，公共部门人力资源流动应依法规范。但是解决这种人员流失的问题，主要靠公共部门人力资源管理的制度建设，既要保证组织成员有职务晋升上的动机，又要考虑非领导职务上的发展空间，毕竟能上到职务金字塔尖上的是极少数，同时还要健全人力资源薪酬与福利制度，吸引和留住优秀人才。

10.1.5 公共部门人力资源的回避

公共部门人力资源的回避是指在公共部门中，为了避免公职人员由于某种亲情关系或其他一些关系不能秉公执行公务，而对其任职和执行公务等作出的事前限制性措施。回避制度是公共部门人力资源配置和交流的前提，能够有效地防止公共部门人力资源因亲属关系给公共管理事务带来的不利和障碍，为公职人员的奉公守法、依法执行公务创造良好的条件。

1. 回避的作用

回避制度既是一项人事管理制度，更是国家公共部门监控机制的重要组成体系，在我国的公共生活中发挥着重要的作用。

首先，回避制度能有效防止腐败，促进国家公共部门的廉政建设。作为一种事前限制性措施，回避具有明显的预防性功能。在我国这个具有浓厚人治传统色彩的国家，回避能通过组织限制和自觉的任职、公务回避，减少或消除亲属聚集在同一部门、机关、单位的可能性，从而有效防止公共部门内的"裙带关系"盛行带来的问题。

其次，回避制度有利于公职人员的廉洁公正，维护公共部门的正常运作。在现今社会复杂的关系网络中，公务人员在执行公务容易受到多种关系的困扰。如果公务人员的行为被偏私情感所左右的话，他就不会以公正的态度来进行公务活动。

再次，回避制度有助于维持或提高公职人员素质水平，促使公职人员健康成长。回避制度的执行，不仅能为公职人员提供一个相对和谐宽松的工作环境，而且更能按照任人唯贤、德才兼备的组织原则，客观公正地使用干部。摒弃因人情关系可能带来的任人唯亲、裙带关系等不良影响，从而为公共部门人力资源健康成长和公共部门人力资源的开发使用创造条件。

最后，回避能够促进提升公共部门的公信力和社会稳定。亲属聚集在同一个部门内往往会造成裙带风盛行和腐败滋生，这些会激起公众对政府的不满，降低公共部门的公信力。实行回避制度，对消除腐败现象，增进社会稳定和谐发展具有重大的意义。

2. 回避的原则

（1）政策配合原则。回避制度的贯彻实施仅靠某一两项单一的措施是很难得到实现的。它必须有相关配套政策及措施予以配合使用，特别是排除与回避制度相违背的政策。例如在现实中，军队转业军官安置、干部配偶随调等有关政策的规定，在事实上或多或少促使"近亲繁殖"现象的加剧。因此，加强回避制度的相关配套政策及实际措施的建立，是完善回避制度，推进人事行政改革的重要一步。

（2）依法回避原则。回避制度必须要遵循有法可依、有法必依、执法必严、违法必究的原则。对于需要回避的公职人员，必须要按照法定回避的范围、回避的程序，进行回避。对于没有正当理由，既不遵守回避制度，也不遵从上级组织安排的公职人员，要给予批评或必要的行政处分，以维护回避制度的严肃性。

（3）自身约束原则。回避制度的发展方向应该是由外部的舆论监督和组织强制，转向公职人员自律意识和高度自觉的行为。要使公职人员明确回避制度的重要意义，自觉、主动地遵循有关回避的规定。若遇到需要任职回避的，应主动地向主管部门提出；若在执行公务中需要回避的，应主动回避，这也是考察公务员政治素质和职业道德的重要标准之一。

（4）内外监督原则。创造一种视任人唯亲与裙带风气可耻的组织环境，发展回避制度实施的组织监督体系。第一，要增强回避制度执行的透明度；第二，要完善群众监督与组织监督相结合的管理体制和机制；第三，制定和发展回避制度的监督措施；第四，强化对回避制度实行情况的审查与追踪。

3. 回避的形式

公职人员的回避以亲属关系（既包括因血缘关系形成的自然关系，也包括因婚姻形成的社会关系）回避为中心，包括任职回避、公务回避、地区回避、卸任回避等形式。

（1）任职回避。任职回避是指对存在法定限定亲属关系的公职人员，在其担任某些关系比较密切的职务方面作出的限制。法定限制亲属关系包括夫妻关系、直系血缘关系、三代以内旁系血亲关系和近姻亲关系。其中直系血亲关系，包括父母、祖父母、外祖父母、子女、孙子女、外孙子女等；三代以内旁系血亲关系，包括堂兄弟姐妹、表兄弟姐妹、侄子女以及伯叔姑表姨等；近姻亲关系，包括配偶的父母、配偶的兄弟姐妹及其配偶、子女的配偶及子女配偶的父母等。存在法定限制的亲属关系者，不得担任双方直接隶属于同一行政首长的职务或有直接上下级领导关系的职务，也不得在其中一方担任领导职务的单位从事人事、监察、审计、财务等工作。

（2）公务回避。公务回避是指公职人员在执行某一项公务的过程中，所受理或处理的事件涉及本人或亲属的利害关系，而需要作出的回避。公务回避通过限制与某项公务有利害关系的人参与其中，一方面为公务的顺利行使提供了条件，防止公务行使中的个人偏见和徇私舞弊；另一方面，又能避免嫌疑，增加公众对公务活动的信任度。

公务回避在操作过程中，应当把握以下两点：一是公务回避的暂时性。公务回避只是针对某项具体的公务，要求相关公职人员进行暂时的回避。公务回避时，任职关系不发生任何改变。二是公务回避范围的广泛性。除法定限制关系外，公务回避涉及的范围还包括与执行公务人员有利害关系的老乡、同学、朋友等关系，只要是可能影响公务正常开展的人员都应在回避范围之列。

（3）地区回避。地区回避是指在公共部门中担任主要领导职务的公职人员，回避在原籍任职。特别是政府部门一定级别的官员有专门的限制。地区回避制度的建立可以避免亲属、宗族对正常公务活动的干扰，有效地避免各种亲属关系对公务执行的影响与干扰。

地区回避在操作过程中遇到的最大问题是回避范围的规定。在我国古代，回避地区的划分主要有两种：一种是以行政区域划界，如宋、明两代规定：地方官不得在本籍做官。另一种是跨行政区域划界，如清代规定，官员不得在原籍、寄籍五百里以内任官，前者较易于实行，后者较为复杂，但作用更为明显。鉴于目前行政区域划分较为具体明确，我国规定一定级别的公职人员不得在本人籍贯所在的行政区域内担任相应的职务。我国公务员法规定，需要实行地区回避的是担任县乡两级人民政府领导的公职人员，以及在税务、工商等部门担任领导职务和从事主要业务的公职人员。此外，考虑到民族自治地方工作的特殊性，民族自治县、乡担任领导职务的公职人员不受地区回避的限制。

（4）卸任回避。卸任回避是指公职人员在离退休后，有子女、亲戚、朋友试图利用其任职期间的关系或影响力，谋取个人利益，对离退休公职人员行为所做的必要限制。要求离退休干部不得干预原单位的工作，在一定时期内也不得在与原任职务有关的组织部门受聘，以防利用余权施加影响，损害国家和政府的利益。

10. 2　公共部门人力资源的任免和升降

任免和升降是公共部门人力资源配置中的职务管理制度，其目的是确立和变更公共部门与所属公职人员的职务关系。因此任免和升降是公共部门人力资源配置中不可或缺的重要环节。

10. 2. 1　公共部门人力资源的职务任免

1. 任免的含义

任免是任职和免职的统称，是关于公共部门人力资源的职务管理。任职是指公共部门为完成相应的工作目标，根据有关法律规定及任职条件的要求，通过法定程序和一定手续，任命有关人员担任某一公共职位的过程。免职是指公共部门依据国家有关的法律规定和免职条件，通过一定的法律程序和手续免除公职人员所担任的某一职务的过程。

任免的目的是确认或解除公共部门与所属公职人员的某种职务关系。它包含任免机关、任免范围、任免程序、任免规定等内容。任免区别于公职人员的任用。任用是指公职人员的选拔和使用，它涉及的是用什么标准、什么条件来选拔和使用人员；而任免所涉及的问题则是由什么机关、在什么条件下，怎样办理手续的问题。

任免在公共部门人力资源管理中具有重要作用。首先，职务管理是公共部门人力资源的一项基本管理。公职人员的录用、晋升、降职、交流调配、辞职辞退等都要通过任免来实现。其次，搞好职务管理能促进公共部门人力资源其他管理工作的开展。如果这项工作搞不好，必然会给其他管理环节增加困难，制造矛盾；搞得好则为其他管理环节打下良好基础。最后，职务管理工作直接影响行政机关和国有事业机构的管理效率。任免得当、及时就能发挥工作人员的积极性、主动性，起到及时激励的作用；任免不当、滞后，则容易造成对公职人员积极性和主动性的挫伤，影响工作人员之间的团结，从而直接影响他们的工作效率。

2. 任用的形式

任用，指对公共部门人力资源依法任命和使用。从世界范围来看，公共部门人力资源任用的通用方式主要有四种：选任制、委任制、考任制、聘任制。

（1）选任制。选任制是以选举方式任用公职人员，其形式有直接选举和间接选举。公共部门掌握着公共权力，因此，依法享有政治权利的所有公众都可以通过选举成为执掌公共权力的人。目前多数国家的行政首脑采用选任制产生。在西方公务员制度中，这种任用方式适用于政务类公务员主要是各级政府的政治领导人。选任制通常实行任期制。我国各级政府组成人员的产生，先由同级党委提出人选，推荐给权力机关，通过各级人民代表大会选举产生。现在国有事业机构中采用选任制的主要是党委的各级领导干部。选任制体现了民主的价值取向。通过选举，公众能广泛地表达自己的选择意愿，公众对选举产生的领导者就会有较强的认同感。同时，被选举人要对选举人负责，并接受选举人的监督，因而对公众有较强的责任感。选任制的弊端在于非专业化，选举出的人不一定最适合工作岗位。

（2）委任制。委任制是由公共部门首长负责直接委任其部属的任用制度。采用委任制的目的是能与部门首长密切合作，提高部门首长负责制的可行性和有效性。各国行政首脑的组阁一般采用委任制形式。目前在我国国有事业机构的管理人员任用中大量采用委任制，这是因为：首先，这样有利于管理人员的相对稳定，有利于管理的连续性、稳定性和专业性。其次，能够体现国有事业机构人事管理职能部门的用人权，有利于治事与用人的统一，有利于保证国家方针、法规及政策贯彻执行的效率。最后，委任制在办理任免手续上简单明了，便于操作，有助于节约时间，提高效率。这种任用方式体现了权力集中，统一协调的原则。但是，容易造成用人上的不正之风，也容易造成被委任者不对公众和具体工作负责，而只对上级和个别领导人负责。

（3）考任制。考任制即通过公开竞争考试进行择优录取的制度，有利于创造人才脱颖而出的条件，吸引优秀人才。当今，许多西方国家的公共人力资源的任用制度都普遍采用考任制。我国在2000年中央下发的《深化干部人事制度改革纲要》中明确提出，推进党政干部制度改革，重点是深化党政领导干部选拔任用制度改革，推进党政领导干部能上能下；通过扩大民主，引入竞争机制，促进优秀人才脱颖而出；推行公开选拔党政领导干部制度，逐步提高公开选拔的领导干部在新提拔的干部中的比例；规范程序，改进方法，实现公开选拔党政领导干部工作的规范化、制度化。这些措施必将会促进公共人力资源管理激励竞争机制的构建。考任制在任用过程中突出了任用机关与被任用者的平等关系，具有较高的科学性和客观性。但是统一考试的作用方式对应试者的政治素质、敬业精神和专业能力的考察存在较大缺陷，在人力资源配置中有可能会出现偏差。

（4）聘任制。聘任制是由政府机关或事业单位通过契约，定期聘用人员的任用制度。聘任的程序是，由聘任机关与应聘人员签订合同之类的契约，明确双方的权利和义务，按照合同约定的条款，履行权利和义务。国外对任用专业技术人员到政府机关工作，大多采用这种形式。随着人事制度改革的进一步深化，我国将改变目前实际存在的干部身份终身制，全面实行聘任制度。单位和职工将按国家法律法规，在平等自愿、协商一致的基础上，签订合同，明确双方的责任、义务和权利。通过制定《事业单位聘用制条例》以规范聘任制的实施。这种方式有利于公共部门人力资源的合理流动，达到人与岗位的优化组合。

3. 任免的条件

（1）任职条件。公职人员有下列情形之一的应当予以任职：新录用人员试用期满合格的；从其他国家机关、国有企业、国有事业机构调入公共部门任职的；转换任职的；晋升或者降低职务的；因其他原因职务发生变化的。

（2）免职条件。公职人员有下列情况之一的应当予以免职：转换职位任职的；晋升或者降低职务的；离职学习期限超过 1 年的；因健康原因不能坚持正常工作一年以上的；退休的；因其他原因职务发生变化的。

4. 公职人员的兼职

原则上一人一职，一般不得兼职；确因工作需要，经任免机关批准，可以兼任一个实职；不得在企业或营利性事业单位兼任职务。另外，公职人员因工作需要在本部门外兼职，需要经有关机关批准，并不得领取兼职报酬。

10.2.2　公共部门人力资源的职务升降

公共部门人力资源的职务升降，是指公共部门根据有关法律、法规的规定，提高或降低人力资源的职位和级别，它是公共部门人力资源的内部纵向垂直流动，涉及公共部门人力资源在公共组织管理序列中地位的变化。

公共部门人力资源的职务升降包括公共部门人力资源职务的晋升和降职两个方面的内容。

晋升是指由原来的职务（职称）调整到另一个职责更重的职务，是由低的职务（职称）向高的职务（职称）的调整。它意味着公共部门人力资源所处地位的上升、职权的加重、责任的加大、待遇的提高。

降职是指由原来的职务调整到另一个职责更轻的职务，是由高的职务向低的职务的调整。它意味着公共部门人力资源所处地位的降低、职权和责任范围的缩小、待遇的减少。

1. 升降的作用

公共部门人力资源的升降具有以下重要作用：

首先，升降有利于公共部门人力资源配置做到才职相称、人事相宜，实现人与事的科学结合。人与事是公共部门人力资源管理的两个基本要素，二者始终处于不断变化中。要保持二者的相互适应，只有采用晋升、降职的方式，促使人与事达到动态的一致。科学合理的升降制度，能使公共部门的各种职位得到最合适的人选，才职相称、职得其人、人尽其才，才尽其用。

其次，升降制度是公共部门人力资源配置中的激励机制，它有利于激励公职人员奋发进取，充分调动积极性，提高行政效率。晋升和降职能提升公职人员的岗位竞争意识，既可以激发他们的荣誉和成就感，又可以作为一种鞭策，使他们感到压力，促使其总结经验，重整旗鼓。

最后，升降制度能克服"能上不能下"，"领导职务终身制"的弊端，有利于公职人员队伍的优化。"能上不能下"、"领导干部终身制"是传统人事制度的一大弊端。由于每个公职人员的素质有很大的差异，主观努力程度不同，对不同的岗位有不同的适应性。对于那些素质好、业务能力强、管理水平高、工作实绩显著者予以晋升；对于那些因循守旧、不思进取，或因不能胜任现职的公职人员应予以降职，从而实现群体结构的优化。一般情况下，如果一个单位有公平、合理、明确的升降制度，就会对工作人员产生很大的"向心力"，这种"向心力"既有利于本单位的人安心工作，也有利于吸引外部优秀人才。

2. 职务升降的条件

（1）职务晋升的条件。除了要以德才条件和工作实绩为主要依据外，还须具备以下相应的条件：

第一，职数条件。晋升公职人员的职务，必须要国家核定的职数限额进行，即必须有职位空缺。

第二，资格条件。即通常所说的学历和资历。学历标志着公职人员的文化程度和知识水平，资历指公职人员服务年限的工作经历以及所任下一个职务的年限。各个职务系列均根据各自特点，规定了各级职务的不同学历要求。如国务院 1986 年《关于实行专业技术职务聘任制度的规定》要求，专业技术职务评定或晋升必须达到规定的学历条件："担任高级、中级、初级专业技术职务一般应具有大学本科、大专、中专毕业的学历。"对于工作能力强，对社会贡献突出的不具备规定的相应学历的公职人员可以允许他们破格提拔。

第三，绩效考核结果。我国公务人员制度规定，晋升国家公职人员必须连续两年年度考核被评为优秀或者连续三年被评为称职以上，此处所指的年度考核是对每个国家公职人员在一年内的品德、才能、成绩的全面评价和结论。

（2）降职的条件。降职作为职务关系的变更，应该依据一定的法律事实。国外对公职人员的降职具有严格的法律规定。比如日本，在其《国家公务员法》第七十八条中规定："职员符合下列条件之一时，根据人事院规则规定，可以违反本人意愿强行降职或免职：工作成绩不佳；因身心不健康，对执行职务不利或有困难；其他缺少任其官职的必备条件；由于官职和定员的变动或预算减少，出现官职或人员过剩等。"

我国对公职人员降职的法定条件是：在年度考核中被确定为不称职的；不胜任现职又不宜转任同级其他职务。

当然在具体实施公职人员降职制度时，应注意区分两种不称职或不胜任现职的情况：一种是本人不努力，思想作风差，不认真履行自身职责，这种情况，必须实施降职。另一种是，公职人员本人缺乏履行现职的条件和能力而不胜任原职。对这种情况应视公职人员的具体情况妥善处理。如果是用非所长，专业不对口应尽量实行同级职位的转任。若没有相应的职位空缺，也应实施降职。

3. 职务升降的程序

（1）职务晋升的程序：公布职位空缺，任职条件，采取领导和群众相结合的办法，推荐预选对象；有关部门按照拟任职务所要求的条件，对预选对象进行资格审查，产生考察对象；在年度考核的基础上对考察对象进行全面考察，择优提出拟晋升人选。在考察中应坚持群众路线，充分发扬民主；由任免机关领导讨论决定人选。

（2）降职的程序：首先，根据降职条件，由公职人员所在机关拟定降职人员，并提出安排意见。其次，征求公职人员本人的意见。这是一种对降职公职人员负责的态度。一方面体现出尊重公职人员的权利；另一方面也是进一步核实事实。如果事实准确，即使公职人员本人拒绝降职，也不会影响降职决定的实施。最后，任免机关审批，作出降职决定，并以书面形式通知降职人员。

10.3　公共部门人力资源的交流与调配

10.3.1　公共部门人力资源交流与调配的含义和意义

公共部门人力资源的交流与调配是指公共部门为了工作需要，对公共部门内部的人力资源流动和部门之间的人力资源流动进行计划、组织、协调和控制等活动的总称。

交流调配是公共人力资源管理的一项不可缺少的措施，它体现了公职系统的开放性，推进了人力资源的发展，具体来说，主要有以下几个方面的意义：

（1）丰富公职人员经历，提升能力。公共管理机关通过有计划的调配交流，使公职人员接触新事物，开阔眼界，经受锻炼，增长才干。实践证明，换岗有利于成才，公职人员长期在一个单位、一个岗位上工作，容易造成思想僵化、耳目闭塞、才力枯竭。换一个新的工作环境和新的工作岗位，可以激发他们努力学习、积极探索的精神，从而保持整个公职系统的朝气与活力。

（2）有利于人尽其才，做到人事相宜，优化人才结构。公职人员的交流调配，既考虑到他们个人的要求，也考虑到实际工作的需要。在公职系统中，存在着一些专业不对口、学非所用、用非所学、无法胜任或难以发挥等现象。通过交流调配，不断调整人员结构和人与事的配置，实现人尽其才，优化人才结构的管理目标，调动公职人员的积极性，从而提高行政工作效率。

（3）保持生机和活力，防止腐化。国家行政机关中人际关系较复杂，从调适公职人员人际关系，以及廉政建设的角度看，必须实行人事回避制度。由于各种原因，目前我国不少公共部门内的公职人员存在着各种各样的亲属关系，还有的地方重要领导人员是本籍的。这使"人情风"、"关系网"等不正之风难以根除，影响了公务的执行，影响了党和人民群众之间的联系。因此必须通过公务员的交流调配，净化单位内的人际关系，才可以较为有效地防止和解决上述弊端。

（4）解决公职人员的实际生活困难。公职人员因家庭、个人原因会在工作和生活中遇到各种实际困难，如夫妻两地分居、上班路途遥远、赡养老人等问题，这些问题如果解决不好，不仅会影响公职人员正常的学习和生活，而且会挫伤他们的工作积极性。为此，各级组织、人事部门应区别不同情况，采取多种措施，通过有效的交流调配来解决公职人员的实际困难。

（5）它是我国吸取人类先进管理方式的有益尝试。定期对国家公职人员进行交流调配，这是实行公职人员制度的国家通常采用的做法。比如，日本规定：国家高级公务员，一般两年左右调动一次工作；中初级的公务员一般三年左右调动一次工作。奥地利《官员法》规定：凡有夫妻、联姻或承嗣关系的官员，在一个部门内若有一方对另一方下达指示权、监督权或者管理钱财账目的情况，就必须将一方调往另一个部门。这些做法，在实践中证明确有成效。我国《国家公务员暂行条例》中对公务员交流调配制度的有关规定，在一定程度上吸收了这些国家的有益经验，是吸收国外先进管理方式的尝试。

10.3.2　公共部门人力资源交流调配的原则

公职人员的交流调配往往要涉及多个单位，多重关系和多种因素，一般来说，人事主管机构和各单位的人事管理部门在开展这些工作时，必须遵循一定的原则，保证交流调配成果的积极性。

（1）依法进行的原则。公共人力资源的交流调配具有法制性，公职人员要按照法定的形式、程序、条件及要求进行交流调配。如《国家公务员暂行条例》第 56 条规定："各级国家行政机关接受调任、转任和轮换的国家公务员，应当有相应的职位空缺。"这里说的职位空缺，一方面是说有与编制余额相应的职位空缺，不能因接受调任、转任和轮换的公务员而出现冗员现象，如果没有这种空缺，就不能进行交流；另一方面，也强调所接受的交流人员要与相应职位所要求的条件相吻合，如果不吻合，也不能进行交流。只有依法进行交流调配，才能防范交流中任人唯亲、裙带关系等不正之风的出现，真正保证有能力的人员被调配到适当的工作岗位上去。

（2）量才使用的原则。公职人员由于受教育的程度不同，成长道路的不同因而具有思想上、性格上、能力上和业务专长上的差异。成功的交流应该是尽可能将公职人员调配到适合其发挥能力和特长的职位上，使其才能及至潜能得以充分发挥，达到人事相宜的目标。

（3）科学性和有序性相结合的原则。即公职人员的交流调配必须列入计划，有针对性地进行，不能造成混乱，必须保证行政效率的提高和公职人员队伍的稳定。如以调任为例，从对象上看，既包括在职的国家公职人员，也包括在公职人员系统之外工作的有关人员；从调任的范围上看，既包括行政机关中的公职人员调离公职人员系列，也包括非公职人员系列的人员调入公职人员系列；从调入的条件上看，不仅是调入者符合拟任职务所要求的思想水平、业务能力等要求，同时还要对调入者进行旨在使其了解行政管理工作特点和必备知识的培训，然后才能上岗；对调出公职人员系统者，还要搞好其与接受单位的交接。正是这一系列的规定，才保证了调任的科学性和有序性，使调任形式富有成效。

（4）合理兼顾组织与个人利益的原则。公共部门是一个庞大有序的整体，其宗旨在于为最大数量的人谋取最大的幸福，这就决定了公职人员有义务服从组织因工作需要而作出的交流调配安排，并按规定的期限到职就任，不得拖延或拒不服从安排。当然，公职人员也有其切身利益和合理要求，在不违反政策和有关规定的前提下，组织可以灵活地、实事求是地处理好这些问题，使公职人员减少后顾之忧，调动其积极性。

10.3.3　公共部门人力资源交流调配的特点

（1）对象的特定性。人事行政管理制度中的每一条交流调配措施都针对特定的管理对象。这样的分类调配管理的目的在于，确定和划分管理对象的性质和层次，根据不同人员的不同情况，采取相关的行之有效的措施，做好交流调配工作。

（2）形式上灵活多样性。人事行政管理依据交流调配人员的不同性质、不同需要以及不同层次可以制定出各种各样的交流调配形式。大体上可以划分为下列两种类型：第一，系统内组织和系统外组织之间的人员交流调配；第二，系统内组织的公职人员跨职位、跨部门、跨单位和跨地区的职位交流调配。

（3）有序性。公职人员的交流调配作为一项重要的人事管理活动，既不是公职人员的个人行为又不是某个组织的纯团体行为。为了确保公职人员能力和潜力的最大限度发挥，交流调配必须在人事部门的统一安排下，有序地进行。

10.3.4　公共部门人力资源交流调配的形式

我国现行的公职人员交流调配措施主要是针对国家行政机关的公务员，它根据交流调配对象的不同与交流范围的不同，采用调任、转任、轮换和挂职锻炼四种基本形式。

1. 调任管理

《国家公务员暂行条例》第 57 条第一款指明："调任，是指国家行政机关以外的工作人员调入国家行政机关担任领导职务或者助理调研员以上非领导职务，以及国家公务员调出行政机关任职。"调任的目的是为了满足国家建设和工作需要，调剂行政机关的职位余缺，调整公务员队伍结构，加强行政机关与其他机关的联系和交流，促进公务员和其他组织工作人员的个人成长与发展等。

调任包括调入和调出两个基本内容。所谓调入，就是《国家公务员暂行条例》第 57 条第一款中规定的"国家行政机关以外的工作人员调入国家行政机关担任领导职务或者助理调研员以上非领导职务"的部分。这种做法有利于吸收政府行政部门系统以外的优秀人员加入国家公务员队伍，扩大选拔优秀公务员的范围。但是，为把住入口的质量关，还必须对调入者有相应的要求和程序，《国家公务员暂行条例》第 57 条第二款明确规定："调入国家行政机关任职的，必须经过严格考核，具备拟任职务所要求的政治思想水平、工作能力以及相应的资格条件。考核合格的，应当到行政学院或者其他指定的培训机构接受培训，然后正式任职。"这一法定限定，为保证非公务员系统的人员调入公务员系统的质量提供了重要保证。所谓调出，是指《国家公务员暂行条例》第 57 条第一款规定的"国家公务员调出行政机关任职"的部分。由于该条第三款明确指出："国家公务员调出国家行政机关后，不再保留国家公务员的身份"，其作为国家公务员所享受的待遇也将随之消失，所以调出的工作必须十分慎重。一般来说，应由本人申请，经管部门审批，其相应的工资和其他待遇，也要由接收单位确定。

2. 转任管理

《国家公务员暂行条例》第 58 条第一款规定："转任，是指国家公务员因工作需要或者其他正当理由在行政机关内部的平级调动（包括跨地区、跨部门的调动）。"从定义上看，转任具有以下特点：第一，转任是一种"平级调动"。不能在公务员的转任过程中改变公务员的职务或级别，确因工作需要而必须晋升或降职的，则按有关规定中限定的条件和程序办理。转任作为公务员交流的一种形式，也关系到对公务员的积极性及国家公务效率的影响，必须慎重行事。第二，转任是公务员在行政系统中的内部流动活动。只有符合法定条件，公务员无论是跨职业、跨单位，还是跨地区、跨部门，都可以交流调配，

315

不涉及公务员身份的确认和消失问题。转任适应以下几种基本情形：

（1）对超编人员的调整和空缺职位的补充；

（2）根据工作需要和合理使用人员的原则，通过转任对公务员进行职位调整；

（3）因为工作的需要，有组织、有目的地抽调人员充实或加强某一方面的工作；

（4）对在工作中由于用非所长、专业不对口，人员关系不协调，以及人员自身身体条件等原因，需要调整职位的；

（5）解决有关人员个人生活困难的。

3. 轮换管理

《国家公务员暂行条例》第59条第一款规定："轮换，是指国家行政机关对担任领导职务和某些工作性质特殊的非领导职务的国家公务员，有计划地实行职位轮换。"实行轮换制度的意义在于：一是对锻炼和培养公务员领导骨干具有积极作用。通过有计划地进行职位轮换，使公务员在不同的工作职位上工作，开阔视野和思路，增长知识和才干；二是有利于公务员队伍的廉政建设。特别是一些特殊工作性质的岗位，诸如管理人、财、物以及审批计划、指标或执法监督的公务员，时间一长，往往易受这种特殊工作的诱惑而走上以权谋私甚至是犯罪的道路。所以，定期对这类公务员进行轮换，可以维护公务员队伍形象和加强行政机关作风建设。

国家公务员的职位轮换，按照国家公务员管理权限，由任免机关负责组织。进行公务员轮换应注意以下几个问题：第一，轮换是行政机关对其所属公务员的单方面管理行为，通过行政指令调动实施。轮换也属于行政机关内部交流，但一般在本系统上下级机关之间和同级政府各部门之间进行，也可在本单位内部进行。第二，轮换工作必须有计划地组织实施。轮换的人员、轮换的具体方式、轮换的工作衔接、轮换的周期等都应作细致的通盘考虑。如果涉及公务员的职务任免问题，还要由有关部门配合相应的组织和人事部门来组织。所以《国家公务员暂行条例》第59条第二款补充规定："国家公务员的职位轮换，按照国家公务员管理权限，由任免机关负责组织。"

4. 挂职锻炼

《国家公务员暂行条例》第60条第一款规定："挂职锻炼是指国家行政机

关有计划地选派在职国家公务员在一定时间内到机关或者企业、事业单位担任一定职务。"

挂职锻炼是我党培养青年干部的优良传统和做法，它的目的是为了培养年轻干部，开发公共部门的人力资源，以便形成良好的干部梯队。挂职锻炼的主要对象是：一是无领导经验的公务员，为取得全面的领导经验，到基层单位担任某一领导职务的锻炼。二是初任的青年公务员，缺乏实践经验，到基层单位任职，从事具体业务工作，了解实际，积累经验和增长才干。挂职锻炼不涉及公务员行政隶属关系的改变。它不改变双方单位的编制，不办理公务员的调动手续。只在一定时间内改变挂职锻炼公务员的工作关系。公务员在人事行政上仍受原机关管理，只在业务上受接收单位的领导和指导。挂职者需"担任一定职务"，这样做是为防止挂职无所事事，使挂职锻炼流于形式，挂职锻炼者担任一定的职务，可以在实际工作中得到切实的锻炼，达到增长才干的目的。挂职锻炼的去向是"基层机关或者企业、事业单位"，这里的"基层"是个相对概念，根据有关文件的规定，一般地市（含地市）以下的机关属国务院和省级政府公务员挂职的基层机关；地市级政府中公务员挂职的基层机关，是县级以下的机关（含县级）；县级政府机关公务员挂职锻炼的基层机关，则是乡、镇或街道机关。至于去企业、事业单位挂职，则由选派机关根据具体情况决定。另外，挂职具有一定的计划性，在我国挂职锻炼的期限一般为一至两年，这样既可照顾公务员所在单位的工作，也可使挂职锻炼的公务员有充分时间达到锻炼的目的。

10.4　公共部门人力资源的辞职与辞退

10.4.1　公共部门人力资源的辞职

1. 辞职的含义

公共部门人力资源的辞职是指公共部门人力资源由于某种原因，依照法律、法规的规定，终止其与公共部门的任用关系，从而脱离公职部门的行为。公共部门人力资源辞职包括辞去公职和辞去领导职务。辞去公职即辞去现任职务，脱离原公共部门的工作关系，终止原有的义务、权利关系和享受的待遇。辞去领导职务即辞去现任领导职务，脱离自己所处的领导职位，终止相应的义务、权利关系和享受的待遇。

公共部门辞职制度的建立，为公职人员的择业留有余地，为长期被埋没的人才提供施展才能的机会，创造出一种留住人才、凝聚人心的条件，有利于人才的健康成长。同时，辞职制度的建立还为公共部门人力资源的分流提供有效途径，有助于公共部门人力资源结构的优化，调动广大公职人员的积极性和创造性。此外，公共部门人力资源辞职制度使他们可能根据社会的需要，自身的兴趣、条件和发展潜力，自主地、适当地重新选择职业和单位，这有助于促进人才的合理流动和配置，提高公共部门的行政效率。

2. 辞职的类型

根据辞职原因的不同，可以将辞职分为因公辞职、自愿辞职、引咎辞职和责令辞职四种。①

因公辞职是指公共部门领导干部因职务变动而依照法律规定辞去现任职务的行为。基于职务变动原因而发生的因公辞职是公共部门人力资源的程序性行为，基本上不具有追究责任的含义。如我国公务员法规定：担任领导职务的公务员，因工作变动依照法律规定需要辞去现任职务的，应当履行辞职手续。

自愿辞职是指公共部门人力资源因个人或者其他原因而自行提出辞去公职或现任领导职务的行为。如有些公职人员基于自身的健康状况、工作或专业志趣、人际关系状况、实际工作能力等个人原因或基于自己在社会公德、职业道德、政治言论、工作作风、工作纪律、职务行为等方面的原因申请辞职。如我国公务员法规定：担任领导职务的公务员，因个人或者其他原因，可以自愿提出辞去领导职务。

引咎辞职是指公共部门领导干部因工作严重失误、失职造成重大损失或者恶劣社会影响的，或者对重大事故负有重要领导责任，不宜再担任现职的，由本人主动提出辞去领导职务的行为。引咎辞职明显是自我追究责任的一种形式。我国公务员法规定：领导成员因工作严重失误、失职造成重大损失或者恶劣社会影响的，或者对重大事故负有领导责任的，应当引咎辞去领导职务。

责令辞职是指党委及组织人事部门根据公共部门领导干部在任职期间的表现，认定其已不再适合担任现职的，通过一定程序责令其辞去现任领导职务的行为（拒不辞职的，应免去现职）。我国公务员法规定，领导成员应当引咎辞

---

① 鄢龙珠：《公共部门人力资源管理》，厦门大学出版社，2006 年第 124 页。

职或者因其他原因不再适合担任现任领导职务，而本人不提出辞职的，应当责令其辞去领导职务。

3. 辞职的特点

（1）辞职是公共部门人力资源的法定权利。我国宪法规定，劳动权是公民的基本权利之一。从广义上讲，劳动权包括择业权，而辞职是公共部门人力资源择业权利的一种形式。公职人员是否辞职，是辞去领导职务还是辞去普通职员身份，完全由公职人员个人自行决定，也就是说，公职人员对于他所享有的辞职权，既可以行使，也可以放弃。

（2）辞职必须经过法定程序。我国宪法规定："中华人民共和国公民在行使自由和权利的时候，不得损害国家的、社会的、集体的利益和其他公民的合法的自由和权利。"公职人员辞职权利的行使必须按照法定程序进行，只有经过法定程序，辞职的法律行为才生效。

（3）辞职的主体受法律限制。即并非所有公职人员都可以辞职，尤其是一些在特殊岗位，从事特殊职业的公务员不得辞职。

（4）辞职享有辞职待遇。公职人员辞职后可按有关规定获得各种人事关系证明，并享有在特殊限制之外重新就业的权利。

4. 辞职的条件

公职人员辞职的条件可分为肯定性条件和限制性条件。

（1）肯定性条件。即指公职人员不愿意或不适合继续在公共部门任职，提出终止任职关系的请求。不愿意在公共部门任职的原因很多，如兴趣不足、学识不及、用非所长、另寻发展、薪酬以及自身性格等。不适宜继续在公共部门工作的原因也很多，如个人健康原因、能力局限等，还有因为过失造成的不良影响致使本人无法继续呆在原部门工作等。以上两种情况，都是公职人员自觉自愿的行为，不受其他外界强制。

（2）限制性条件。这是指对肯定性条件的限制和补充。公职人员辞职只有在既符合肯定性条件，又不在限制性条件之内才可能获得批准。如我国公务员法规定：公务员有下列情形之一的，不得辞去公职：未满国家规定的最低服务年限的；在涉及国家秘密等特殊职位任职或者离开上述职位不满国家规定的解密期限的；重要公务尚未处理完毕，且须由本人继续处理的；还在接受审计、纪律审查，或者涉嫌犯罪，司法程序尚未终结的；法律、行政法规规定的其他不得辞去公职的情形。

5. 辞职的程序

我国公职人员辞职必须经过以下程序：

（1）提出书面申请。公职人员辞去公职，应当向任免机关提出书面申请。任免机关应当自接到申请之日起 30 日内予以审批，其中对领导成员辞去公职的申请，应当自接到申请之日起 90 日内予以审批。

（2）由所在单位提出意见，按照管理权限报任免机关。

（3）任免机关人事部门审核。

（4）任免机关批准，将审批结果以书面形式通知呈报单位及申请辞职的公职人员。

（5）办理离职前公务交接手续，必要时按照规定接受审计。

10.4.2　公共部门人力资源的辞退

1. 辞退的含义和意义

公职人员的辞退，就是公共部门依照法定的条件，并依照法定程序，在法定管理权限内作出的解除公职人员全部职务关系的行为和制度。建立辞退制度的重要意义表现在以下方面：

（1）有利于改变传统人事制度中存在的"能进不能出"的弊端。中华人民共和国成立后，国家机关长期缺少辞退制度。公职人员身份一经确定，若无重大错误或触犯法律事件的发生，即使公职人员不称职，也将继续留在机关。存在着公职人员事实上的终身制，有损国家公职人员的形象。这项制度的推行，对于公职人员是一种鞭策，促使他们努力工作，积极向上，改变过去干好干坏一个样，不求有功，但求无过的官僚主义作风。

（2）有利于建立优胜劣汰的竞争机制。只有建立正常的新陈代谢机制，才能保持队伍的生机与活力。赋予公共部门必要的择人权，对已丧失任职条件，不适宜继续留在公共部门的公职人员予以辞退，实行优胜劣汰，是实现队伍新陈代谢的必要措施。它有利于营造"能者上、平者让、庸者下、劣者汰"的良好人事氛围。

（3）有利于提高公职人员素质，确保公共部门精简高效。由于公共部门工作复杂化程度逐步提高，会使原有的公务人员变得不称职，或不思进取，满足于现状,这都将严重影响组织目标的实现。辞退制度作为公共人力资源管理必要的"出口",使广大公职人员产生危机感,进而化压力为动力,改善自身素质,提高工作效能。

2. 辞退的条件

辞退公职人员,不仅关系着被辞退者的切身利益,也关系着整个公职人员制度的建设。而要使这项工作做得好些,一个重要的前提条件,便是对公职人员的辞退条件作出明确、严格而又科学、合理的界定。就公务员队伍而言,辞退的法定条件主要有以下五点:

(1) 连续两年被确定为不称职的公务员,可以辞退。公务员的年度考核结果是对公务员年度内履行岗位职责、公务员义务的鉴定。之所以规定两年的限制,充分考虑到了公务员的适应性因素。有的公务员由于种种客观原因,可能出现年度考核不称职现象,第二年经过努力,可以称职,甚至可以达到优秀标准。连续两年考核被确定为不称职者,说明已不能很好地完成和履行其所承担的工作和义务,不宜于继续留在行政机关工作。

(2) 不胜任本职工作,又不接受其他安排的公务员,可以辞退。认定公务员是否胜任本职工作,从而决定对公务员的另行安排或予以辞退,是一项极为慎重的工作,必须本着对公务员本人负责和对行政机关负责的原则,对公务员的业务能力、思想水平、身体条件等作全面的考核。一般来说,对于在一个岗位上不胜任本职工作的公务员,主管机关和部门应考虑现职对公务员是否学非所用或用非所学,从而安排公务员到另一个较为适合其特点和能力的职位上工作。这样,对机关和公务员本身,都是有利的。在这种情况下,如果该公务员拒不接受对他的合理安排,就可以将其辞退。国外一些实行公务员制度的国家的有关法律也有类似的规定。如法国的《公务员总章程》规定,业务上确实不能胜任的公务员,如果不能再安排到另一职位上,则可以辞退。

(3) 因单位调整、撤销、合并或缩减编制员额需要调整工作,本人拒绝合理安排的公务员可以辞退。政府机构的调整是社会发展过程中的必然现象,它与政府职能的转变密切相连。职能转变或消失,机构、编制也随之消失。职位变动的公务员应该从大局出发,主动配合政府进行合理分流。政府应充分保障公务员的权益,尽量对必须发生职位变动的公务员作出合理安排。如果公务员拒不接受有关的合理安排,行政机关有权将其辞退。

(4) 旷工或者无正当理由逾期不归连续超过 15 天,或者一年内累计超过

30 天的公务员,可以辞退。所谓旷工,是指公务员没有正当理由,不经请假,就不在岗从事本职工作;所谓无正当理由逾期不归是指除不可抗拒力(疾病、自然灾害、意外事故等)外,公务员超过法定假的期限而不返岗工作。这两种情况,都构成公务员的违纪行为。超过一定的期限,必须承担相应的法律后果。作这样的规定,有利于严肃公务员纪律和工作作风,维护行政机关正常的工作秩序。国外一些国家也有类似的规定。比如,埃及的《国家文职工作人员法》,就规定了工作人员无正当理由缺勤达到 15 天以上,全年累计缺勤 30 天以上,必须予以辞退。

(5)不履行国家公务员义务,不遵守国家公务员纪律,经多次教育仍无转变或者造成恶劣影响,又不宜给予开除处分的公务员,可以辞退。权利和义务是相对应的,没有无义务的权利,也没有无权利的义务。赋予公务员必要的行政权力,是使其有效地开展工作,同时,公务员必须遵守纪律,履行法定义务。对拒不履行公务员义务,不遵守公务员纪律,经多次教育、劝诫仍无转变者,行政机关可行使其辞退权,以保持公务员队伍的基本素质和形象,严肃公务员的纪律。

为保障公务员权益不受侵害,国家公务员制度特别规定,有下列情形之一者,国家行政机关不能实施辞退:①因公致残并确认丧失工作能力的;②患严重疾病或负伤正在进行治疗的公务员;③在孕期、产期及哺乳期的女性公务员。

3. 辞退的程序

辞退公职人员虽然也是公共部门的一项权力,但是这种辞退工作必须是既有利于保证公共部门的优化精干,又要保证公共部门不滥施这种权力,以确保公职人员的合法权益免受侵犯。基于此,我国辞退国家公职人员的程序,一般包含以下相互联系的三个环节:

(1)所在单位在核准事实的基础上,填写辞退公职人员审批表,在辞退建议中,必须说明辞退该公职人员的法定事由和事实依据,这样,才能体现管人与管事的统一,也有利于公职人员的身份保障。

(2)任免机关人事部门审核。对辞退事由进行核实,主要是对适用法律的准确性和依据进行审查,确认其情况是否属实,适用法律是否恰当,有无打击报复、公报私仇等不法行为。如果建议合乎法规要求,就可批准建议。如有问题,则可视问题的性质作出相应的不同处理:发现有打击报复等非法行为的，立即中止辞退程序，并追究有关人员的责任；如果建议的事由不充分和适用法规不当，则应将建议退回拟辞退公职人员所在单位；如果发现拟被辞退的公职人员应受惩戒处分或应受刑事处罚，还应作另案处理。

（3）任免机关以书面形式通知被辞退的公职人员本人，同时抄送有关人事部门备案。被辞退的公职人员有权知道自己被辞退的原因，如果认为自己的权利受到了侵犯，可依据辞退通知书按法定程序进行申诉。

4. 辞退的待遇

由于辞退不属于行政处分，所以与开除有着性质上的不同。公职人员辞退后的待遇也比开除后的待遇优越得多。我国关于被辞退人员的待遇规定如下：

（1）被辞退的国家公职人员，可根据国家有关规定享受待业保险。即被辞退的公职人员从暂时失去职业到再次就业期间，可获得物质上的帮助即待业保险，包括待业救济金、医疗补助费等。

（2）被辞退的国家公职人员，其个人档案由原单位或人才服务中心保存。

（3）被辞退的国家公职人员，不再保留国家公职人员身份，一定年限内不准重新录用到国家公共部门。符合条件，再次被录用的，其公职人员工龄合并计算。

本章小结

公共部门人力资源的配置与流动是人力资源管理的重要环节，是培养公职人员实践经验和能力的重要途径，它对于搞好公职人员队伍的建设，提高公职人员的素质和水平，有着重要的意义。

公共部门人力资源配置包括宏观和微观两个方面。人力资源的宏观配置是一种整体配置，是指劳动者同公共部门之间的合理配置。

人力资源的微观配置指的是公共部门内部的人员与岗位之间的合理配置，一般来说公共部门人力资源的微观配置分为以下几种：①优化配置；②工作需要；②照顾困难员工。

实现公共部门人力资源的合理配置，必须考虑公共部门人力资源的流动情况。公共部门人力资源流动是指公共部门人力资源相对于其岗位的流动。这种人力资源流动，可以是上下左右的流动，也可以是流出公共部门进入其他非公共部门，或是由其他非公共部门流入公共部门。

按照流动的方向，公共部门人力资源流动分为内部流动和外部流动。内部流动又分为升降、轮岗。外部流动分为流出本部门和流入本部门。流出本部门的方式有辞职、辞退、交流等，流入本部门的方式主要有借调、考任、委任、聘任、兼职等。

任免和升降是公共部门人力资源配置中的职务管理制度，其目的是确立和变更公共部门与所属公职人员的职务关系。因此任免和升降是公共部门人力资源配置中不可或缺的重要环节。

公共部门人力资源的职务升降，是指公共部门根据有关法律、法规的规定，提高或降低人力资源的职位和级别，它是公共部门人力资源的内部纵向垂直流动，涉及公共部门人力资源在公共组织管理序列中地位的变化。

公共部门人力资源的交流与调配是指公共部门为了工作需要，对公共部门内部的人力资源流动和部门之间的人力资源流动进行计划、组织、协调和控制等活动的总称。

公共部门人力资源的辞职是指公共部门人力资源由于某种原因，依照法律、法规的规定，终止其与公共部门的任用关系，从而脱离公职部门的行为。

公共部门人力资源辞职包括辞去公职和辞去领导职务。辞去公职即辞去现任职务，脱离原公共部门的工作关系，终止原有的义务、权利关系和享受的待遇。辞去领导职务即辞去现任领导职务，脱离自己所处的领导职位，终止相应的义务、权利关系和享受的待遇。

公职人员的辞退，就是公共部门依照法定的条件，并依照法定程序，在法定管理权限内作出的解除公职人员全部职务关系的行为和制度。

关键术语

公共部门人力资源配置　公共部门人力资源流动　调任

公共部门人力资源交流与调配　转任　轮换　挂职锻炼　辞职
辞退

思考题

1. 公共部门人力资源配置和流动具有哪些作用和功能?
2. 公共部门人力资源配置和流动的理论基础有哪些?
3. 公共部门人力资源的交流有哪些形式?
4. 如何健全和完善我国人力资源流动机制?

参 考 文 献

[1] 孙柏英，祁光华．公共人力资源管理［M］．北京：中国人民大学出版社，1999.

[2] 李宝元．现代公共人力资源开发与管理通论［M］．北京：经济科学出版社，2003.

[3] 彭正龙．公共部门人力资源管理［M］．上海：同济大学出版社，2007.

[4] 萧鸣政．人力资源开发与管理——在公共组织中的应用［M］．北京：北京大学出版社，2005.

[5] 罗纳德·克林格勒，约翰·纳尔班迪．公共部门人力资源管理：系统与战略［M］．第四版，孙柏英，译．北京：中国人民大学出版社，2001.

[6]［美］R．韦恩·蒙迪等．人力资源管理（第六版）［M］．葛新权等，译．北京：经济科学出版社，1999.

[7]［英］沃纳（Warner, M.）．管理思想全书［M］．韦福祥，译．北京：人民邮电出版社，2009.

[8] 刘沂，赵同文．公共部门人力资源管理概论［M］．上海：华东理工大学出版社，2002.

[9] 刘俊生．公共人事管理比较分析［M］．北京：人民出版社，2001.

[10] 孙柏英，祁光华．公共部门人力资源管理［M］．北京：中国人民大学出版社，2004.

[11] 夏光．人力资源管理教程［M］．北京：机械工业出版社，2004.

[12] 赵曼．公共部门人力资源管理［M］．武汉：华中科技大学出版社，2008.

[13] 袁蔚．人力资源管理教程［M］．上海：复旦大学出版社，2006.

[14] 张柏林．中华人民共和国公务员法释义［M］．北京：党建读物出版社，2005.

[15] 黄达强．各国公务员制度比较研究［M］．北京：中国人民大学出版社，1990.

[16] 倪星．公共部门人力资源管理［M］．大连：东北财经大学出版社，2008.

[17] 龚大来，王丛漫，李中斌．公共部门人力资源管理与开发［M］．北京：经济科学出版社，2005.

[18] 廉茵．公共部门人力资源管理［M］．北京：对外经济贸易大学出版社，2006.

[19] 廖泉文．人力资源招聘系统［M］．济南：山东人民出版社，2001.

[20] 曹孟勤，薛兰霞．人力资源开发与管理［M］．北京：中国工人出版社，1999.

[21] 孙柏瑛，祁光华．公共部门人力资源管理．［M］．北京：中国人民大学出版社，2003.

[22] 公共部门人力资源管理编写组．公共部门人力资源管理［M］．北京：中国国际广播出版社，2002.

[23] 张德．人力资源管理［M］．北京：清华大学出版社，1995.

[24] ［美］加里·德斯勒．人力资源管理（第六版）［M］．北京：中国人民大学出版社，1999.

[25] 李和中，常荔．公共部门人力资源开发与管理［M］．武汉：武汉大学出版社，2007.

[26] 吴志华，刘晓苏．公共部门人力资源管理［M］．上海：复旦大学出版社，2007.

[27] 徐芳．培训与开发理论及技术［M］．上海：复旦大学出版社，2005.

[28] 吴志华．人力资源开发与管理［M］．北京：高等教育出版社，2004.

[29] 谢晋宇．人力资源开发概论［M］．北京：清华大学出版社，2005.

[30] 赵曼．公共部门人力资源管理［M］．北京：清华大学出版社，2005.

[31] 朱晓卫．公共部门人力资源开发与管理研究［M］．哈尔滨：黑龙

江人民出版社，2003.

[32] 藤玉成，俞宪忠. 公共部门人力资源管理 [M]. 北京：中国人民大学出版社，2003.

[33] 李中彬等. 公共部门人力资源管理 [M]. 北京：中国社会科学出版社，2007.

[34] 谭融. 公共部门人力资源管理 [M]. 天津：天津大学出版社，2006.

[35] 首都高校软科学联合研究中心. 公共部门人力资源管理教程 [M]. 北京：中国传媒大学出版社，2004.

[36] 乔治·T. 米尔科维奇（美）. 薪酬管理 [M]. 北京：中国人民大学出版社，2008.

[37] 李德志. 公共部门人力资源管理与开发 [M]. 北京：科学出版社，2008.

[38] 杨体仁，祁光华. 劳动与人力资源管理总监 [M]. 北京：中国人民大学出版社，1999.

[39] 陈天祥. 公共部门人力资源管理及案例教程 [M]. 北京：中国人民大学出版社，2008.

[40] 朱晓卫. 公共部门人力资源开发与管理研究 [M]. 哈尔滨：黑龙江人民出版社，2003.

[41] 杨文士，张雁. 管理学原理 [M]. 北京：中国人民大学出版社，1994.

[42] 张德. 人力资源开发与管理 [M]. 北京：清华大学出版社，1996.

[43] 刘连生. 国家公务员制度知识教程 [M]. 大连：东北财经大学出版社，1996.

[44] 王仲田. 国家公务员制度概论 [M]. 北京：中共中央党校出版社，1999.

[45] 张成福，王俊杰. 现代人力资源管理与发展 [M]. 北京：中国人事出版社，1999.

[46] 范和生. 行政管理新论 [M]. 合肥：安徽人民出版社，2001.

[47] 石金涛. 现代人力资源开发与管理 [M]. 上海：上海交通大学出版社，2001.

[48] 甘华鸣. 公共部门人力资源管理 [M]. 北京：中国国际广播出版

社，2003.

[49] 姚先国，柴效武．公共部门人力资源管理［M］．北京：科学出版社，2004.

[50] 傅夏仙，吴晓谊．公共部门人力资源管理基础［M］．上海：上海人民出版社，2005.

[51] 滕玉成，俞宪忠．公共部门人力资源管理［M］．北京：中国人民大学出版社，2006.

[52] 萧鸣政．人力资源管理［M］．北京：中央广播电视大学出版社，2001.

[53] 朱永新．管理心理学［M］．北京：高等教育出版社，2006.

[54] 张柏林．《中华人民共和国公务员法》教程［M］．北京：中国人事出版社，2007.

[55] 胡光宝，张春生．《中华人民共和国公务员法》释解［M］．北京：群众出版社，2005.

[56] 李和中．比较公务员制度［M］．北京：中共中央党校出版社，2003.

[57] 中共中央组织部干部一局．《党政领导干部选拔任用工作条例》学习辅导［M］．北京：党建读物出版社，2002.

[58] 郑晓明．现代企业人力资源管理导论［M］．北京：机械工业出版社，2004.

[59] 窦胜功．人力资源开发与管理［M］．北京：清华大学出版社，2008.

[60] 欧文·E. 休斯．公共管理导论［M］．张成福，王学栋译．北京：中国人民大学出版社，2007.

[61] 魏成龙．公共部门人力资源管理［M］．北京：北京师范大学出版社，2008.

[62] 宋斌，鲍静，龙朝双，谢昕．政府部门人力资源开发案例研究［M］．北京：清华大学出版社，2007.

[63] 埃文·M. 伯曼，詹姆斯·S. 鲍曼，乔纳森·P. 韦斯特，蒙哥马利·范·沃特．公共部门人力资源管理［M］．肖鸣政等译．北京：中国人民大学出版社，2008.

[64] 姚先国，柴效武．公共部门人力资源管理［M］．北京：科学出版

社，2004．

[65] 宁本荣．改善我国政府部门人力资源规划的探讨 [J]．中国人力资源开发，2006 (8)．

[66] 徐晓丹．从传统人事管理到公共人力资源管理 [J]．甘肃行政学院学报，1999 (3)．

[67] 李小梅．人力资源规划综述 [J]．西北人口，2003 (4)．

[68] 吴春波．公共组织的人力资源管理体系建设 [J]．经济理论与经济管理，2003 (6)．

[69] 高小平．科学化：公共部门人力资源管理创新 [J]．中国行政管理，2004 (2)．

[70] 王荣科．论公共人力资源管理的八大关系 [J]．中国行政管理，2003 (9)．

[71] 王彤阳．澳大利亚公共部门人力资源管理 [J]．人力资源，2002 (1)．

[72] 马亚雄．中英警察机关人员分类制度比较研究 [J]．中国人民公安大学学报，2004 (3)．

[73] 王兆信．国外公务员职位分类制度简介 [J]．党政干部论坛，1994 (9)．

[74] 赵丽．建立中国特色的公务员职位分类制度 [J]．国家行政学院学报，2004 (4)．

[75] 李欣，安向阳．市场经济条件下合理调整国家机关公务员工资水平的思考 [J]．社会科学战线，1999 (6)．

[76] 章海鸥．人力资源管理在中国的适用性问题探讨 [J]．江西社会科学，2004 (11)．

[77] 赵慧．企业培训效果评估研究 [D]．华中科技大学硕士学位论文，2006．

[78] 唐晓嵩．我国公务员培训效果评估问题研究 [D]．大连理工大学硕士学位论文，2006．

[79] 苏海南．关于推进事业单位收入分配制度改革的思考，http：//www.jsgs.gov.cn，2004-09-07．

[80] FARNHAM, DAVID. Human resource management and employment relation in Sylvia Horton and David Farnham (eds) Public Management in Britain, Lon-

don: Macmillan, 1999.

[81] FREDERICK WINSLOW TAYLOR. The principles of scientific management and shop management [M]. London: Rontledge Thoemes Press, 1993.

[82] GERALD R. FERRIS, SHERMAN D. ROSEN, and DAROLD T. BARNUM: Handbook of human resource management [M], Blacwell Publishers Inc. USA, 1996.

[83] LEONARD D. WHITE. Introduction to the study of public administration [M]. New York: Macmillan, 1948.

[84] E. J. MCCORMICK, P. R. JEANNERET, and R. D. MECHAM. Position analysis questionnaire [D]. Copyright 1989, by Purdue Research Foundation, West Lafayette, Ind.

[85] NICHOLAS HENRY. Public administration and public affairs, 北京: 北京大学出版社, 2006.

[86] DRUCKER. The Practice of management [M]. Malaysina: Big Apple Tuttle-Mori Agency, 1986.

[87] STOREY, J. Developments in the management of Human Resources, Oxford: Blackwell, 1992.

[88] TERRY L. LEAP and MICHAEL D. CRINO. Personal, human resource management, Macmillan, 1989.

ment and Shop management [M]. London: Routledge Thoemmes Press, 1993.

NUM. Handbook of human resource management [M]. Blackwell Publishers Inc.

后 记

这是一项全国性的、跨区域合作的成果，本书的作者来自 10 所不同的高校，他们是在公共部门人力资源管理领域从事专业教学科研多年的资深教师。本书的成功推出，与我们这个团队成员的精诚合作、甘于奉献的精神是密不可分的。

我们的具体分工如下：第 1 章：章海鸥；第 2 章：卢致天；第 3 章：李涛；第 4 章：宋晓梅；第 5 章：谢媛；第 6 章：殷永萍；第 7 章：官爱兰；第 8 章：宋惠芳；第 9 章：葛敬光；第 10 章：阮晓鹰。

自设计本书的体系框架开始，到整个编写过程，我们就为这本书确定了编写工作的指导思想，现在看来，这些指导思想也可以看成是本书的特色：

1. 在体系框架设计、各个章节的编写全过程中，紧紧围绕公共部门人力资源管理核心职能及其活动，求同存异，保证内容能够经得住时间的检验，力求经典。

2. 体现教科书特点，牢记为教学服务的宗旨，在全面介绍核心知识点的同时，尽量控制篇幅，力求简明扼要。

3. 在引进、吸收国外公共部门人力资源管理基本理论、方法的同时，借鉴国内公共部门人力资源管理教材编写的经验，结合我国国情，力求本土化。

我们不会忘记，本教材的顺利出版，凝聚了太多人的心血与汗水。首先应当感谢的是武汉大学出版社的舒刚先生，感谢他为本书的出版所给予的巨大支持与帮助！其次应该感谢的是所有参编人员。按照高等院校现有的科研评价体系，编写教科书可以说名利全无，可我们还是全身心投入编写工作中，对书稿质量精益求精，许多老师甚至数易其稿，力求完美，如此敬业，精神实在感人。在此，我们对参编教师表达诚挚的敬意，感谢他们为本书的出版所付出的一切努力！在本书的编写过程中，我们借鉴了大量专家学者们的成果，我们亦